誰が風を見たか

——ある精神科医の生涯——

増補版

臺　弘　著

星 和 書 店

Seiwa Shoten Publishers

2-5 Kamitakaido 1-Chome
Suginamiku Tokyo 168-0074, Japan

1966年頃、東京大学医学部教授就任当時、教授室の臺弘

家族写真、1917 年（大正 6 年）、
左から母節子、弟の辰夫、兄の勉、祖父小右衛門、弘 3 歳、父惣三郎

東高四人組、手賀沼での舟遊び、
1933 年頃
安倍亮（安倍能成の長男、後に数学者）が撮影、前から野上茂吉郎（野上弥生子の次男、後に物理学者）、坂口亮（後に内科医）、臺弘

1941 年 8 月、出征時の家族写真
後列左から弘、弟の利夫、前列左から妻千枝、父、母

松沢病院の「化学室同人」、1955 年学会賞受賞
前列左から臺弘、江副勉、後列左から関口力蔵、葉田裕、加藤伸勝、林成夫

群馬大学の「生活臨床」グループと、1965 年頃
左から平尾武久、清水俊郎、湯浅修一、江熊要一、臺弘

東大精神科教授三代、内村先生を囲んで、1969 年頃
後列左が臺弘教授、前列左から秋元波留夫前教授、内村祐之元教授

東大病院精神神経科の外来にて、1972 年 2 月

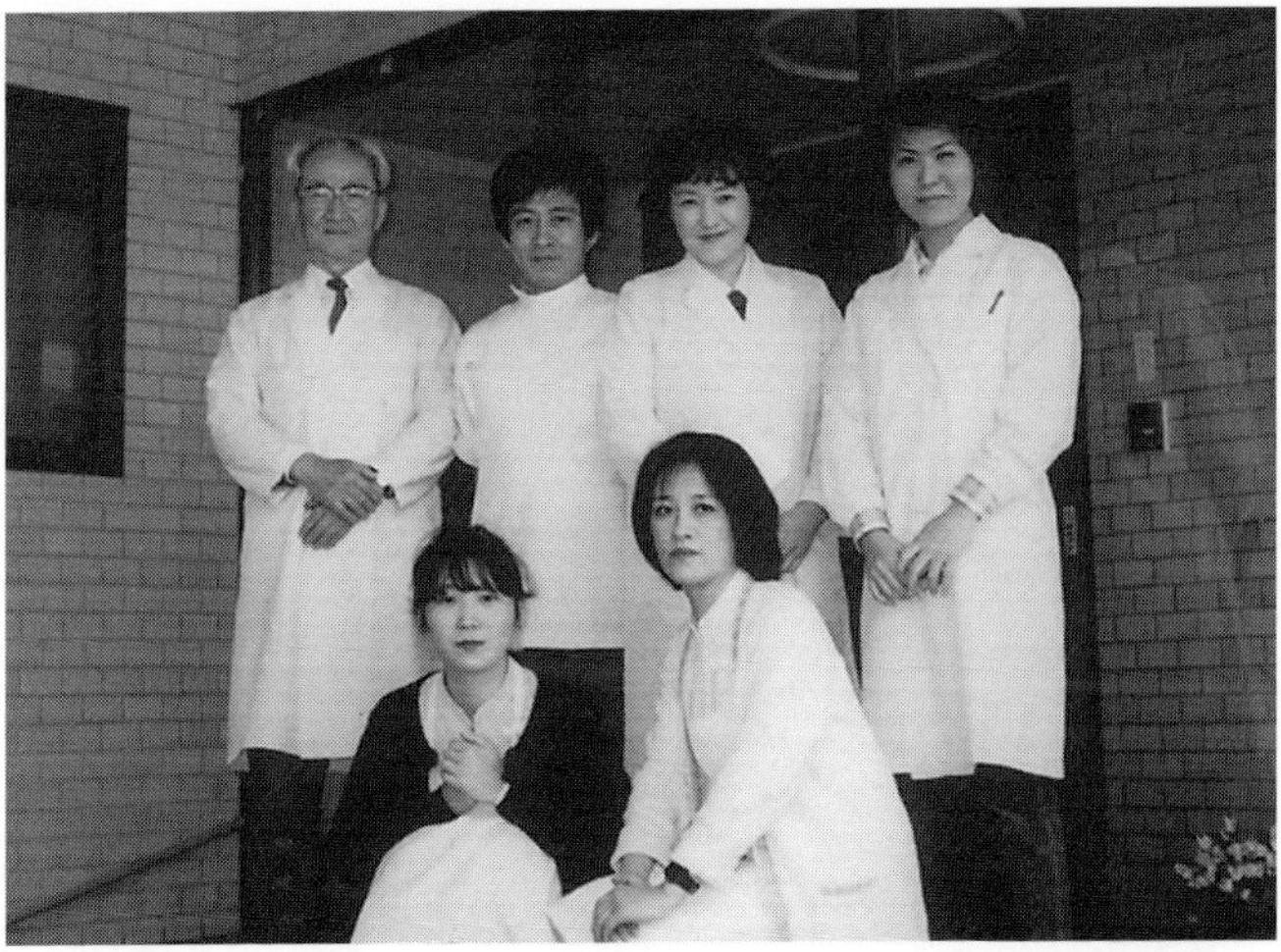

坂本医院の玄関前で、1986年頃
後列左から臺弘、坂本克輔・史子長女夫妻

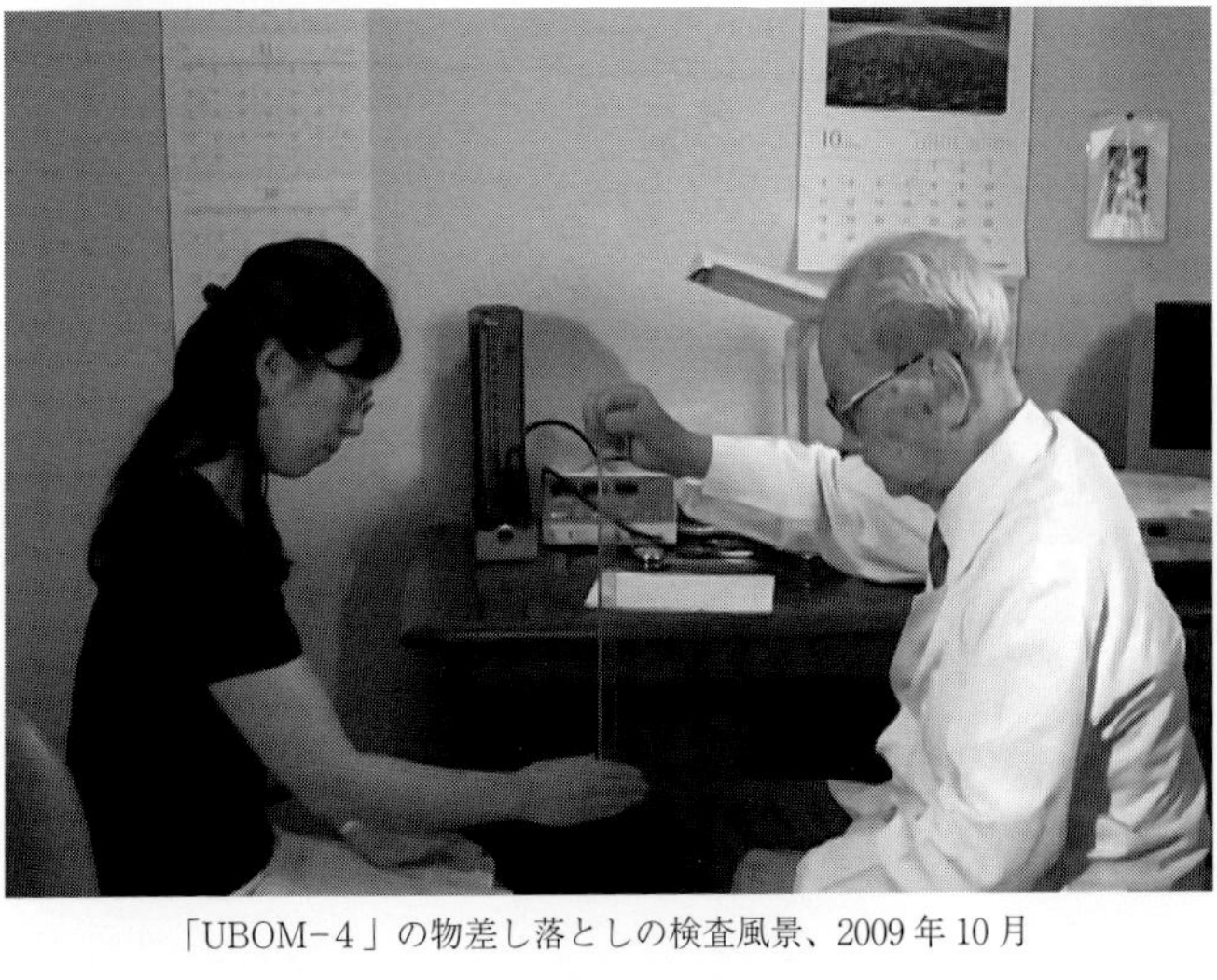

「UBOM−4」の物差し落としの検査風景、2009年10月

2013年11月、満百歳を迎えて

Who has seen the wind ?

  Neither I nor you :

But when the leaves hang trembling

The wind is passing thro'.

Christina Georgina Rossetti. (1830-1894)

はしがき

昨年（一九九二）、『精神分裂病研究の進歩』という専門誌から、「私の精神分裂病研究」として自分の研究史を書くことを頼まれた。それは二回に分けて、「激動の社会の中で分裂病者に学ぶ」という題で同誌に掲載された。出来上がった文章は、自分の研究の発展を物語ったものであると共に、筆者の人生行路を導いた主題の探究でもあるかのようになった。専門の外に溢れ出るのは精神科医の運命である。そのためか、執筆の間に、研究史を分かってもらうには、それと深く絡み合っている著者の生活史を併せて読んでいただくことが望ましいと思われた。そこで半年をかけて自叙伝を書いた。「誰が風を見たか」と題した生活史を第一部とし、「分裂病者に学ぶ」の研究史を第二部として、合せて一冊にしたのが、この本である。どちらから読んで下さっても結構である。

近頃、いろいろな方々によって自伝が書かれる気運があるらしい。世紀の終わりに近く、多事多難であった社会を生きてきた者が、喜びも悲しみも多かった自分の歴史をふりかえる時期になったのであろうか。私にもその気持は深い。だが書き出してみると、事実史と精神史をないまぜにして物語をつくるのは、もちろん初めての経験ながら、なかなかに難しいことであった。それが自分を振り返る面白さと不思議さのある作業でもあることも分かってきた。

記憶は失われやすく、残っている記憶は自分に甘いものに偏りがちである。時のしるしが消えて、資料に当らなければならないことも多かった。手元には残されたメモと時々の記録しかないから、友人や知人を煩わしたことが少なくない。

私の師匠の内村祐之先生は、精神科医である研究者は後人のために自伝を書く責任があるよと何度か話されたことがあった。先生ご自身は『わが歩みし精神医学の道』という学究に相応しい香り高い本を書かれた。これに比べると私の「ある精神科医の生涯」は何と泥まみれであろうか。それでも、できるだけ正直に率直であることを心掛けたつもりである。この本を読まれる若い方々に、私の物語が多少でも参考になることがあれば嬉しい。わが娘の坂本史子に原稿を読んでもらったら、私のことが書いてないと不服を言われたが、もし知人の読者に不快を与えることがあれば、また記述に誤りがあればお許しを願うしかない。

「誰が風を見たでしょう」という歌は、私の好きな童謡の一つで、松沢病院の患者諸君のコーラス・グループで唱ったことがある。もと歌について教えて下さった稲垣一氏にお礼を申し上げたい。松沢労組については林成夫氏に、戦時中の思い出には戦友の犬塚英友、太田千臣両氏にいろいろと補っていただいた。太田昌孝氏をはじめ東大精神科の諸氏には資料をいただくことでお世話になった。学校友達の坂口亮と小川信男の両氏には、何度かの雑談の間に、昔の記憶を蘇らせてもらった。これらの方々の友情にあつく感謝したい。この中のお二人が執筆の間に亡くなったことを思うと、このささやかな本も危うく出来上がったものかもしれない。わが弟の臺辰夫君には、巻頭の挿話を教えてくれることによって、星和書店の伊藤みゆきさんには本を作り上げる過程の苦労を引き受けて下さることによって、大変お世話になった。

こうして皆さんのお陰でこの本ができた。どのように受け止められるか、少し怖い思いもある。

目次

増補 「大正の子供の物語」、他

●第一部● 誰が風を見たか

I. ある日本人の素性

(1) 同姓の人々

昭和十六年(一九四一)九月の末に、私の弟、臺　辰夫は中国河南省北部の中牟の黄河の渡河点で渡し船の大発の艇長をしていた。彼は前年に東大経済学部を卒業してから兵隊にとられ、北支に送られて、当時開封に司令部のあった第三十五師団経理部幹部候補生隊に属する主計伍長であった。彼は前線の分遣隊に派遣されていたのである。

ある日、彼が船を北岸に渡そうとした時、中国人の一群が同乗を頼んで来たので、乗せてやった。船中で彼の肩を叩く者がある。振り向くとそれは髯の老中国人で、臺の認識票の下にある名札を指さして、等姓（タンシン）だと言って、自分の良民証を見せた。それには「台鳳楼（タイ・フンロン）」と書いてあって、土地の郡長をしていると言う。老人によれば、臺（台）という姓は中国でも珍しいし、自分の先祖に東海に去った者があると聞いているから、お前と私は親戚であるかもしれない、等姓はお互いに助けあうものだという。

その後何日かして、台老人が仲間を連れて臺の駐屯所に現れた。老人は日本兵に「焼くな、殺すな、犯すな」という三光の誓いをしてくれと言う。臺が承知したと約束すると、それを守ってくれるならそちらの希望もかなえてあげる、と言うので、彼は、身勝手ながら兵隊にとって切実な願い、敵方の八路軍（共産軍）に我々を攻めないように伝えてくれと頼んだ。老人は、自分の弟が戦線の向う側でキリスト教の牧師（？）をしているから、連絡しようと答えた。その依頼が果たして届いたものかどうか分からないが、辰夫が十月の末に満州の新京（長春）の経理学校に転属して現地を離れるまでは、敵の襲撃はなかった。彼は今でもご先祖は有難いものだと言う。

昭和十八年（一九四三）、主計将校として北京にきた辰夫は、当時北京大学教授として滞在していた山口察常を訪ねて、中牟で等姓の老人に会った話をした。山口教授は、東京高校で臺三兄弟（勉、弘、辰夫）に漢文を教えた先生で、易経の碩学として知られていた人である。山口は辰夫の話に興味をもって、調べてあげようと言って、後日次のように教えてくれた。臺家は『百家姓』という人名辞典に載っている古い家柄で、後漢の最後の皇帝である献帝（一八一―二三四）が、魏の曹操の子の曹丕の軍隊に台城（タイチュアン）で滅ぼされて、一族離散した時、二男の白襲王は倭（ヤマト）に行こうとして、山東をへて日本に渡ったということである。山口教授が、上海の中日文化交流会で周佛海（知日文化人で戦後自決）にもこの話をしたら、周家と台家はつながりが深いと言ったそうである。もし白襲王がボート・ピープルになって日本に来たことが事実ならば、それは邪馬台国に女王卑弥呼がいた頃の話になる。魏志（二二〇—二六五）倭人伝がわが臺家とつながりがあるとしたら、これは一寸した物語である。

辰夫は自分の家のルーツに関心が深くて、兄弟で河南省の旧蹟を訪ねようと、一向に乗り気にならない兄の私に話を持ちかけ、手筈を整えていたが、天安門事件のためにこの企画は流れてしまった。

話は変るが、昭和二十九年（一九五四）、私、臺　弘は肺結核のために都立清瀬病院に入院していた。入院患者には長い療養生活に退屈して時間をもてあましている人がいる。ある日、患者の名前に興味を持つと称する男が、私の病室にやってきて、君の名前は珍しいので調べたみたが、教えてやろうかと言う。『姓氏家系大辞典』という本によると、臺は古代姓で倭漢氏の一族である。孝徳（五九六—六五四）、持統（六四五—七〇二）、養老（七一七—七二四）紀に記載があり、臺忌寸（イミス？）の裔なり（一本に漢孝献帝男白龍王の後也）とあるから、君の祖先は中国人だよ、と言う。中国の文献で白襲王というのが、日本の文献では白龍王となっているのが違うが——ドラゴンの方が格好がよろしい——千年以上も前の符合としては話が出来すぎている。

昭和四十三年（一九六八）のある日のこと、東大の精神科外来に臺某という人が受診に訪れた。医局員が教授（私）と同姓の患者が来たから私に診察してくれというので引き受けて、〈私はあなたと名前が同じですが、どちらから来られたのですか〉と聞いたら、大分県の国東半島だという。そこは古い歴史をもつ土地柄で、臺（ウテナ）または（ダイ）と名乗るうちが何軒かあるそうである。その時、私は、我が家の最も古い位牌の裏に、西国六部也、武蔵国秩父に来住、と書いてあったのを思い出した。先祖の某氏は国東半島から関東に来たのかもしれない。

それは、北埼玉の利根川べりにある臺家の墓碑に刻まれた年号が、徳川中期の元禄に始まり、享保、宝歴、天保をへて、明治、大正、昭和につながることと符合する。現在、北埼玉の羽生や加須には「ウテナ」とか「ダイ」を名乗る家が何軒もあると、地元の医師に教えられた。ただし同地にも、現在、ウテナを名乗る人の数は多くはないらしい。東京二十三区の電話帳を繰って見ると、「ウテナ」さんは三十人くらいしかいない。学士会の会員名簿ではウテナは私一人で、ダイさんは三人いる。

我が家は百姓の出身であるのに、封建時代から名字を持っているのはどうしてかと思っていたが、もとが西国の僧侶であったとすれば、納得されることである。高校生の孫に「六部」とは何かと聞かれたので、〈放浪の修業僧、昔ながらの自由人さ、裟婆気を出して子孫を残したのだろう〉と答えて、字引を引いてみたら、乞食坊主と出てきたのには閉口した。

(2) 歴史のミキサー

私の郷里は関東平野の真ん中、利根川の南岸、一面の水田と麦畠と桑畠の他に何もない殺風景な農村である。夏は暑く眠くなるほどに物憂く、冬は遠くに見える日光の男体山下ろしの風が身を切るように冷たい。多くの家には土蔵と蠶室があり、その西北を高い生け垣で囲むのは防風のためであろう。この村は、明治の小説家、田山花袋の『田舎教師』という小説の舞台になった場所である。東京育ちの私は、学校の休みによく郷里の祖父母の家に泊まりに行った。祖父は私を可愛がってくれて、時々昔話を聞かせることがあった。

曽祖父という人は田舎者にしては山気のあった男らしく、徳川末期から明治にかけて生糸や茶の輸出の商売にかかわったという。当時、商品は利根川を下り、江戸川を経て、深川に荷を下ろし、あとは海便で横浜に運んだのだという。ところが明治になってから、ある晩、彼は強盗に殺されてしまった。祖父は、父親の非業の死に遭ってから堅気に働くに限ると決心して、農業に精を出し、大正時代には、村の中地主ぐらいになっていた。私が〈お祖父さんはなぜお父さんを東京に出して、農業を止めさせたんですか〉と聞いたら、「昔は利根川が氾濫することがあって、子供にこんな苦労をさせたくないと思ったからさ」「水防工事が出来てみれば、間違っていたようだな」と言った。父は村の出身者としては最初に東大を卒業して、明治四十年に工学士になった人である。一方叔父は海軍士官となり、叔母たちは師範学校を卒業して小学校教員となった。農業の後継者がいないために、戦後の農地開放で我が家は墓地だけを残すことになった。祖父はかなりいさぎよい男であったようである。

わが一族とその親類縁者はごく普通の庶民ばかりで、その中にはいわゆる「えらい」人、金持、政治家、学者その他、名をあげるに値するような人物は全くいない。そのような平凡な一家の素性をここに取り上げるのは、徳川幕府の崩壊と明治維新という日本歴史の大きな変動が、私たちのようなささやかな日本人たちまでも、ミキサーに巻き込んで混ぜ合わせるほどに深い影響を与えた一例と見られるからである。

さて明治の終りに、若い工学士の父は、東京で上野の音楽学校を明治四十二年に卒業した母と結婚した。母の実家は徳川の旧旗本の下級武士であった為貝家で、母の父つまり私の母方祖父は、新政府になってから大蔵省の属官（判任官）をこつこつと定年まで勤めあげ、傍ら家作によって暮した人である。彼によれば、少年時代には刀をさしていたそうで、腕に残る刀傷を見せてくれたことがある。彼の親戚には彰義隊で討死した人もあって、上野の西郷さんの銅像の裏の墓碑銘にその名が残されている。祖父は江戸開城の騒ぎを経験したはずなのに、残念ながらその頃の話を聞いた人はいない。当人は幕府が瓦解してから、生活の為に仕方なく薩長の手下になったのだそうである。

この母方祖父は、東京遷都で京都から移ってきた朝廷の下級官吏の小野家の末娘と結婚して、芝の虎の門の近くに所帯を持った。そこで長女である私の母やその弟妹たちは、東京で一番古い鞆絵（ともえ）小学校の卒業生となることになる——なおこの小学校は精神科の草分け、呉秀三の母校である。都心部に児童がいなくなったために先年閉校となった。ある時、何かのはずみに、この母方祖母が「私はアメリカの船に乗ったことがあるのよ」と言ったのには、皆が驚いた。彼女によると、兵庫からアメリカの船に乗って芝浦に上がったのだそうである。新政府は、京都に残された朝廷方の人間の家族を東京に移すのに、外国の船便を使ったものらしい。この小娘は芝浦に上がってから、神田の一ツ橋の近くでどこかの殿様の空き屋敷にある長屋に入ったと言う。

母方祖母の実家である小野家は本草学者の小野蘭山（一七二九―一八一〇）の子孫で、京都には今も縁者がいる。私の弟の辰夫が学生の頃、京都を懐かしがる祖母のお伴をして京都にいる従姉の士堅家を訪ねた時、老婦人二人が御所の焼けた話をしているので、何時の火事かと聞いたら、蛤御門の変（一八六四）のことだったのには呆れたと言う。彼女たちは小さかった頃に、上加茂の妙法蓮華寺で、勤皇で有名な野村望東尼（一八〇六―一八六七）からお習字を習っていたそうである。「あの時、大きな人が来たでしょう」「あれは西郷さんだったかしら」というのだから参ったよと、辰夫は話していた。

歴史で学んだ明治維新と明治の世代は遠い昔のことのように思われるが、全国至る所で人々の運命に深い影響を及ぼした出来事であったようである。埼玉の伯父は日露戦争、奉天会戦の騎兵で蛇腹のついた軍服を見せてくれたし、もう一人の叔父は旅順攻略戦で受けた深い傷を頬に止めていた。歴史の痕はどの日本人にも残っていて、臺一家の例に見るように、現在の我々がこうして生きていることとつながっている。また歴史は学校で教えられたようなものだけでないことを、その後の私は学ぶことになった。

II. 自分を見出すまで

(1) 大正の小学生

私は大正二年（一九一三）十一月二十八日に栃木県足尾で生れた。当時、父が古河鉱業に勤めていたからである。二歳の時、父は北海道、室蘭の日本製鋼所に移ったから、私の最初の記憶は室蘭に始まり、足尾は全くの空白である。後年、そのことを聞いたある知人が、自分の出生地を見たら思い出すことがあるかもしれないと言って、足尾での精神衛生講話の講師に私を招いてくれたことがあったが、禿山をもつ異様な鉱山の風物や廃山で人けの少ない町並みも、乳児記憶を呼び起こすことはなかった。もっとも乳児は山などに関心をもつはずはなかろう。

室蘭での記憶は、懐かしさと驚きに満ちた断片的な挿話の集合である。弟が生れたために特別に早く会社付属の幼稚園に上がり、三年後にやはり会社付属（？）の小学校に入学して、一ヵ月後の大正九年（一九二〇）五月に、転勤する父母につれられて東京に移ったのだから、およそ四年余りの幼児体験である。中国残留孤児の中に、自宅の近所の地図を描いている人があるが、子供は就学までに身近な場所の地図を描くことができ、後からの知識で補われた自己史の時間系列を作り上げていく。これらのイメージを七十年後の現在に照合したらどのようにずれているだろうか、機会があれば試してみたいものである。

地球岬灯台とその霧警報の淋しい遠吠え、トッカリショウの断崖と大昆布のうねる暗い海岸、門前の凍った池の氷面を下駄スケートで駆け回る子供たち、などの風物を背景に、母親に連れられて見た簡易保険開設の宣伝映画、海岸の空地でデモ・フライトを飛んだモ式（モーリス・ファルマン）飛行機、政党政治で初めての衆議院選挙の騒ぎ（候補者はオカモト・カンスケ対ナラザキ・ヘイタロウ）、家族全部が枕を並べて寝たインフルエンザの流行など、時を同定できる社会的出来事が並んでいる。また全く個人的なエピソード（生活史）記憶として、登別のそばの牧場にすずらん狩りに連れて行かれて、霧（ガスと呼ばれていた）に巻かれて動けなくなった時、不意に目の前に牛の顔が出てきて大泣きしたことなどが思い出される。汽船で室蘭を離れて青森に渡る晩に、ペンキの匂いで気持が悪くなって吐いたことも忘れられない。汽船の匂いは今も苦手である。古い思い出が嗅覚と結びつくことは、脳の構造によるのであろう。香水の調香師は匂いを個人の思い出に結びつけて覚えるという。

上野駅に着いて芝区桜川町の母の実家まで、生れて初めての自動車に乗った。一番驚いたのは、道路に（電車の）線路が敷いてあったことである。室蘭にいた頃、学校の裏に室蘭線が通っていて、〈線路に耳を当てていると汽車が来るのが遠くから判るよ〉と母に言ったら、震え上がったほどに叱られて、線路は怖いものだと強く言い聞かされていたからである。その後、青山高樹町（今の南青山六丁目）の家に移ってからも、家のそばの電車道を横断するのに、左右を見届けた上で、走って渡ったものである。それでも二、三年経つと、ビール瓶の王冠を電車に轢かせて――もちろん運転手は大声で怒鳴った――メンコを作って遊んだのだから、東京の子供になるのは早かったようである。青山南町六丁目（旧名）にある市立青南小学校に入ってからの一学期には、田舎っぺぇといじめられたことがあるが、学期末に全甲は臺だけだと先生が言った所為か、二学期から誰もいじめなくなったので、子供心にも可笑しかった。

一年の秋（一九二〇）に明治神宮ができて、埼玉の祖母につれられてお参りに行ったところ、表参道から拝殿までぎっしりと人で埋められていて、のろのろと三の鳥居まで来た時、押し潰されそうになってとうとう泣いてしまった。祖母は神前での参拝を諦めて私を連れて帰ってくれた。当時、表参道は歩きにくい砂利道で、欅の並木の太さは子供の脚ぐらいだった。先日、原宿に行った折に、欅の幹に両手を廻して測ってみたら、一抱えでやっと届くほどに大きくなっていた。時間の刻印はどこにも残っている。俳人中村草田男は明治の末に青南小の子供だった人だが、後年、雪の降る日に独り母校を訪れて、「降る雪や明治は遠くなりにけり」の句を作ったという。現在、校門の脇に句碑が立っている。句碑のある小学校は珍しい。

さて私が二年（一九二二）になった頃、学校で教育方針に何か変化があったらしい。一九七六年発行の創立七十周年記念誌によると、この年に通俗教育の方針が社会教育と改称され、児童保護者会ができている。今になって考えると、鈴木三重吉の『赤い鳥』が創刊されたのが一九一八年で、童話・童謡運動が始まった当時であり、後に大正デモクラシーと呼ばれた時代の流れと関係があるようだ。だが私にとっては、変化はまず図画の授業から始まった。一年では色鉛筆を使ってお手本を写させられていたのに、「自由画」といって好きなものを描いてよい時間ができ、また写生も勧められた。次ぎにクレヨンが入ってきた。初めは硬めの〈菱B〉印だったが、間もなく減りやすい〈王様クレヨン〉ばかりになった。担任の石井正義先生と三年担当の宮崎賢先生はどちらも図画の指導に熱心だったので、私は図画の時間が楽しくて、やたらに絵を描くようになった。王様クレヨン会社が東京の小学生の画集を色刷りで作った時、私の二年の時の写生画がその中に入っていた。先生が会社に送ってくれたものらしい。その後、宮崎先生に連れられて、下町のどこかに展覧会を見に行った。数寄屋橋畔にある泰明小学校の子供たちの絵はどれも上手でしゃれていて、羨ましかった。

パステル・カラーという絵もあった。同じ東京でも、中心部の小学校は山の手の青南小よりも大分ハイカラである。この話を父にしたら、頼んだのでもないのに、神田の絵具屋、文房堂でルフランというフランス製のパステルの箱を買ってくれたのには、大喜びだった。

絵と言えば、画家の岡本太郎もこの小学校で二年くらい上の生徒だったことがあるようで、どんな絵を描いていたのか見たいものである。通学路にある風呂屋の裏に、太郎の両親の岡本一平、かの子夫妻の家があり、門の外で真っ白に白粉を塗った大柄な小母さんを何度も見掛けている。後に彼女の小説『金魚繚乱』を読んで、五丁目の谷にあった金魚屋が着想と関係があるのではないかと想像した。

三年になると、こんどは唱歌が変ってきた。それまでは「小学唱歌」しかやらなかったのに、唱歌の女先生が教室で「童謡」を歌わせるようになった。小学唱歌は「春の小川」「夏も近づく八十八夜トントン」とか「しばしも止まずに鎚打つ響き」（村の鍛治屋）など、とかく真面目で教訓めいていて、感傷的な歌は避けられていたのに、童謡は「ギンギンギラギラ夕陽が沈む」「夕焼け小焼けで日が暮れて」とか「烏なぜ泣くの」の類で、情緒的か子供の感情におもねった歌が多い。私には、子供心にも、童謡は何となく下品で、学校にふさわしくないように感じられた。これは確かに母親の音楽教育の影響である。

私の家で「我が母の教え給いし歌」はすべて小学唱歌か西洋メロディーばかりで、童謡、民謡の類は全くなかった。もっとも私はメロディーも日本固有のものだとばかり思っていた。彼女は音楽学校の師範科で仕込まれた通りに、ピアノを弾いて自分の子供たちを教えた。ただし彼女の友達が来た時、違うピアノかと思われるほどに美しい音で弾いてくれたので、お母さんは余り上手でないやと心の中で思ったものである。こうしたことから、私は生涯にわたって、日本固有の民謡、俗謡を唄うことができなくなってしまった。後年、医者になりたての頃、招かれた宴席で隣の芸者が三味線を弾いたら、ずしんと腹に応えたのだから全くお笑い話である。一方、二歳年上の兄は、酒の席などで結構民謡などを唄っていたのだから、偏癖の有無は子供によるのかもしれない。私には、こういう兄を見るのは情けなかった。

小学校時代では三年が一番楽しかった。現在でも、年に一回の小学校のクラス会に出席すると、時々宮崎先生の話が出るので、これは私だけのことではないようである。時間割に午前の終わりが自習、午後の初めが図画、あるいはその逆か、ということがあって、「写生でもいいですか」「いいよ」となると、友達を誘って一緒に弁当持参で〇・五㎞ほど離れた代々木の原（今の代々木公園とＮＨＫ）に出かけたことが何度もあった。午後二時までに帰ってきて、絵を先生に出せばいいのだから、往復二十分ずつを含めても堪能するほど遊ぶことができた。代々木の原は練兵場で、青山や麻布にいくつもある連隊から来た兵隊たちが訓練していることがあって、それも見るのも楽しかった。ここが明治の末には、大江志乃夫のドキュメンタリー『凩の時』の脱走兵の舞台の一つであったことなど知るはずもない。宮崎先生は子供らが何をしてるかご存じだったろうが、注意されたことはなかった。

四年になる時、私の家は高樹町から隣接する下渋谷の羽根沢に移った。大岡昇平の本『少年——ある自伝の試み』と加藤周一の自伝『羊の歌』を読んだら、両氏は少年時代を私の近所と言えるほどの界隈で過されたことを知った。文中に出てくる町並み、道筋は今でも見当がつくほどに馴染みが深い。四歳年上の大岡、五年年下の加藤の真ん中に当る自分の少年時代を、ご両人のそれと比較しながら読むのは面白かった。もっとも彼等が読んだ本についての記憶は、私とは桁外れに豊富で、流石に文筆家は子供の時から違うものだと感心した。

青山や渋谷の道路の「探検」——と自分だけでひそかに呼んでいた——が始まったのは二年の後半からだったように思う。熱の入れ方は三年がピークで、四年の大地震でお仕舞いになった。どうしてそんなことをやるようになったたか、経緯は忘れたが、とにかく学校から帰るとかばんを置いて、すぐに出かける。履き物は下駄である。初めての道、知らない道を選んでできるだけ遠くまで足を伸ばし、いい加減の見当で暗くならない内に引き返した。時計はまだ持っていないから、見当がはずれて、暗くなってから帰って叱られたこともある。母に何処に行った、何をしてた、と聞かれても、自分でもあっちに行ったというくらいの返事しかできない。

分かれ道のどちらに行くかを選ぶ時と、横丁を曲るかどうか決める時に、ささやかなスリルがある。横丁は曲った時の方が面白いものにぶつかるという経験則（？）ができてから、やたらに曲った揚げ句に自分で迷子になってしまって、大慌てしたことがある。当初は、行きと返りでは町並みの見え方が違うことに気が付かなかった。それ以後、曲る時は一度後を振り向いて、目印を確認してからまた進行することにした。下駄の鼻緒が切れても、暫く地面を探しながら歩くと、必ず修理用の紐や釘などが見付かることも判った。下駄が割れたらもう手に負えなくて、裸足で帰るしかない。

七十年とんで老人になってから、私には毎日犬を連れて、あるいは連れられて散歩する習慣があるが、犬地図は変化に乏しいものの、分岐点で曲りたがる性癖があることを知って、ひそかに共感を覚えた。後からついて行って、どちらに曲るかを予測すると六―七割は当る。もっとも犬は曲り角に小便をかけてマークするという人間にできない妙手（足）を使う。老耄になったら犬も迷うであろうか。

こうして私の子供地図は、西は渋谷川、東は青山墓地、麻布三連隊、北は代々木の原、南は日本赤十字病院、麻布の広尾にまたがる半径一・〇～一・五㎞の地域に広がり、この範囲ならどこに行っても知らない所はない、というほどの自信がついた。そしてこの地図の上に、有田ドラッグ薬屋の気味の悪い蛇の標本、地獄絵の恐ろしい広告のある変な店――怖いもの見たさで何度もその前を通った、鶏を締めて首を切る鳥肉屋――店内のおやじをいつも睨み付けてやった、立ち読みのできる本屋など、めぼしい個所を容易に同定することができた。子供がこんなことに凝っているとは誰も知らない。

敗戦後、南の島から帰ってきた私は、翌年の春、ふと思い立って青山を見に行った。赤坂見附で地下鉄から上がって、青山通りを渋谷まで歩いた。見渡す限りの焼け跡には、草が一面に芽ぶいていた。この地帯が浅い谷で刻まれたいくつもの裾をもつ台地であったことが、家がなくなった裸の姿から初めて理解された。ああ、本当に青い山になってしまったと思ったら、涙が出そうになった。

この子供は本をあまり読まなかったが、ロビンソン・クルーソー、十五少年漂流記、トム・ソーヤとハックルベリー・フィンの冒険などは愛読書で、一番好きなロビンソン・クルーソーは、冨山房版の挿絵付きの厚い本を何度も読み返した。日本昔ばなしは何種類かあって、不思議に印象深い物語が含まれていた。毎月読む雑誌は初めは『譚海』、後では『少年倶楽部』だったが、目玉商品の続き物もあまり印象には残っていない。

四年の受持は秋山松太郎先生で、スパルタ教育で学校中に有名な人であった。三年の宮崎先生の自由教育とあまりに違うので子供たちは皆面食らった。後年、同窓会に出た仲間たちが未だに秋山さんは凄かったという思い出話をする。今になって思うと、あれはスパルタではなくて、サディズムであった。彼には、生徒を意地悪く苛めて、子供の耳を千切れそうなほどに引っ張る悪癖があった。とかく目立ちたがりの私でさえも、なるべく先生の目に付かないように振舞って、早く年が変わるように願っていた。女の子の中には、学年の途中で私立のお嬢さん学校に移った子が何人もいた。

二学期の始業日、学校が早く済んで、うちの風呂場で水悪戯をしていたら、大地震が来た。一九二三年九月一日、十一時五十八分である。居間に飛び込むと、母は私と弟を両脇に抱えて、縁側の端で身構えた。壁がどっと落ちる前に、母は子供と一緒に庭に飛び降りて、隅にあった太い桜の根元の裏側に隠れた。屋根瓦もかなり落ちたが、幸い家は倒れなかった。裏の庭に降りた兄、夕方に無事に帰った父を迎えて、余震を恐れて、その夜は庭で野宿した。東京の空は火事で一面に真赤になり、翌朝、芝公園に避難した祖父母一家の情報を叔父の大学生が届けてくれ、三日には皆が渋谷の我が家にやって来た。また横須賀にいた海軍の叔父が駆逐艦で芝浦に上がり、渋谷に来てくれた時は、本当に心強かった。唐突な話だが、大災害の起こる可能性の大きい我が国では、私は自衛隊は必要だと思っている老人の一人である。その晩、私は叔父の隣に寝かせて貰い、余震にも目が覚めないほどによく眠って両親に笑われた。朝鮮人騒ぎなどもあった晩である。

四年生の子供にとっては、地震の怖さよりも、それによって得られたその後の開放の方が印象深い。自宅の近くにあった皇室用の御料牛乳牧場が——それは東京農業大学と青山学院の裏手に位置していて、地震前に千葉の三里塚（？）に移転したために、乳牛はもういなかった——嬉しいことには、その塀が地震で倒れたので、自由に子供が入れるようになった。中に入ると、そこには深々とした牧草地が広がり、大きな枳殻（からたち）の生け垣でいくつかの区画に分けられていた。からたちは牛に食べられないので区画用に植えられたのだろう。牧舎とトロッコと線路もあった。空き地だから人は誰もいない。

こんな旨い話はめったにあるものではない。子供はまさにロビンソン・クルーソーになることができた。私は友達を呼んで、牧場を詳しく調べて、草むらで転げ回ったり、トロッコに乗って遊んだり、隠れ家を作ったりした。このトロッコは牛乳缶や牧草を運ぶのに使われたものらしい。さらに有難いことには、学校は当分の間お休みときた。授業が再開されたのは十一月一日からで、夏休みから続いて実に三カ月と十日の長期休暇だった。翌年の春には、からたちの白い花に、見たこともない大きな奇麗な蝶が沢山群がって飛んだ。あとで、それはアオスジアゲハだと判った。

五年の秋から冬にかけて、兄が病気の保養のために母と鎌倉に転地したので、私は芝の祖父母の家に預けられて、青山まで電車通学するようになった。本棚にある叔父叔母の本を片端から覗き込むうちに、歴史物に興味が出て、南北朝や戦国時代や明治維新についての大人向けの本まで読み耽けった。にわかに「愛国的になった少年」は、学校で教わったように、日本の国の歴史は天皇の味方と敵によって作られていて、正しい者は必ず勝つ、と思いたかったが、困ったことには歴史はそれほど簡単ではない。正しい英雄として宮城前の広場に銅像になっている楠正成は、悪い親玉の足利尊氏に負けてしまうし、今の天皇は、正統であるはずの南朝の後醍醐天皇の後継者ではなくて、尊氏が立てた北朝の子孫であるらしい。この問題が、明治の歴史家の間で、皇統の正閏論として論争になったことなどは、少年はもちろん知るはずもない。また幕末の尊皇攘夷と佐幕開港の対立はいつの間にか尊皇開港に化けてしまって、戦いに勝って権力を取った者が正しかったとするのが歴史であるのか、子供の頭には判らなかった。歴史を動かす力は合理的でも倫理的でもないらしいことが、歴史少年になった私を迷わした。

この頃、東京の小学校の間に第一次の進学フィーバーが始まっていた。中学高校一貫制の七年制高校が出来たのも同じ時代である。「よい」中学に沢山入学できるように、また五年終了で入学試験に合格すれば「飛び級」ができるように、担任の先生たちが張り切った。受験塾や模擬試験コースも神田の研数学館にあった。精神科の友人の島崎敏樹は青南小で私の一年上であるが、五年進学組である。彼の担任の浜中章先生は有名な熱心家で、お陰で青南校は本郷の誠之校と並ぶ進学小学校になれた。神田の模擬試験コースでも、成績が貼り出される度に、青南は誠之としのぎを削った。この他には豊島、青山、竹早の師範付属小は市立の小学校よりも「よい」学校とされていた。

私の担任の山口堯夫先生も進学には熱心で、自宅に二度も来られて五年で中学を受験するように両親に勧めた。教育ママの母親は受験させたかったらしいが、私は急ぐのは嫌だと言い張って、六年を卒業してから、七年制の東京高校尋常科（中学）に入学することが出来た。倍率は十人に一人だから相当な競争である。山口先生は、同じく東高に入った同級の鈴木健夫（後に武田）と私を写真屋に連れて行って、一緒に記念写真を撮ってくれた。私たちは特別に可愛がられていたようである。東京高校は兄が既にそこに入っていて、弟も後から入った学校で、中野に出来た新しい校舎は、同じく受験した日比谷の府立一中の古い校舎よりもずっと奇麗だったので、私は至極単純に満足した。その時は大正十五年（一九二六）の春で、中学一年の間に昭和に改元された。

小学校の同級生は七十歳近くになってから、毎春に一回、母校のそばの会館で、クラス会をするようになった。世話役をしてくれる山中弘や上野信のような友人がいることと、現役を退いた老人たちが昔を懐かしがる世代に入ったためであろうか。私たちのクラスは男女組だったから、夫をなくした老婦人の方がどうしても多くなる。昔ながらに青山に住んでいるのは、東武電車の会長の根津嘉一郎だけで、他の者はすべて東京近郊や地方住いである。男の出席者は初め十二人いたが、八十歳の今年には四人に減った。女は八人だった。そこで話された昔話の一つ、波津久千代子が「五年の児童会の時に、臺さんが、男の子は女の子を呼ぶ時には誰々さんとさんづけにしましょうと言ったでしょう、あれは嬉しかったわ」〈へえ、そんなこと言ったの、おしゃまだねえ〉。我が家では男兄弟ばかりで、母親から女の子は大事にするものだと教えられていたためであったろうか。

我が同級生の世代は、昭和に入ってからの二十年間に酷い歴史に翻弄されるようになる。何人もが結核で死に、腕白者の石塚一貫は戦艦大和の軍医長として艦と運命を共にし、張切り少年の山本貞一と今井忠彦は陸軍将校として早く中国戦線で戦死し、一方で、憧れのお嬢さんだった西塚富士子は女子美術校の学生の頃に共産党活動に入って、後に自殺したと聞く。

(2)　前思春期の中学生

東京高校尋常科というのは、主として東京山の手の中産知識階級の子弟の集る学校で、自分で言うのも可笑しいが、「よく出来る子」が多かった。安倍亮（能成の長男）のようにずば抜けた秀才もいた。後で述べるように、数学者になった彼は結核で敗戦の年に亡くなった。尋常科は四年修了無試験で高等科に進学できるので、受験勉強を強いられることもなく、皆のびのびと好きなことをやり、真面目に勉強していればよかった。官立の七年制高校としては最初に出来た学校であったから、実験校的な性格があったらしく、一学年は一組四十人、二クラスの小人数で、教官にも後に大学の教授になった若くて気鋭の先生が何人も揃っていた。例えば、数学の功力金二郎（後の北大教授）はそういう先生の一人で、彼が生徒たちに頼まれてギリシャ文字を教えたら、教員出身の英語の先生に余計なことをするなと文句を言われて、オメガまで行かないうちに取り止めになった。私はどっちが余計なのだろうかと不満だった。

表面的には平穏無事に見えても、少年の前思春期がどんなに不安定で感じやすいものかは、後で振り返っても独りで乗り切るのは無理だったと思われるくらいである。ここには良い助っ人、指導役の友人が必要なのだが、おく手の少年だった私は友人を求めるすべも知らなかった。そして、わけも判らぬ性衝動に振り回されて、それをコントロールできない自分に、自信を失って悩んでいた。模索する思いで小説や詩を読み散らしたり、宗教的な雰囲気に惹かれたりしたことも、この頃の心情と切り離せないことであろう。

社会的には、昭和の幕開けは文芸や思想の知識の大衆化の時代にも当っていた。改造社が廉価本(円本)の日本文学全集を出し始めたのが大正十五年(一九二六)、岩波文庫は翌年の昭和二年(星一つ二十銭)、改造文庫(一単位十銭)は昭和四年に刊行され始め、続いて新潮社の世界文学全集、平凡社の大思想全集、講談社の大衆文学全集などと応接に暇のないほどに本の氾濫が起こった。私が親から貰う小遣銭は月額二円だったが、倹約すれば少しずつ本を買うことができるようになった。兄は、古風な装丁の夏目漱石の『猫』や『草枕』の類、徳冨蘆花の『思い出の記』や『自然と人生』、島崎藤村の『破戒』や『詩集』、石川啄木の『歌集』などを持っていたから、勝手に本箱から持ち出しては読み耽けった。それらは当時の中学生がごく普通に読むものだったようである。自分で買った本で覚えているのは、ルナンの『キリスト伝』やトルストイの『何をなすべきか』などである。人間的な倫理の考え方に惹かれた結果である。近所のキリスト教会の集会にも二、三度行ってみたが、雰囲気は悪くないものの、牧師の押しつけがましさには閉口して、じきに止めてしまった。

兄は学校の図書室の委員でもあったから、いくつかの本を面白いよと教えてくれることがあった。

私が中学三年の終わり頃に、図書室から借り出した本に、高橋亀吉著の『日本資本主義発達史』（一九二八）があった。当時高校一年の兄によると「この本は学校図書室には不向きの本だと先生が言ったけど、僕が頼んで入れて貰ったんだ」というので読んでみたら、私にとっては目の覚めるような内容をもった本だった。そこには、少年が以前から歴史に対して抱いていた数々の疑問が、政治思想や経済変動の歴史として説かれていたので、こういう考え方があるのかとすっかり感心してしまった。先進国に遅れて出発した日本の資本主義社会は矛盾に満ちていて、もし存続するとしても、貧富の格差は広がるばかり、中産階級は没落することになるという暗い見通しには気が滅入った。

この著者は、後になって知ったことだが、『東洋経済新報』誌の記者出身の在野の経済学者で、俗流ブルジョア経済学者として軽く扱われた時期が長かったが、昨年『生涯現役』という題の詳しい伝記（鳥羽欽一郎著、一九九二）が出版されて、再評価を受けているようである。『日本資本主義発達史』（一九三〇）は野呂栄太郎によっても書かれていて、こちらの方は著者の悲劇的な運命と共に遙かに有名である。私は野呂の本が出てからすぐに読んでみたところ、その時にはもう矛盾とその弁証法的な発展のシナリオは常識的に思われて、高橋の本の時ほどには感銘を受けなかった。野呂が、その後に、高橋を「プチ・帝国主義論」者として批判したことは知らなかった。もっとも高橋の本も後で読み返してみたならば、それほど感心しなかったかもしれない。しかし歴史に対する合理的な考え方と啓蒙思想を最初に教えてくれたという点で、この本は私にとって運命的な出会いの意味をもっている。それを在野の「生涯現役」学者から教えられたことは自分に相応しく思われる。誰かが言っていたように、少年期における理論との遭遇が人や芸術作品との出会いよりも鮮明に記憶に残るのは、それを理解した時に世界が一挙に広がるためであったろう。

四年生の秋（一九二九）に、国語の先生が「校風」という題の作文を宿題に出した。新しく出来た高等学校として、それまでにあった一高以下の旧制高校とは違う近代的な理想をもった校風を生み出したいという希望を、校長以外にも何人かの先生が話していたから、その意向に沿うような文章を書けば、よい点をくれるのは間違いなかつた。私は可愛げのない生徒で、点を稼ぐ要領を心得ていて、それを自分でも嫌な性格だと気付いていたので、これからは先生に迎合するのは止めようと突然に思い立った。一晩かかって書いた文章は、＜現在の社会情勢は、中産階級の子弟に一色の明るい理想をもつことを難しくしている。さまざまの考え方が巻き起ころうとしている時に、学校に「校風」などという枠にはまった一つの方向を期待するのは無理である。これからは混乱の時代がくるのではないか＞というような暗い見通しを盛った青臭い内容だった。そこには、高橋亀吉の受売りが早速に見透かされる。作文を先生に提出して、さてどんな反応があるかと期待していたところ、当然のことながら全く無視されてお仕舞いになった。少年は少しばかり落胆した。

しかしこの経験は、自分が初めて先生から独立した人間であることを自覚させ、また両親からも離れて一人前になろうとしていることに気付かさせた。自分を見出したというには、まだあまりに頼りない状態であったけれども、自分の人生を少しずつ自分で歩き出したことは間違いない。この時、私は十六歳になろうとしていた。

III 赤い'30年代

この章の題名"red thirties"は英米の本では二、三度出会ったことがあるが、我が国の本では見たことがない。しかし三〇年代は一九二九年の世界恐慌につづく大不況から第二次世界大戦に至るまでの困難な時代で、内外の知識人や青年の少なくない部分が、資本主義の将来に疑念を持ち、社会主義や共産主義に期待を寄せた時期であり、彼等は「赤」と呼ばれていた。そこで「赤い'30年代」という言葉ができた。

まことに皮肉なことには、当時のソヴェート連邦ではスターリンの支配が確立して、ロシア革命当時の理想と自由は既に失われた時期に当っていたのに、それはソ連の外にはほとんど知られず、その国はなお希望の星であるかのように思われていた。ソ連邦の崩壊した現在では、「赤い」（クラースヌィ）という形容詞はかつての輝きを失ってしまったが、三〇年代当時の青年の一部や私にとっては、自分たちがその中に生きてきたこの世代を表わすのにふさわしい言葉で、懐旧以上の意味をもっている。この青春の章を「赤」と名付けたのはそのためである。

昭和五年（一九三〇）に私は高校生になり、昭和十五年（一九四〇）には都立松沢病院で自分の生涯を決めることになった臨床経験に出会っている。その経験については、本書の第二部の研究私史に述べられている。この十年間には、高等学校の三年と大学生活の四年が収まっているが、この時期の私たちには、老人たちがよく言う「古き良き学生生活」はなく、「生きるに値する将来」の見えない辛い思い出ばかりが連なっている。それは暗い心の奥で、小さな炎が燃えているような時代であった。

『日本資本主義発達史』を読んで目が開かれた私は、学校の勉強をそっちのけで、社会科学の本を読みあさるようになった。文庫本で読めたもののうち、スティルナーの『唯一者とその所有』とエンゲルスの『空想より科学へ』とブハーリンの『史的唯物論』は印象深かった。前者はアナーキズムの古典で、エンゲルスの本は第二インターナショナル向けの啓蒙書、後者はロシア革命以後の共産主義の教科書だから、初心者向きの本をひとりでに選んでいたことになる。ただしそれらの本の時代的な背景や歴史的な意味を、私はよく知らなかった。マルクスやレーニンの著書は未熟な若者には難し過ぎて、よく飲み込めなかった。その後、ソ連で出版された教程本類が、白楊社などから続々と翻訳されて現れてきたが、それらには検閲にふれそうな箇所は×××か――で伏せられていたので、読者は欠けた所を想像で補って読むしかなかった。ブハーリンの『共産主義のABC』はそうして読んだような気がする。本棚にこれらの本が少しずつ増えてくるのを、自分が利口になったかのように思って見ていたのだから、まことに幼稚な話である。その後に出てきた福本和夫と講座派の著者たちの本は、難解な論理と外国文献の過剰な引用が目障りで、素朴な読者には理解を深めるよりも、意気を沮喪させる方に力があった。私は、これには衒学的というより自慰的な印象を持ったので、あまり近づかないようにした。

ずっと遅れて戦後になってから、幸徳秋水の『社会主義神髄』(一九〇三)を読んだ時に、自分の生れる十年も前の明治時代に、こんなにも明解な解説書が我が国の先人によって書かれていたことを知って、彼の思想がまともな仕方で自国の土壌の上に発展させられなかったことを残念に思った。そして今更ながら「大正デモクラシー」は国体タブーを避けたために、ひよわな思想運動であったことに気が付いた。そこで次の発展は、また初めから翻訳的知識の上に築かれなければならなかったのであろう。

上に述べたような社会主義の思想が青年の心を捉えたのは、彼らを取り巻く当時の社会情勢が、資本主義社会の帝国主義的段階あるいは市場経済システムの欠陥を目の前に暴露していたからである。昭和二年の金融恐慌、昭和三年の治安維持法の改悪(国体の変革は死刑で脅かされていた)、昭和四年(一九二九)以後の世界恐慌へとつながる諸事件の間に、我が国の社会を覆う深刻な不景気、失業の増加、就職難が大衆と若者を悩ましていた。そこには同時に思想弾圧の強化（昭和三年の三月十五日、翌年の四月十六日に行なわれた共産党員の大検挙など）があり、昭和六年（一九三一）には満州への侵略行動が始まっている。

この頃、我が家の経済状態も深刻な状態にあったようである。私の父は事業家としての才能のある人とは思われなかったが、事もあろうに最悪の時期を前にして、会社勤めを止め、自分の着想による改良ポンプを基にして自営の小さな工場を作ろうとした。それは大震災でつまずいた上に、更に大不況にぶつかって動きが取れなくなっていた。「働けど楽にならざり」の父を見て、私は心を痛めた。そして中産階級没落のシナリオが自分の家にも当てはまるのかと思った。

給料生活以外何も知らない母は、遅くなって生れた末弟の利夫（後の筑波大の心理学教授）を抱えて、こぼし相手として私を選んだので、私はひどく困惑して、一時は高校進学を止めようかと思ったくらいである。といって学資不要の軍人になるのは嫌だと言えるほどに、反軍的な自覚を既にもっていた。父は「何とかなるから、お前は心配しないでもいいよ、だが一体何になりたいんだ」と聞いた。東京の街中の建物を方々見て歩くのが好きだった私が、半ば思いつきのように建築家になりたいと答えると、友人の建築家の所に行って相談してごらんと紹介してくれた。山田建築事務所の山田先輩からは、情けないことには、「建築をやるのは止めなさい、不景気で食べて行かれないよ」と言われてしまった。結局「首になっても独りで暮していける医者はどうか」という父の意見に従うことになったのだから、およそ冴えない話である。

満州事変を皮切りに後に言う「十五年戦争」が始まってから、工業界に軍需景気が戻ってきて、父は友人の会社に招かれて、発動機工場の工場長に就職し、母の嘆きも一時的には収った。景気の回復は金輸出再禁止の上になされた財政金融統制によるものとしても、そこには戦争が梃子として使われている。このように戦争の経済的側面についての理解を深めたものの、不況を軍事産業と侵略で解消しようとする帝国主義は許し難い罪悪だと、私は信じていた。

さて東高の高等科では、私は理科乙類というドイツ語を第一外国語とする三十五人の中に入り、それはフランス語を学ぶ丙類五人と一緒に一クラスを作っていた。この高校では、尋常科上がりの八十人の他に、他の中学卒業の仲間八十人が加わって、文科理科合わせて一学年百六十人とする仕組になっていた。この方式は有益だった。新しい友人は皆わりに大人びていて、社会的関心の広い者が何人もいた。その中で、府立一中からきた坂口亮（のちの内科医）は、尋常科上がりの安倍亮と野上茂吉郎（野上弥生子の次男）と私との四人組のマネージャー格になり、数学者、物理学者の二人が亡くなった後も、医者二人は今に至るまでの長い相棒である。私たちは一緒にソ連のラピドスの経済学教程本やジッドの『狭き門』を原本で輪読したり、築地小劇場に出かけたりした。俳優の滝沢修が駆出しの頃である。芝居の面白さを知ることができたのは坂口のお陰である。芝居がはねた後、築地から省線（今のJR）有楽町駅まで、興奮してしゃべって歩いた当時は懐かしい。

フランス系の暁星中学から理丙に入って来た片柳節夫は、社会活動に活発な男で、学生共済部を作ろうと主張し、「現在東高生一般の最も唾棄すべき傾向はその灰色的色彩で、社会に対する不感症である。この忌むべき校風を一掃しよう」などと学校新聞に投稿していた。私は自分の作文を思い出して可笑しかった。彼は昭和五年の市電のストライキの犠牲者の応援をしないかと私に持ちかけ、少し手伝ったことがある。当時の警察はストライキを弾圧する役目を露骨に持っていたから、必ず犠牲者が出た。それに対して「赤色救援会」という組織があったようである。

私は赤味がかった社会派ばかりと付き合ったわけではなく、フランスかぶれの文化派の小川信男（後の精神科医）とも親しかった。当時のフランス映画には、『パリの屋根の下』を初めとして優れた作品が多くて、高校生たちはその主題歌をよく口ずさんだりした。小川はそれを原語で歌うのだから敵わない。彼がクラスの同人誌に「人みなシメール（chimère）を」というしゃれた文章を載せた時、何が書いてあるのかと聞いたら、ヴァレリーがどうのこうのと説明されて余計に判らなくなった。私が気に入っていた映画は『自由を我等に』で、事あるごとに“À nous la liberté!”と言ったものである。もっとも、テレビ時代になってから、この映画の再放送を見て、内容がくだらなかったのにはがっかりした。

社会問題に関心のある学生は、文科系や理科系を問わず何人か集って読書会（ＲＳと呼ばれていた）を始めていた。政治的な組織に加わった者もいたらしい。当時、それは何処の高校でも見られた現象であったようである。私はグループや組織に参加するにはあまりに未熟だったから、そういう仲間から時々非合法の印刷物を見せて貰うくらいで、活動に参加することはなかった。文科乙類三年の黒沢俊介は俊秀の評判の高い左翼のリーダーで、以前には兄の勉と仲の良い同級生として、我が家にもよく遊びに来たことがあった。私は兄が黒沢のグループに入っていると思っていた。ところが兄は、昭和四年五月に、虚無的な文章を突然に学校新聞に投稿して教官側を騒がし、その頃から黒沢との交友は絶えたらしい。私は何のことか判らず面喰らったが、青年たちの間にはいろいろな潮流があって、兄はその中で揺れ動いていたようである。

ついでながら、黒沢の父は精神科の長老の黒沢良臣で、当時は府立松沢病院の医長だった。弟の良介はその頃府立六中の生徒だったが、後に三重大学の精神科教授になって早く亡くなり、当時東大にいた私は、学会の代表として弔辞をよむことになった。

昭和六年一月のある朝、渋谷署の警官二、三人が我が家にやって来て、私を検挙した。どういう理由で捕まえられたのか皆目見当がつかない。あとで判ったことによると、先学期末に市電争議についてのビラが各教室に貼られていたのを皮切りに、文乙三年の某君が中野駅でビラを撒いているところを逮捕されて、校内に左翼組織があることが判明して、年明けをまって一斉検挙が行なわれたのだという。私は高校生が普通に着る釣鐘マントを持っていなくて、中学生用の金ボタンの外套を着て行ったら——というのは兄が卒業してそのお古が下がるのを待っていたので——取調べの刑事が「何だ子供のくせに」と馬鹿にした。膨れ面をして黙っていたら、刑事は散々に嚇かした。当時は警察の拷問は有名だったので、内心びくびくしていたが、いくら嚇かされてもこちらには白状する種がないのだから、答えようがない。それにしても誰が私の名前を警察に告げたのだろう。

困るのは思想内容についての尋問である。とは言っても、質問はひどくお粗末で、「日本で一番えらいのは誰だ？」というような調子なので、こちらはいやいやながら〈天皇陛下です〉と答えなければならない。小学校時代に退行（そんな言葉は後で覚えた）して振舞うのは、本当に屈辱的だった。

留置場には三部屋あって、小便に出された時に、奥の房に一学年上の東高生下田君が見えたから、これでは学校に手配が廻ったなと悟った。留置場（豚箱の異名がある）は狭くて、足を伸ばして寝られないのと寒いのが苦労だった。しかし弁当は思いの他悪くなかった。三日目から窃盗の少年と同宿になった。四日目に手前の房に入れられた男は共産党らしかった。取調べ室で、刑事が「こんな物を持っていやがる」と言って、ピストルを机の上に放り出したのには驚いたが、私を脅かすつもりがあったのかもしれない。次の日、隣房から呼び出された男は、どんなに酷い目に合うかと私がはらはらしていたら、遅くなってから部屋に投げ込まれた後で、床に倒れて低く呻いていた。彼が可哀そうで、自分までも苦しくなって、その晩は眠れなかった。

その内、刑事も私が小物だと判ったとみえて、十日くらいで釈放された。当時拘留の一単位は二十九日だったから、予想外に短くて済んだことになる。後で聞くと、教育島にいた母方の叔父が警視庁のお偉方に手を廻して頼んでくれたそうで、そのお陰もあったかもしれない。もっとも今後、左翼運動はしないという約束をさせられた。情けないことながら、これも一種の転向である。

しかしこれによって、私の指紋と姓名はブラック・リストに残り、その影響は長く尾を引いた。大学を卒業して医者になってからでも、リストが特高警察から憲兵隊に廻されたらしくて、毎年一回、定期検診——と自嘲的に呼んでいた——があった。呼び出しに応じて、渋谷の道玄坂上にある憲兵隊分署に行くと、憲兵下士官が問診する。ここでもまた「我が国で一番えらい方はどなたか」という質問が来たのは、相手の頭が単純だからであろうか。思想のステレオタイプは恐ろしいものである。初回には、座ったままで返事したら、ひどく絞られたので、次の年からは、バシッと起立して、直立不動の姿勢をとってから〈天皇陛下であります〉と答えるようになった。今の若者たちの中には、老人の一部にある天皇制反対の意見を理解し難く思う人があるかもしれないが、私のような屈辱的な経験を反復させられれば、誰だって天皇制はごめんだとなるに違いない。私は、自分なりには人並以上に愛国心の強い人間であると自認していて、「日の丸」の旗は自分たちの旗だと思っているが、「君が代」の国歌は勘弁してほしいものである。江上波夫によると騎馬民族の征服者の末裔である天皇を、国の象徴とする憲法はいただけない。

話が逸れてしまったので、高校時代に戻る。警察から釈放された私に対して、両親は全く怒らず、黙って暖かく受け入れてくれた。ただ私の本棚から「赤い」本が全部なくなっていたのは悲しかった。学校からの処分は一年間の謹慎ということだったが、何のために処分されるのか理由を聞かされた記憶がないし、何を謹慎するのか説明もなかった。こちらから聞きにも行かなかった。学校の処分は全体で五十六名で、退学は十四名、停学四名、謹慎と譴責が各十九名であり、実に高校生の一〇％に当る多数であった。ここには学校側の全面対決の姿勢が明らかである。それには黒沢俊介、松宮克巳の高校三年生、木庭二郎の尋常科四年生の退学処分が含まれていた。あと二カ月で卒業できるのに、政治的行為あるいは思想に対するこの処分は露骨な弾圧で、苛酷に思われた。処分反対と、次に復学の要求を掲げて、二回にわたるストライキを行なったクラスもあったが、いずれも短期間で終息した。そしてまたストの責任者に対する処分がくる。私のクラスではストを決議することはできなかった。松宮は後にＮＨＫの解説委員になってテレビによく現れた人で、後に私のいた前橋に講演に来た時に、講師の学歴紹介で中学卒というのはどうも格好がよくないねと笑っていた。黒沢はその後に新聞記者、木庭は高名な物理学者になったが、今は共に故人である。物理学者の野上茂吉郎は、親愛の情を込めて木庭の消息を語ることがあった。片柳とは遂に再び会う機会がなかった。

昭和六年の九月に満州事変が起こってからは、学生たちの関心は大きく変ってきた。私のクラスでは、出征兵士の家族を援助する街頭募金をしようという提案がなされて、賛成多数で実行されたが、謹慎を喰っている私は反論の主張に迫力を失って、苦々しい思いをした。一方、学校側の弾圧にもかかわらず、学生の地下活動はその後も続き、時々ビラが貼られたり配られたりした。同年の秋のことだったと思うが、講堂に全学生を集めて何かの集会が行なわれた時、突然二階に黒沢たち三人が現れて、「教師に騙されるな」と叫んでビラを撒き、裏口に駆け抜けて消えてしまった。教官たちは大慌てだったが、下で見ていた私は、闖入者の勇気に感心して、あぁ格好がいいなと思った。こんなわけだから学校では卒業式などできる状態ではない。私たちの高校では、以後三年間の卒業式は取り止めとなった。私は後の大学紛争で、今度は教授側として、卒業式の取り止めを経験するはめになった。もともと、式とは相性がないのであろう。

弾圧を喰った後の学校に止まった左翼青年の中に、頽廃的な変質が見られるようになったのは心の痛むことであった。当時、体制側の物品は搾取によるものだから、勝手に使っても壊しても良いという理屈を聞いたことがある。大学紛争の時、公的な建物の占拠と破壊について、またもや学生が同じ理屈をこねるのを聞いて、体制側になっていた私は、あぁ進歩がないなと嘆息したものである。この主張が私的所有を認めないという解釈に拡大すると、友人の品物までも勝手に失敬する——つまり泥棒に発展するのは自然の成行きだろう。坂口が本を失くしたので神田の古本街に行ったところ、そこで自分の本を見付けたというのは、広い東京では全く確率の低い出来事であろうに、不思議な因縁話である。彼は、それを警察に届けたことが文科のO君の逮捕と繋がったのではないかと、今だに気にしている。退学処分になったO君はその後どうなったか、誰も知らない。

昭和七年（一九三二）十月に、共産党員がやったとされる大森銀行ギャング事件が私に与えた衝撃は大きかった。共産党は後でこの事件はスパイの挑発によるものであることを明らかにしたが、それが真実であるとしても、目的が手段を正当化するという考えがなければ、挑発に乗ることはなかったであろう。私には、個人の倫理と社会的規範との関係がしっかりと整理されていなかったし、個人の行動の自発性と社会発展の必然性との関連もまだ身についたものにはならなかった。

教官の側にも対抗的な変質がみられた。それも一種の頽廃と呼んでよいようなものだった。思想取り締りの役を勤めていた近藤兵庫教授は、三年の倫理の講義の時間に、左翼学生に露骨な敵意をむき出しにして、地下運動の手口をあれこれと暴露した上で、このような卑劣な学生は必ず摘発してやると息まいた。私はその態度の浅ましさに顔の赤らむのを抑えることができなかった。先生は、私の表情や態度から、それを犯行の自白だと受け取ったかもしれない。しかし私は学校の教室が刑事部屋以下に堕落したことを、心から恥ずかしく思ったのであった。

大学医学部の受験勉強をしていた晩のこと、昭和八年（一九三三）二月二十日に、左翼作家の小林多喜二が警察の取調べの際に死んだというラジオ報道を聞いた。拷問によって殺されたことは間違いなかった。またやりやがった、と私は憤慨して、警察による殺人が明白なのに、それが告発されることもなく、社会からもうやむやに片付けられるとは、日本は何と言う法治国家なのか、文明国なのかと歯ぎしりする思いであった。

「憎しみの坩堝に赤く焼くる、くろがねの剣を打ち鍛えよ」という革命歌は、「立て飢えたる者よ、今ぞ日は近かし」のインターナショナルの歌と一緒に、先輩の西尾昇が教えてくれたものであった。彼は自分の下宿の二階で、声を潜めて呻くように歌ってくれた。彼は戦後に共産党から立候補して世田谷の区会議員になり、後に分派行動の理由で党から除名された人である。昔は、これらの歌は公然とは歌えなかった。後年、ジョン・リードのロシア革命のルポルタージュ「世界を揺るがした十日間」が"Reds"という題名で映画化され、新宿で上映されていたので見に行ったら、拡声器で新宿通り一杯にインターナショナルが鳴り響いていたので、吃驚したことがあった。そして今では逆に、ロシアでも、この歌は歌われなくなったようである。

東大医学部の一年に入ったら、講堂の机の上にビラが置かれていることがあったので、東大細胞がまだ生きていることを知った。解剖実習が始まってから、同じグループの一人である江副勉が急に出てこなくなったので、どうしたのかと思っていたら、病院の門前にある本富士署に留置されていたのには驚いた。けれども、彼は間もなくケロリとした顔で出てきたから、末期の活動は大したことはなかったようである。

医学部学生の四年間は、私が勉強に受身であったために、一向に面白くなかった。早くから指向性のはっきりしていたカナマイシンの梅沢浜夫のような同級生が隣にいたのに、私は医学の勉強の面白さを卒業するまで知らなかった。本当に惜しいことをしたものである。この四年間は、日本の社会が軍部の支配と神がかりの原理主義に屈して、共産主義、社会主義はもとより、自由主義までも否定されるような時代であった。初めのうち格好のよいことを言って人を煽てていた新聞も、いつの間にか権力に迎合的な記事しか載せないようになるのは腹立たしかった。時世におもねる姿勢と変節は特にマスコミに著しかった。その見本が朝日新聞である。

私は、島木健作の転向小説が出るたびに、それを泣くような思いで読んだ。この作家は今では知る人も少ないが、他日また精神史の一例として見直されてもよい人物だと考えている。精神科医の小林八郎は、左翼運動をしていた学生の頃、本郷で、この作家とレポーターとして会ったことがあると、思い出話に書いている。小林に限らず、我が国の精神科医には、「赤い'30年代」を送った人が少なくないことは、いろんな意味で注目すべきことである。赤い青年たちが後に障害者の味方になったのは自然の成行きである。中には桜井図南男のような温厚な長老もいて、彼がセツルメント活動の後、長い逃亡生活を送ったことなど、後人には意外に思われるに違いない。鶴見俊輔の『転向研究』は社会学的には貴重な業績であるとしても、転向を現象論として扱う限り、当人たちの燃える思いや身を刻む苦しみが汲み取られないのは、残念なことである。立花隆の『日本共産党の研究』に対しても、私は同じ感想をもっている。

昭和十一年（一九三六）二月二十六日の青年将校によるクーデターは、私の医学部三年の終わりに近い出来事で、二十八日の外科の臨床講義は、都築正男教授が救護隊で出動したために休講になった。私は虎の門の祖父の家を見舞にでかけたが、溜池のバリケードに阻まれて辿りつけなかった。待機している鎮圧部隊の戦車はものものしかった。後日、反乱将校たちが銃殺された衛戍監獄を、そばの代々木の原の「なまこ山」（今のNHKビル付近）に上がってみたことがある。斎藤史の反乱将校のための挽歌「白きうさぎ、雪の山から出でて来て、殺されたれば眼を開きおり」は有名であるが、赤い私でさえも、白色テロルの一部にある憂国の情には敬意を払う。まして「殺されし人、赤き血を流したれば」の方も眼を開いているのだから、彼ら彼女らのためにも挽歌がなければならない。

私は、最終学年になって自分の専門を決める段階になっても、何をして良いか判らなかった。卒業後に精神科を選んだのには、逃避的な要素が大きかった。エスケイピィストという言葉が当てはまる。あの科は嫌、この科は駄目と消去していって、残った科だったともいえる。複雑で不可解な精神病の存在が知的な好奇心をそそったこともある。多少気取って言えば、最もみじめな人たちの助けになろうとすることによって自分を支えたいという気持もあった。内村祐之教授の訳されたクレッチマーの『天才人』や『体格と性格』を読んで感心したことも、ある時の臨床実習で先生の質問にうまく答えられたというような、さらに些細な出来事も幾分かは関係していたようだ。後になって、なぜ精神科医になったのかと聞かれることがあったが、それに対して、これこれですと答えてしまうと、どれも嘘をついているような気になる。

若い医者なら誰でも感ずることだろうが、医局に入って患者を受け持たされ、自分で診療の責任を負うことくらい、生甲斐と勉強の熱意を呼び起こすものはない。自分にもやれることがあるかもしれないという期待が私には有難かった。学生時代が暗く将来のないものだっただけに、私の医局生活は初めて充実感に満ちたものとなった。実際、夜が短かった。私はまた仲間に恵まれていた。一緒に入局した仲間には、島崎敏樹、江副勉、猪瀬正、加藤正明がいたし、すぐ上には西丸四方、笠松章、高橋角次郎たちがおり、もう少し上には井村恒郎が医局長としていた。彼らは、戦後の再建の時期に、わが国の精神医学と医療を背負った人々になった。

ただし当時の若者たちの上には、戦争が黒い雲となって大きくかぶさっていた。昭和十二年（一九三七）夏には、中国への侵略は北支に拡大して、先輩や友人が次々に兵隊にとられていく状況であった。十四年にはヨーロッパでも戦争が始まった。野上、安倍、坂口と私は、大学を卒業して専門の仕事が別々になっても、よく野上家に集って本を読んだり、兵役や戦争について話し合ったりした。野上の母親で作家の弥生子は若者たちの良い理解者で、私たちの話の輪に加わることもあった。彼女の小説「真知子」や「迷路」は、これに関連する著作である。

ある晩、野上家に偶々やって来た宮本百合子が「あなたがた、戦争が始まったらどうするのよ」と言う。〈どうするって言われても、どうしようもない――〉、「止めなさいよ、隠れなさいよ、あと十年たったらきっと天皇制はつぶれるわ」。私たちは百合子の確信には感心したが、狭い日本の中で身を隠すことなどできるはずもない。彼女の夫、宮本顕治は当時刑務所にいた。

昭和十三年（一九三八）十月二十日、兄の勉が大阪で自殺した。彼は、昭和九年に東大法学部を卒業してから、九州の企業に勤めていたのである。急報を受けて駆けつける列車の中で、私は身震いをしながら、〈よくもやれたな〉という自問自答を頭の中で反復するばかりであった。彼は、私が見つけかけていた生きるに値する道を、ついに見出すことができずに、自分の命を絶ったとしか思われない。行年は二十八歳になったばかりであった。先行していた両親の姿を大阪の堂ビル・ホテルの一室で見出した時に、悲しさが一度に溢れて出た。

Ⅳ. 結婚と召集

兄の死によって、我が家の空気は一変した。父と母は、気分的にすっかり落ち込んで、なぜ兄が死を選ぶようになったかについて、際限のない問答を繰り返していた。夜遅くまで話し合っている両親を見ても、私は何も言うことができなかった。半年が過ぎてから、両親は十七年間住んだ渋谷から移転することを考え出し、田園調布に土地を買って家を建てることを始めた。私は資金も無さそうなのに無茶だと思ったが、慎重派の母までが何とかなると乗り気になったので、それに没頭して立ち直ってくれるなら、それも良いかもしれないと期待するようになった。資金繰りは何とかうまくいって、両親は半年余り建築に取り紛れた後に、移転が完了した。有難いことには、この作業療法のお陰で、わが家は新しい精神的平衡を取り戻すことができた。新しい家の応接間で、兄の残したレコードで、甘美なバッハの組曲第二などを聞いていると、涙が出て仕方がなかった。

私は、東大精神科と松沢病院の三カ年の研修で、自分の人生を分裂病患者に賭けようと心に決めたものの、それにはどうしたらよいか、いつになったら、何ができるかも判らなかった。仕事の上で何がしかの成果を上げなければ、人生に自信が湧いてくるはずもない。結局、私は基礎修業を自分に課することにして、精神科の助手を辞めて、医学部の生化学教室の研究生に移った。私の遍歴時代はこうして一こま先に進んだ。この経緯は第二部の研究私史に書いてある。

母は私に結婚を勧めたが、こんなにあやふやな自分が、女性に対して「貴女の運命を私に託して下さい」と言えるものだろうか。それに私はいつ兵隊に取られるか判らない不安定な身の上であった。しかし私は、兄の死には大きく揺さぶられていて、正直のところ、ひとりで生きていくのが心細くなっていた。妻になってくれる人の援助が得られるならば、それが欲しかった。ありのままの自分を判ってもらい、受け入れてくれた相手の気持を嬉しく思って、結婚を申し込むまでには一年あまりもかかった。申し込んだ場所は明治神宮外苑の「なんじゃもんじゃ」の木の下であった。この木は今はない。彼女は母の従兄の娘、小野千枝で、私が医者になった年に死亡した母方祖父の葬式の時に出会い、以来、旧知の間柄だった。

結婚生活一年にして、昭和十六年八月に召集令状がきた。有名な「関東軍特別大演習」の名目で大召集がかけられた時である。

妻と私との生活は、私の兵役、結核による入院にはばまれて、一緒に暮した時間が半分もない内に、妻は慢性のリュウマチに悩むようになった。何度も入院を繰り返した後、六十歳で死亡するまでの終りの十年間は車椅子生活だった。私は表面的には彼女に誠実だったつもりだが、心にもない苦労をかけることが多かったことを済まなく思っている。表面的にと言ったのは、例えば私は彼女を「お前」と呼んだことがない。結核病院入院中の私を見舞に来た妻に対して、私が「あなた」呼ばわりをするので、仲間の患者が「君は養子に来たのかい」と聞いたことがある。よそよそしい夫婦に見えたのだろうかと内心苦笑した。

V. ある軍医の戦争日記——1. 自動車隊

この章はいわゆる戦記物ではない。自分が戦争中に出会った個人的な挿話を並べたものである。それは客観的な事件と主観的な思想の絡み合いで、トーマス・マンの『魔の山』の主人公のような未熟な若者の遍歴の物語である。だがその経験は、それ以後の私の生活の芯に組み込まれたように思われる。多くの日本人が、東アジアの各地や太平洋の島々で、いろいろな物語を持ったことであろう。その一つとして、私の物語を書き留めておくことにしたい。

(1) 一〇三八部隊

私の召集された部隊は、独立自動車第四十二大隊、通称一〇三八部隊といい、世田谷、三宿の野戦重砲連隊第七十二部隊で新しく編成されたものである。私はその第一中隊付きの見習軍医であった。

入隊して判ったところによると、独立自動車大隊というのは、本部と四つの中隊と材料廠からできていて、軍の後方輸送部隊としての任務に当るものらしい。各中隊には七十五車輛のトラックがあり、中隊単位で広い範囲をあちこちに動くから、本部に高級軍医がいる他に各中隊に一人の軍医がいる。中隊には、本部と三コ小隊と修理班があり、総員は二百五十人くらいだから、それだけ見れば、軍医の仕事は楽そうに見える。しかし私は、昭和十三年に軍医予備員という教育を三週間受け、軍服を着て内務班生活を経験しただけで、軍医の訓練は全く受けていない。医者の資格を持っているとはいえ、専門が精神科だから内科的な処置は何とかできるとしても、外科的処置となるとお手上げである。傷の手当の仕方や縫合のための針と糸との使い方も知らない。大隊には複数の軍医がいるけれども、現場では自分一人で何とかしなくてはならないようだ。これはえらいことになったとたじろいだ。

軍医は軍装を自弁で整えなくてはならないと言われたので、九段の階行社（陸軍将校クラブ）に行って、軍刀とピストルを買ってきた。できるだけ安物を選んだら、ひどく重い持ち物になった。これらは結局一度も使われたこともなく、最後にアメリカ兵とのトレードによって、たばこ（ラッキー・ストライク）に化けて煙となってしまった。

大隊長は満州国軍将校から日本軍に舞い戻った長房利雄中佐で、四人の中隊長は全部応召の中尉、第一中隊長の犬塚英友中尉は丸善の社員だった人である。自動車隊の勤務経験のある将校は、犬塚隊長の他一人しかいないという話である。また召集で集った兵隊諸君の方も相当なもので、一中隊では七十五車輌のトラックに対して、運転免許を持っている者が十七人（！）しかいなかった。すべて予備兵で、再召集も少なくなく、家族持ちのおじさん達が多かった。平均年齢は三十歳くらいだったろうか。こんな素人くさい連中を集めてどうするのかと聞けば、速成教育で車を動かすしかないという。これではまるで陸軍が自動車運転教習所を編成したようなものである。今ならほとんどの成人は運転免許を持っているが、当時の日本では、また日中戦争でかなりくたびれてきた当時の我が国では、こんな実情だったのである。

後で判ったことだが、車輌の方も人間に劣らない代物であった。すべてトヨタの中古車で揃えてあったが、全部一緒に動けることはまれで、数台は必ず故障で動けなかった。トラックの他には、中隊長用の指揮車と連絡用の乗用車がフォードの古物、それに修理班の工作機具付きの一車輌があって、これで全部である。要するに我が隊は、半分素人の集団が中古車を抱えて作り上げた自動車隊で、良くも悪しくも臺軍医にふさわしい戦友だったと言えなくもない。

(2) ベトナムへ、「銀の匙」と軍用列車〝M7〟

昭和十六年九月の下旬に、我が隊も出動することになった。隠密行動とされていたので家族にも知らせず、世田谷から芝浦埠頭まで、車輌を運んだ。国鉄京浜線を渡る「札ノ辻」橋の上で停車した時、これが東京の街の見納めになるかもしれないと感傷的になった。我が隊のぼろ車とにわか運転手で、二十キロ離れた港まで辿りつけるかと心配したが、丸一日もかかって、やっと全部が集結できた。というのは運転のできる兵隊が世田谷と芝浦間を何度も往復して運んだからである。輸送船は百合丸という八千屯級の商船で、車輌は船倉に降ろされ、人員は上部の船倉に作られた蚕棚と称する二段ベッドに納まって出港した。見送りも別れの手を振る人も少なく、静かな出発であった。軍医は、乗船の前から始まっていた何種類もの予防注射の仕事を船内でも早速続けなければならなくて、忙しかった。中隊の衛生班は、私と西野芳雄衛生伍長、橋本喜一郎と揖斐　和の二人の二等兵の四人である。

何処に行くのだろうかと思っている内に、船は太平洋沿岸を廻って、イルカの追ってくる豊後水道を抜けて、飛び魚が舷側を飛ぶ周防灘に入って、門司の港に寄港した。ここでは兵隊の下船は許されず、丸一日停泊する間に、石炭を沢山積み込んだ。被服に冬支度の支給がないので、南方行きだと予測はしていたが、出港してから初めて目的地は、仏領インドシナ(今のベトナム)、ハイフォンであると知らされた。それを早く教えてくれれば、フランス語の辞書を持ってくることができたのに、今となってはもう手遅れである。

船旅五日の間に、日没が段々に遅くなった。朝は暗いうちに起こされるし、夕方は六時の食事がすんでも太陽はまだ高い。中国大陸の沖を通るのだが、戦争は海にまで及んでいないので至極呑気な航海であった。長い夕方には、兵隊は甲板に集められて、軍歌演習を毎日やらされた。「あーあ、あの顔で、あの声で――」や「ここはお国を何百里――」を哀調をこめて長々と歌うと、戦意高揚よりも厭戦気分になってくるから妙なものである。西に経度を十五度進む毎に、時計を一時間遅らせればよいのにと思っている内に、やっとハイフォンに着いて、そこで二時間の時差をもつ現地時間に調整した。

ハイフォンの河港に着いた朝は、十月一日で、細かい小雨が煙るように降っていた。それなのに岸辺の木々の緑は目の覚めるような鮮やかさである。温帯の日本で緑と言われる色には黄が混じっていたことに初めて気が付いた。ここは熱帯に近いのだ、これからはこういう世界で暮すのだと、今さらのように自分に言い聞かせた。

前の年の八月に北部仏印進駐が、この年の七月に南部仏印進駐が一応平和的な形で始まったばかりで、国際間の緊張は一気に高まり、政治的には戦争前夜の不穏な状況であったはずだが、港町の表情は意外に平穏で、私たち兵隊も外国見物に来たような気分でいられた。

　荷揚げした晩は、倉庫に泊まって、コンクリートの床に直に寝たので身体が痛くて閉口したものの、次の日からは板の間に移れたので助かった。軍医にはあまり仕事がないから、早速毎日、街と人の探訪に出歩いた。小さな街だから地理は割に早く飲み込むことができた。私はこの土地や国、住民については、ごく限られた知識しかもっていないので、すべては自分の見聞が基になる。ベトナム人は、男女ともみな短軀瘦身で、同じ様な体格と容姿の持主であるように見えた。年寄りは後に写真で見たホー・チミンそっくりである。女性の服装も一様で、薄い黒の長衣を着けている。この人間は、人種的には、日本人に較べると遙かに単一で純系に近いように思われた。フランス人にはあまり出会わない。それでも街角の共同便所に入ると、コウカシアン（欧米人）とアンディジェーヌ（土着民）と貼り札で人種差別されている。この植民地的扱いには腹を立てて、それぞれの場所で小便をしてみて、どんな気持になるか試してみたが、もちろん欧米人用の方が気分が宜しい。

　何日かして、月給だかお小遣いだか判らないが、兵隊に現地の金の支給があった。私には十六ピアストルをくれたので、まず本屋に行って、仏領インドシナの地理と社会についての地図入りの厚い本とガイド・ブック並みの薄い本と仏語―安南語辞典を買ってきた。これで五ピアストルだった。大急ぎで薄い方を読んで、基礎知識を身に付けたが、現地にいるせいか、字引なしでも一応理解ができたので助かった。次に、これからの軍隊生活を思いやって、たとえどのような日々が待っていようとも、自分を失うことはやるまい、その志を思い起させるような日用品はないか、と考えたら、ふと中勘助の「銀の匙」を思いだした。そこで食器屋に行って、銀の匙とフォークを買ってきた。中勘助が子供の時に愛着したような小匙でなくて、私のはスープ匙である。"Est-ce-que c'est d'argent pur ?"（これは純粋の銀ですか）と念を押したら、"Oui, monsieur."（はい、そうです）と言われて持って帰ったのだから、たあいもない話である。これでまた五ピアストルを使った。フォークは後日パラオ篭城中にどこかへ失くしてしまったが、匙の方は、四年余りの戦陣生活の間、毎日の飯盒飯と一緒に私に付いて廻り、そして半世紀後の現在もスープを飲む時には必ずテーブルの上に現れる。近頃になって、これはベトナムから持ってきた大事な品物だと息子に言ったら、戦利品だろうと言われた。とんでもない話だ、身銭をきってちゃんと買ったものである。

中隊長がハノイ見物に行こうと誘ってくれたので、百㎞近く離れた街に、二度ばかり出かけた。彼は、中国で三年半の戦歴を持つ人だけれども、根からの好人物で地方人気質が抜けず、上官としてよりも年上の友達として私を扱ってくれたので有難かった。自動車隊付きのお陰で行動半径が大きく、他の隊付軍医に較べたら、比較にならないほど見聞を広めることができたようだ。

ハイフォン（海防）から Boulvard Paul Beer（P．B．氏は当地の開拓者であったようだ）という街道を西北に進むと、北の低い山々は石灰岩の奇峰の連なりで、南画の風景そのままである。私は南画の図柄を抽象だとばかり思っていたが、何のことはない具象そのものであったのだ。このトンキン（東京）地方から中国広西省の桂林の方まで、このような景観が続くらしい。田ん圃に蹲っている水牛の背中にサギが止まっているのも南画の画材である。トンキン平野を流れるソンコイ（紅河）には堤防がなくて、水害が多いのも無理はないと思われた。ハノイ（河内）の手前で紅河の鉄橋を渡った時、橋桁に一九〇二の刻印を見た。日露戦争の前である。明治の末期に、フランス人がここに侵入してきた歴史を物語っている。本には、ベトナムに文化をもたらしたのはフランスだと誇らしげに書かれていたが、ベトナムに対するフランス文化の最大の刻印は、中国由来の表意文字（漢字）を表音文字のａｂｃに替えたことであろう。この大きな文化的実験が民衆にどのような利害得失、影響を与えたか、現地の人々の生の声を聞いてみたいと思ったけれども、遂に機会がなかった。もっとも中国系の店では漢字が今も幅をきかせているようである。近頃の漢字文化圏の論議では、ベトナムはどのように取り扱われるのだろうか。ハノイは樹木の多い静かな良い街だったが、今はどのように変っていることか。

ハイフォンに十日ほどいたら、南のサイゴン（西貢）に移動命令が来た。二泊三日千七百㎞の鉄道輸送だというので、その間の食糧として、兵隊一人当りに堅いフランスパン五、六本と砂糖一袋が支給された。兵隊諸君はうんざりして、こんなもの喰えるかと皆がぼやいていた。私は当時の日本では食べられないような美味しいフランスパンにありついてほくそ笑んだが、それに付けろという砂糖には閉口した。そこで街にバターを買いに行ったところ、もう何処でも売ってくれない。結局、マーガリン一箱と板チョコを沢山手に入れて、残金の六ピアストルを使い果たした。

どうした訳か判らないが、私の乗る列車の指揮官は二中隊長の富永中尉で、将校たちも二中隊の連中であり、馴染みが薄くて窮屈だった。トラックは十数輌の無蓋貨車に積み込み、兵隊はぎっしりと二輌の有蓋貨車に入れられて、将校と下士官には一輌の客車が当てがわれた。ハイフォンを出発したら、隊長が、我々は何処で水を飲めるのか、聞いて来いという。指揮官が旅程表も知らないのだから心細い話である。列車がハノイに着いた時、私は駅長に会いたいと言って駅舎に入っていき、バシッと敬礼して〈私は自動車隊の軍医でありますが、水の補給が何処でできるのか教えていただきたい〉と言った。フランス人の駅長は「どの列車か、ああM7（セット）だな、ディアグラムを見せて上げよう」と表を広げた。そこで初めて自分たちの乗っているのが、仏印国有鉄道(CFNIF)では軍用列車七号というものだと判った。インドシナ縦貫鉄路表のディアグラムに、何本ものM列車が赤線で書き込まれているのを覗き込んで、私は日本軍が急速に南部に集結し始めたことを知った。

駅長は表を見ながら、べらべらと駅の名前を言っては何分停車と言うが、初めての土地の名前を聞いても、すぐにはとても覚えられるものではない。大きそうな駅名だけを書き留めて、帰ってから指揮官に報告した。そして早速厚い地理の本を広げて、ナムディン、ビン、ユエ、ニャトランなどを確認した。本を読んだり、外の景色を見たり、駅名を確認したりで、ひどく忙しかった。しかし私の報告は実際とは食い違っていて、あまり役に立たなかった。聞き取りが間違っていたのか、汽車の運行がずれたのか、どうも両方ともあったようである。結局、我々はすっかり汽車任せになり、出たとこ勝負で南下して行った。

北緯十七度線を越すと椰子が見えてくると本に書いてあったので、ニャトラン（ダナン？）を過ぎた頃から暑くなったのを納得した。停車中に貨車に行ってみると、詰め込まれた兵隊諸君は皆ふーふー言って顎を出していた。二日目の夜になってから、後部の貨車から伝令が客車に渡って来て、「犬塚二等兵がいない」と言う。「点呼をとってみろ、数え直せ、何処かに隠れていないか」などとやってるうちに、車内が暑いのでステップに腰掛けていて、汽車から落ちたらしいとなった。

指揮官が「汽車を止めて探せ」という。それを運転手に伝えるのは、片言のしゃべれる私しかいない。私と小隊長の加藤八郎少尉と富岡正三上等兵の三人が、客車の屋根に登り、いくつか有蓋貨車の屋根を伝わって、前に進んだ。西部劇に出てくるシーンそのままだが、真っ暗闇に疾走中の列車の上を這っていても、不思議に怖いとは思わなかった。石炭車を乗り越えて、機関車に入り込んだところ、ベトナム人の運転手と助手は目を丸くした。運転手にはフランス語が通じるので、〈日本兵一人が汽車から落ちた、すぐに汽車を止めろ〉と言って、真っ暗闇の中で停車させた。我々三人がとび降りると、汽車はすぐにまた発車して行ってしまった。

暗闇の中で何処とも知れぬ所に取り残されると、急に心細くなった。時間は夜中の十二時を過ぎている、月は出ていない。三人はそれぞれに懐中電燈を持っていたが、加藤少尉は軍刀だけ、臺軍医はピストルと救急鞄と包帯袋だけ、富岡上等兵は銃と短剣だけの装備である。それでも線路を逆行して、何か落ちていないかと探しながら、二時間以上も歩いたろうか。時々大声で呼んでみても何の反応もない。枕木を渡って行くのはひどく歩きにくいもので、三人ともくたびれてしまった。うんざりした頃に駅に出会ったので、一安心した。寝ていた駅長を叩き起こしたら、彼は真夜中に日本兵が舞込んできたのでひどく面食らっている。〈M7から落ちた兵隊を探しているのだ〉と言うと、「私は知らない、夜中に外を歩くのは危険だ、この辺には虎が出るぞ、ここで休め」と勧めた。〈有難い、電報が打てるか〉と聞くと、「打てる」と言うので、ニャトランまでの各駅に「日本兵が一人、M7から落ちた、見付けたらXXX駅に知らせよ」と打って貰って、そのまま駅舎のベンチで寝てしまった。

起こされてみると、あたりはもうすっかり朝になっている。コーヒーとパンを貰って食べていると、駅の前にがやがや人声がする。出てみると、ふんどし一本、半裸の土人風の連中が十数人もいるので、何事かと驚いた。どうも我々を見物に来たらしい。〈この連中は何だ〉と駅長に聞いたら、「モイ（モン？）という山の方にいる人間だ」と言う。これは珍しい人達に出会ったものだと、こちらも彼らを見物した。ベトナムには、山岳民族がいると聞いていたが、こんな形でお目にかかれることは幸運だった。〈この辺に、虎がいるか〉と尋ねてもらったら、「いる」と言う。もしそんなことを前から知っていたならば、汽車から降りて探して歩く勇気はとても出なかったろう。

十時ごろになって、早くも「兵隊が見付かった、病院に入れた」という電報が来た。駅長は我々をトロッコに乗せて送ってやる、と言う。厚くお礼をして、エンジン付きのトロッコに乗って、北に逆行した。少し大きな駅に着いて、犬塚二等兵の収容されている病院を訪ねた。幸いなことに、頭と肩の挫傷だけで骨折はなさそうである。彼の話では「暑いのでステップに腰掛けていたら、揺れたはずみに落ちてしまった」、ということであった。怪我が軽くて良かった、サイゴンに行って、兵站病院に入ってよく診てもらおうと、駅に戻って軍用列車の来るのを待っていたら、運良く次に来た列車には自分たちの大隊の仲間が乗っていた。こうして我々は、サイゴンまで無事に辿りつくことができた。

サイゴンで兵站病院を見付けるために司令部に行ったら、すぐに連絡がついた。ただ私は丸腰で軍刀を下げていないので、地方人風（兵隊言葉）でどうも格好が悪い。気にしながら廊下を歩いていたら、とうとうどこかの少佐殿に捕まってさんざんに絞られた。情けない顔で兵站病院に負傷者（我が隊の戦傷者第一号）を届けに行ったところ、そこには松沢病院の同僚の石川準子中尉（男である、念の為）がいたので、奇遇に驚くと共に元気回復した。

石川中尉は、南支、広東上陸作戦に参加して、二年たってからサイゴンに廻って来たのだと言う。

そう言われれば大分熱帯やけした顔色には疲れが見えた。彼は古参兵らしく、これからは大変なことが起こるぞと、新兵の私を脅かした。しかし軽く陽気でおちゃらけた応対が、これは元来彼の性格でもあるが、私にはなんとなく気懸かりだった。後で判ってきたことだが、これは私の命名で「戦争やつれ」という現象で、二年以上も戦地で暮すとかなり高率に現れる症状である。これが施設症(institutionalism)の一種で、結核療養所や精神病院の長期入院者にも通ずる反応であることには、後日になって気がついた。

私の方は熱帯に来たばかりで、赤い顔をしてぽっぽと湯気を立てている「うぶな新米」だったのである。

(3)　開戦前後

南部仏印（交祉支那、アンナム）での駐留地は、ロンディアン（隆田）という田舎の村で、サイゴンの東百kmほど離れた所にあった。何でまたそんな辺鄙な場所に行くのかと思ったが、ここはカップ・サン・ジャック（現在のバンタオ）という岬に近く、それは美しい浜辺をもった保養地であった。そばの小山の麓にフランス軍の兵営があり、南支那海に面してサイゴンの前衛の位置にあたる軍事要地でもある。その奥のサイゴン河の岸に、日本軍が大きな軍需品の集積所を建設中であった。河岸のマングローブを取り払って船付場を作るのに、その資材用の材木が近くのジャングルから切り出されたものを、岸壁まで運ぶのが我が隊の任務であった。サイゴンから国道一号線をビエノア（Bienhoa, 後の対米戦争の激戦地）まで行ってから、岬（le Cap）街道へ右折するのだが、附近にはゴムの大きなプランテーションが広がり、道路の舗装状況や標識は当時の我が国よりも遙かに整備が進んでいた。国道Nr, 1のビエノア辺りの道路標石に、ハノイまで千六百（？）kmと役にも立たない距離数が刻まれているのを見て、フランス人たちが植民地の経営に当って自分らの中心嗜好性を持込むのが興味深かった。この傾向が漢字撲滅の発想にまで波及するのだろうか。後で見たマレイのイギリス人やジャワのオランダ人の植民地経営には、決して見られない特色である。

サイゴンからロンディアンに行くまでの所々に、日本軍の駐留している地点がいくつも見られた。こんな所に来て何をしているのだろう、これは大規模な集結だ、軍は何の準備をしているのかと気懸かりだった。我が中隊は、ロンディアンの小学校を乗っ取るか借りるかして、教室を宿舎にして、運動場で運転訓練をし、また毎日外に出かけて行く仕事が始まった。医務室も一角に設けた。車輛は森に入って、大きな材木を二、三本荷台に積み込んで、船付場に運ぶ。我が隊には運転を覚えたばかりの兵隊が多いので、よく事故が起こった。また一度に何本も運べばよいのに、トラックの力が弱くてそれができない。舗装のない林道で、凹みにはまると、自力では這い上がれなくて、応援が必要だった。それまで自動車には全くの無知だった私にも、修理班に何度も見物に行くうちに、少しずつ構造や機能が判るようになった。私たちのトラックは四気筒だが、出力は僅かに三十二馬力だという。現在では軽乗用車でも五十馬力以上はあるから、トラックでそんなに弱いはずはないと言われるだろうが、当時の車はそれほどに非力な代物だった。軍隊では、始動モーターを使うと電池が減るというケチな根性から、エンジンの始動には、助手が前に廻って、ハンドルを差込んで手回しで起動する決まりになっていた。手を離すよりも早くエンジンがかかると、ハンドルが逆回転して、前膊を強打して骨折を起こす場合さえあった。「ケッチン」と呼ばれていた現象である。

軍医の仕事は、軽い怪我の他には、熱帯の気候に順応するのが遅れた兵隊に起こる下痢、食欲不振、不眠、寝汗などの軽い故障くらいで、対症療法で処置できる者が多かった。時には長引いて体調が落ちることもあったが、入院を必要とする例はなかった。軍医の私自身もなかなか適応できなくて、元気が出なかった。

この土地には、マラリアのような熱帯病は少ない。村の診療所のベトナム人の医者に、この地域の疫病や衛生状態を聞きに行って、ついでにビエノアにあると聞いた精神病院に見学依頼の紹介状を頼んだところ、日本軍との付き合いがフランス人に疑われると困るから、手紙は書けないと断られた。こんなところにもベトナム人の卑屈なあるいは微妙な立場を察する必要があるようだ。フランス人は日本軍と一応平和共存している形でも、強引に割り込んできた日本軍に好意的であるはずはない。ただしフランス植民地軍の実力は素人目にも判るほどに低いもので、時々低速で飛んでくるフランスの複葉飛行機と高速で空をかすめる日本の単葉戦闘機を較べれば、とても喧嘩になれそうな相手ではなかった。たまに見かける海軍の葉巻形の双発爆撃機は頼もしそうだった。開戦後、英国の戦艦、プリンス・オブ・ウェールズとレパルスを沈めたのは、この爆撃機隊だったようである。

とはいえ地上部隊のわが軍の風体や装備は残念ながら精鋭部隊とは申し兼ねるものだった。それでもベトナム人を対照にすれば、けっこう頑健で強そうには見えた。土木作業に集められたベトナム人たちが、人間ベルトで石などを運んでいる無気力な働き振りを見ると、こんなだから植民地化されたのも無理はないと思えるくらいだった。もっとも南部のアンナン人は、北部のトンキン人にくらべて、人種的に多様なようで、中国風の体軀と活動性をもつ人もいた。私たちが、たまにゴム園などを訪問して、フランス人と片言会話をする時でも、そばにいるベトナム人従業員は気の毒なほどへり下った態度をとる。時には、フランス人は現地人に対して、聞きづらいほどの悪口を口にすることがあった。このような私の表面的な経験から考えると、ベトナム人が、あとで我々が手も足も出なかった相手のアメリカ軍に、よくもあれほど長い間、頑強に戦って、遂に彼らを自分の国から追出してしまったことには、驚きと敬意を払わずにはいられない。

昭和十六年（一九四一）十二月六日の夜、将校以上の全員が大隊長の宿舎に集合を命じられた。そして、わが軍は、今夜十二時を期して、岬のフランス軍兵舎と要塞の武装解除をすることになったと告げられた。仏軍が抵抗すれば攻撃して制圧する。攻撃参加の部隊の輸送が決められると共に、衛生隊は必要に応じてすぐ出動できるように待機せよと命じられた。さらに、我々はマレイ作戦の後方補給部隊として、逐次戦地に赴くことになると言って、マレイ半島の大きな地図を見せられた。それを見ても、ベトナムの田舎にいる我々が遠いマレイまでどうして行けるのだろうか。ことは何となく現実離れしている物語のように聞こえた。

ところが、そこに生々しい新品の紙幣の束が配られた。それはマレイで使うことになる海峡植民地の通貨、ストレイト・ダラーの贋札（軍票）である。「贋札作り」は重罪に値する犯罪だが、こういう犯行も国家が行なえば正義となる。いや「横領」も「殺人」さえも国家の名の下に行なわれれば正義になるのだ。その夜、予備役召集部隊のわが隊の将校には、威勢の良い言葉を発する人もなく、一座にはむしろ沈黙が支配していたようであった。

私は宿舎に帰りながら、とうとう英米との戦争にまで行ったかと考えこんでいた。帝国主義戦争に反対というスローガンは、学生の頃から骨身に沁み込んでいて、自分が侵略戦争に参加していることに胸が痛んでいたのが、今や現実の問題となってきた。帰隊して装備や衛生材料を整え、衛生兵に何時でも出動できるように準備させてから、時計を見ながら、内地にいる妻に葉書を書いた。葉書は中隊本部で検閲されるから、ありきたりのことしか書けない。山ほどにある思いも〈これから何が起ころうとも、しっかりしていてくれ〉というような文面にしか現わせなかった。

一晩中、サン・ジャック方面からの銃声が聞えないかと耳をすませていたが、遂に何事も起らなかった。夜が明けてから、部隊は無事に帰ってきて、無血で武装解除が完了したことを知って安心した。その後しばらくして、天皇の宣戦の布告と真珠湾攻撃の成功が報じられた。マレイ作戦軍のタイのシンゴラへの上陸と、続いてイギリスの二戦艦の爆沈のニュースが届いた。サン・ジャックの喫茶店に立寄った時、フランス人の主人に爆沈の話をしたら、「それは嘘だ、日本の飛行機がイギリスの戦艦を沈められるはずがない」と信用しなかった。開戦後、わが大隊の他の中隊には早くも移動が始まったようだったが、第一中隊の私たちの生活は隣の町のバリア（范站？）に移っただけで、材木運びの仕事は相変らず続き、平穏無事であった。

バリアの町はその地域の行政上の中心で、フランス人の役人もいるらしく、市場の前の小さな広場には、巡回図書館（Bibliothèque circulaire）と称するクラブのようなものがあって、フランス人の男女が集ってお茶を飲んだりしている。私はその近くに住宅を当てがわれて、医務室を開設していたので、本や新聞を見たいから図書館に出入の許可を貰いたいと申し入れた。変な話だが、一般の兵隊には開戦後の情報が全く届かないので、ニュースに飢えていたのである。私の申入れにはフランス人たちも困ったらしくて、新聞はこちらから毎日届けるから、それで勘弁してくれという。彼らの気持も判らないではないから承知したら、毎朝、フランス兵の伍長がやってきて、敬礼した上で新聞を差し出すので、こちらも少しえらくなったようで滑稽だった。

ある日、町の一角のベトナム人の家から火事が出て、火の手が燃え上がった。ところがフランス人もベトナム人も一向に消火活動を始める気配がない。すると中隊本部の上原平八郎曹長が、命令一下、少数の兵隊を集めて火事場に駆けつけ、燃えている家の柱に鉄の鎖を掛けてトラックの力で一気に引き倒し、あっという間に破壊消防を果して延焼を食い止めてから、引揚げてしまった。野次馬の臺軍医は、いまさらながら日本軍の戦友たちの実力を垣間見た気がして、その能率の良さに感心した。二、三日後に、新聞配達伍長が何やら文書めいた袋を持ってやってきた。開いてみると、それはフランス側からの丁寧な感謝状で、「日本軍部隊の即時かつ適切な自発的消火活動に感謝する」という主旨の文句が書いてあった。翻訳文を添えて中隊本部に廻したら、大隊長から、臺軍医を対仏軍連絡将校に命ずる、という辞令が来た。これも珍しい話で、まことに頼りないリエゾン将校である。たぶん、犬塚中隊長が配慮してくれた処置であろう。

VI. 戦争日記——2. カンボジアからタイへ

昭和十六年（一九四一）十二月二十日になって、我々にも出動命令が来た。仲間の中隊はサイゴンから海路でタイに向ったらしいが、わが一中隊は陸路経由でバンコクに行くことになった。たぶん、輸送船が戦闘部隊で満員で配船が行き届かず、足のある者は自分で行けとなったのであろうか。

(1) クリスマスの夜

十二月二十四日、我々はカンボジア大平原の真ん中のピュルサ（Pursat）という小さな田舎町に着いた。前日の二十三日の明け方に、サイゴン空港わきの露営地を出発して、渡し船で大きなメコン河を渡り、昨夜はプノンペン市場の横丁のアスファルトの上で眠った。こういう長旅では、途中に事故や故障を起こす車があると——大分、運転に慣れたはずなのに、居眠り運転のためか、直進の道から田圃に落ちる車があって呆れた——隊列は数十キロの長さに伸びてしまい、修理班の車と軍医の救護車は一番末尾に追随するから、我々が目的地に着くのは夜中になって、ホームレスのように道端で寝る始末となるのである。幸いなことに今日一杯は、どの車も快調に飛ばしたので、二百五十㎞ほど西北に走って、わがキャラバンはまだ陽のある内にここに到着することができた。

先発の連中が設営してくれたのは公園の草原で、夕暮の空の下を立木の間に蚊帳を吊って中に潜り込むと、なかなか具合が宜しい。この時期、カンボジアは乾期で、気温も涼しい。すると中隊長の伝令が呼びにきた。行ってみると現地人がいて、フランス軍の隊長が日本軍の将校をノエルに招待したいと言う。ああ、今晩はクリスマスだったと初めて気がついた。中隊長が行ってみようじゃないかと言うので、二人は案内に導かれて出かけた。

薄暗い小さな家に入ると、初老のフランス軍の将校らしい人がいた。部屋の一隅にローソクが灯されていて、祭壇みたいなものがあった。出されたご馳走は、ワインとスープと一皿の料理だった。コーヒーを飲む時、彼が皿にこぼれた分を皿から啜るのを見て、このテーブル・マナーはカンボジア風なのかと可笑しかった。食後のとりとめのない話から察すると、この老人は十年以上もカンボジアに住んでいて、独り暮しのようであった。彼はこの土地の人間は皆良い連中だと褒めた。ベトナムでフランス人から現地人の悪口を聞かされていたので、カンボジア人は人情が穏やかなのかもしれないと思った。そういえば、各地で見かける黄色の長衣をつけた坊さんたちの歩く姿も平和な印象を与える。

そのうち彼は、「君たちは戦争に行くのだろうが、あれはつまらないことだから止めなさい」と言い出した。＜そんなことを言われたって、私たちにはどうしようもない＞と答えると、「人間は皆一滴の水のようなものだ、流れた先はメコン河のように海に注ぐだけだ」。仏教徒みたいだと私が言ったのは、「八大河悉く大海に帰するが如く」という仏典の文句をどこかで覚えていたからだろうか。彼は「そうだ、私は仏教を勉強しているのだ」と言った。＜変なフランス人だなあ、それがノエルに日本人をよぶのもおかしいなあ＞と、中隊長と私はそんなことを言いながら帰った。近頃、カンボジアの記事が新聞に載るようになって、プルサットという地名を見たことが二度だけある。おとなしい民衆が途方もない不幸に見舞われているようで、気の毒でならない。

ずっと先の話になるが、わが中隊は、一九四四年四月二十日に、ニュウギニアのホランジアで壊滅した。私の代理として先行した相沢一太郎軍医と橋本と揖斐の両衛生兵はジャングルの中で消えた。助かった戦友は、捕虜になってオーストラリア経由で帰って来た十人だけだった。中隊長はパラオで除隊して帰国し、私は偶然のことからその島にとり残されて助かったのである。

(2)　バンコクの正月

カンボジアの西端のバッタンバンでタイとの国境を越えた。タイに入ると道路の舗装がなくなって、車は砂煙を立てながら、野山を越え、水田の間を一路西行した。道路標識には、唐草模様のようなタイ文字しか書かれていないので全く読めない。バンコクに入ったのは、暮れの十二月二十七日である。そこでは、街の中央にあるルンビニー公園の池の周りの広い芝生に、いくつもの天幕を張っての宿営となった。医務室の天幕には赤い十字が付いていて、そこに寝泊りしてそばの木蔭で診療をやった。兵隊諸君は概して元気で、病気らしいほどのものはない。池の水は防疫給水用の素焼の濾過装置――石井部隊の発明とされる――を通してみたが、すぐに詰ってしまうので、飲料水には役に立たなかった。しかしドラム罐の風呂を岸に作ると、給水には便利だった。

公園の隣には、チュラロンコン大学とパストゥール研究所があった。私は熱帯病の知識や経験を持たないから、さっそく研究所に見学に行って、マラリア患者の血液像を見せて貰ったり、蚊の調べ方や伝染病の情報を教えられたりした。本来なら、日本軍の衛生部が、熱帯医学について各隊の軍医を教育指導するべきであろうが、末端の我々に連絡が全くなかったのは、戦局がひどく流動的であったばかりでなく、我々自動車隊が居所不定の連中だったからであろう。

兵隊諸君は大晦日に、何処で見付けてきたのか臼と杵を持ち出して、芝生の上で餅をついた。前線では生死をかけて戦争しているのに、少し後方では正月を祝おうというのだから、風習とはしぶといものである。しかし餅は元日しか食べられなかった。というのは二日にはもう酢酸発酵で酸っぱくなってしまったからである。日本の風習は、温帯地域の中でしか通用しない局地的なものであることを思い知らされた。

私は、メナム河の対岸に、トンブリ公立精神病院を見学に行って、その報告を内村教授への手紙で送った。それが精神神経誌（46：172-3, 1942）に載せられたことは、戦後になって判った。マレイに行ってからも、現地の精神病院の訪問記を送ったが、その報告はどこかで行方不明となって、雑誌には載らなかった。

昭和十七年（一九四二）一月十日（?）の夜、突然に敵機の空襲を受けた。バンコク市民にとっても初めての経験であったらしく、警戒警報もなかった。爆音が轟き、夜空に探照燈が幾筋も交叉し、捉えられた機影に対空砲火が集中した。思いがけないことには、私たちの天幕のすぐ裏手から（高射機関砲の）凄い射撃音が響きわたったことである。途端に胃がきりきりと痛むのには、我ながら情けなかった。身体にこんな弱点を抱えて、これからの戦争に耐えられるだろうか。自己診断によれば、公園の一角に対空陣地があることなど全く知らなかったから、驚愕反応として身体症状が現れたのであろう。敵機はビルマから来たと思われる数機の爆撃機で、その内の一機は撃墜された。翌日、中隊長と街にでかけて、商店街の被害や墜落した敵機の残骸などを見て廻った。マレイ作戦は順調に進んで、当初困難の予想されたクアラ・ルンプールも占領されたらしいが、我々はこんな所でぶらぶらしていて良いものだろうか、と話し合っている内に、中旬に入って、また鉄道輸送でマレイに出発することになった。たぶん、道路事情と鉄道の配車の困難で遅れたのであろう。タイの機関車は薪を焚くので、火の粉が飛んで貨車に載せた車のカバー・シートに火がついては大変だと、兵隊はトラックの中にも乗り込んだ。鉄道輸送も二度目になると、ゆとりが出て順調な旅行になった。

開戦当初のタイの民衆の日本軍に対する感情は友好的で、軍用汽車が駅で止ると、土地の人たちが、兵隊にいろいろな食べ物や花や時にはお賽銭のように小銭までも差し入れてくれた。私が伝染病を心配して、兵隊に〈貰い物は食べるな〉と言って歩いたら、「大丈夫だよ、軍医さん」と見せてくれた物は、バナナの葉で包んで蒸したちまき、太い竹の一節に炊き込んだ味付飯などであった。どちらも風土に相応しい保存携帯食で、特に竹筒米飯は傑作であって、正月の餅とは大違いだった。一晩の汽車旅でタイとマレイの国境を越えたら、途中からインド兵の一隊が乗り込んで来たのには驚いた。彼らは武装はしていなくて、ホッケーのスティックなどを持っている若者もいる。これから日本軍と一緒にイギリスと戦うんだなどと言っていた。さて皆が汽車から降りた所は、ペナンへの支線の分岐点のブキ・マータジャム（Bukit Mertajam）であった。こうして、わが中隊はやっとマレイの土を踏んだのである。

VII・戦争日記——3・マレイ半島の日々

(1) 反戦軍医の苦悩

我々がマレイに入った頃、前線は二百kmほど南で戦われていたようで、北部マレイのケダ州やペラ州はもう静かだった。ここには見事なゴム林が切れ目もなく続き、道路の舗装はよく整備されていて、公園の中を走っているようだった。所々に壊れたり放置された車があり、小川の橋はどれも破壊されていて、迂回路と仮橋を渡らなければならないのが、戦禍の唯一の名残であった。ペラ州の首府のタイピンは、山の麓にある落ち着いた森の町で、ここにわが隊は駐留して、北のシンゴラに降ろされた軍需品を南の前線へ輸送する任務を続けていた。

軍医の仕事はあまりなくて、眠られぬ夜が長かった。寝汗をかき、下痢が続いて、体重が減ったようで、元気が出なかった。まだ熱帯順応ができていない。現在自分は、軍隊生活に巻き込まれてここまで来てしまったけれども、もともとこの戦争は間違っている企てであり、それに加担するべきではないという思いは消えることがなかった。でも、それならどうしたら良いのか。この迷いは私を苦しめた。

そんな時に、山の向うにゲリラ部隊がいるというニュースを耳にした。すると、軍隊から脱走してゲリラと接触するという考えが突然に浮んだ。それは可能だろうか。あれこれの条件や準備や起こりうる事態を考えた。脱走の成功する確率はどうも少なそうではある。が、もし成功したとしたら、いや失敗した時でも、次に何が待ち構えているだろうか。ことの成否にかかわらず、国の家族、妻、両親には大きな打撃になるだろう。それに現在の体力で、どこまで頑張れるだろうか。私は、何日間か、この問題を考え続けた。

そして結局、駄目だ、自分は逃げられない、部隊について行くより仕方がない、と心に決めた。けれどもついて行くと決めた以上、それは自分の決めたことで、先に何が起ころうとも、自分の責任になる。だから嘆いたり悔んだりすることはしまい、と自分に言い聞かせたら、気持が少し落ちついてきた。それにつれて下痢が止まり、夜も眠れるようになった。何という浅はかな、だが真剣な悩みで、恥かしいことであった。

戦後になって、松沢病院の同僚の猪瀬正と一緒に新宿に行って、「暁の脱走」という映画を見たことがある。それは中国戦線で日本兵が脱走する物語であったが、彼が友軍の射撃で殺される終末には、暗い観客席で涙が止まらなかった。外に出てきてからも興奮してやたらに喋ったから、同行の猪瀬に奇妙に思われたかもしれない。

(2) 熱帯医学のにわか勉強

私は輸送任務のトラックにも乗せてもらって、あちこちの探訪を始めた。また兵隊諸君に、空き家になった病院か医院を見つけたら顕微鏡を探してくれ、また医者の本、学校の教科書、特に地理の本、その他何でもめぼしそうな本があったらそれも頼む、と注文を出した。するとぽつぽついろんな本が集ってきた。その中で一番役に立ったのは、マンソン・バール著の『熱帯医学』(Manson-Bahr, P.: Tropical Diseases)であった。マンソンの名前は彼の発見した住血吸虫から、衛生学の講義で習っていた。これは標準的な教科書らしく、数百ページの厚さで、詳しくまた読みやすかった。この本を頼りに、後になって手に入った顕微鏡を武器にして、マラリアの三つの型の血液像、アメーバ赤痢の原虫、ミクロフィラリアを見ることができ、デング熱をかなり早い時期に推定診断できるようになった。調べた試料には、自分や隣の隊の兵隊から得られたものだけでなく、住民の診察を頼まれた際の検体も含まれており、その中に珍しいものがあった。熱帯型マラリアのインド少年には高熱と意識障害があり、検血して翌日行ってみたら一晩で死んでいて、その激しさには驚かされた。血液塗末用のガラス板と検体の染色液は、イポーの精神病院のインド人の医者に頼んで分けてもらった。医学校で習ったギムサ染色液よりも、固定と染色を同時にやってしまうリーシュマン染色液の方が野戦向きであることも知った。こうして部隊付き軍医の熱帯医学の自習は、何とか基礎的なレベルに達したようである。まことに臨床の勉強は現場でやるに限る。

一般的な本としては、林語堂著の『わが国とわが民』『北京好日』は興味深くゆっくりと読めた。その他に、エドガー・スノウ著の『中国の赤い星』(Snow, E.: Red star over China.)もあった。これは当時の日本では、禁制の本であった。これら中国関係の本は、たぶん中国系の避難民の空き家から無断借用したもので、皆、英語版であったから、兵隊のいる所でも、ひろげて読んでいても差し支えはなかった。「うちの軍医はよく勉強している」という評判があると聞いて、そんなでもないよと苦笑した。

また中学程度の教科書から、マレイ半島の植民地化の歴史と大英帝国建設者の一人のラッフルスの業績を知り、またこの国が、シンガポールとペナンとマラッカの三王室領海峡植民地と、サルタンのいる四つのマレイ州連邦と五つの準州から出来ていることを学んだ。そしてマレイがゴムとスズ(錫)の大産地であること、それは至る所のゴム林と、ペラ州を流れるペラ河の支流のキンタ渓谷に、錫採取用のドレッジャーが列をなして並んでいることを見れば判った。英国で出版された地理の参考書は、日本のそれと較べると、桁違いに優れていて、視野が地球的（グローバル）であるばかりでなく、科学的な説明をもつことにも感心した。我々の習った地理は本当に島国的で、一例をあげれば、本や雑誌から新聞に至るまで、外国の地図に縮尺が付いていることがごく稀である。だから地図を見ただけでは他所の国での距離感が判らない。ニュウギニアの大きさを誤解したために、どれほどの命が失われたであろうか。この痛ましい経験は戦後の現在に至っても生かされていない。

こんな話をすると、顕微鏡だの沢山の本を、よくも戦地で持って歩けたものだと言われるだろうが、それができるのが自動車隊の有難いところである。

キンタ渓谷の真ん中にイポーという大きな町がある。そこに州立の大きな精神病院があると聞いたので、早速訪問した。それは「タンジョン・ランブタン病院」といって、広い敷地の中に、分棟式に幾つもの病棟が配置されており、入院患者数は五百人くらいだと聞いた。英国人と中国人の医者は戦争で南方に逃れ、インド人の医者が二、三人で病院を守っていたので、院長代理の医者に案内してもらって、いろいろなことを聞いた。ここで使われていた当時のイギリス流の疾患分類や診断は、ドイツ流を学んだ私には大分お粗末であるように見えたが、患者の処遇は割に行届いていた。ただ不潔興奮患者の隔離閉鎖病室が、四方を鉄柵で囲んだ屋根付きの小屋で、コンクリートの床は柵の外からホースで放水して洗い流せるようになっていたのは、あまりに動物園の檻に似ているので情けなかった。しかし熱帯地方では、これも居住性を保つ一考案なのかもしれない。というのは、後になって、ジョホール州の新しい精神病院を訪れた時、そこの保護室は日本の精神病院のそれによく似ていたが、換気が不十分でひどく蒸暑く、清潔でもなかったからである。

院長代理が当時一番困っていたのは、患者の食糧難であった。日本の精神病院でさえ、この頃すでにそれに悩んでいたのだから、充分に察しのつくことである。マレイでは、国際商品化された農業経済のために、米の自給率が低い。院長から「日本軍の力で、何とか米の補給をしてもらえないか」と頼まれたので、犬塚中隊長に伝えたところ、彼は早速トラックに米を積んで、精神病院に届けてくれた。これは一時しのぎの策だとしても、多少は助かったことであろう。ただ自動車隊は浮き草稼業だから、長く面倒をみるわけにはいかない。後になって〈あの米は何処からもってきたんですか、よくやってくれましたね〉と聞いたら、中隊長が「自分は敵産管理を任されているから、倉庫から持ってきたのさ」と平気で答えたのには感心した。その後に、あの精神病院の食糧問題がどうなったかは判らない、気懸かりなことであった。

(3) ウル・ティラムのジギジギ

ウルというのはマレイ語辞典によると入り江、ジギジギは俗語で女どもという意味らしい。語の反復は複数をあらわす。つまりティラム入り江の女たちということである。この人達に会ったのは、三月も半ばを過ぎてからであったろうか。

二月十五日にシンガポールが落ちて、後方輸送部隊のわが隊がマレイの南端のジョホール・バールに入ったのは、その三日後のことであった。対岸のシンガポール島では、石油タンクがまだ黒煙を吹き上げていた。誰もが早く街に入りたがったが、戦闘部隊以外の隊は島に渡ることを許されなかった。沿道のマレイ側の街には戦禍は少なく、街道には沢山の民間自動車が放置されていた――たぶんガス欠で――けれども、日本軍の損害を示す残骸は軽戦車一輛と放棄された少数の故障車くらいだった。墜落していたいくつかの飛行機はすべて英軍のもので、立寄ってみたゴム林の中に作られた敵の応急滑走路は、数個ずつ十列の爆弾穴で見事に刻まれて機能を失っており、しかも目標から逸れた爆弾穴は一個もなかった。とにかく水際立った日本軍の戦いぶりであった。

もっとも後になってパラオ本島で、わが軍が人海方式でやっと作り上げた滑走路は、アメリカ軍のただ一度の爆撃で、全く使い物にならなくなってしまったのだから、マレイの英軍とそっくりだわいと嘆いたものである。負ける時はどこでも似たようなことが起こるようだ。

次にジョホール・バールに立ち寄った時には、街にはもう住民が戻って来ていて、店を開いており、我々はコーヒー屋で馬鹿甘いコーヒーを飲むことができた。中隊長の車で、シンガポールの街に初めて入ったのは二月の下旬だったようである。街中に戦争の跡は少なく、やれやれ平和が戻って来たという思いが街の人々の間にあったように見えた。私はベトナムにいる間にたばこを覚えてしまったので、質の良いイギリスたばこが安く買えるので喜んだ。

三月になって、ジョホール・バールに移動することになって、わが中隊はシンガポールに通ずる陸橋に近い英国人の高級住宅地に分駐するようになった。すると不思議なことには、街の店の戸がすべて閉っており、外を出歩く人も少ない。出会う人たちは我々を避けるようになった。変だなあ、何かあったのだろうか。すると日本軍が、総合病院の前の広場で、民間人を沢山殺したという噂が、どこからともなく入ってきた。

犬塚中隊長にこの話をしたら、守備隊に行って聞いてみようと言うので、二人で出かけた。暫く車で待っていた私の所へ、中隊長が暗い顔で帰ってきて「事実だったよ」と言う。彼は守備隊長の副官に会って話を聞いたのだそうである。山下奉文軍司令官が、麾下の各州の守備隊長に「親英分子」の抹殺を命じたのだという。どのような文面だったのかは判らないが、ジョホール州の隊長は、親英の意味をユーレシアン（欧英人との混血者）と解したらしく、子供までも含めてかなりの混血者を逮捕して、それを殺すことを命じたのだそうである。副官はそれを止めさせようと、一晩かかって諌めたが、隊長はどうしても聞き入れない。彼は「今、親英分子を抹殺しなければ、後で彼らの反撃がくるから、この行為は自分に課せられた使命である」と言ってきかない。そしてとうとう白昼、住民の目の前で、無辜の殺人が行なわれたそうである。副官は「自分は、この行為を止めることができなかったから、日本に帰れても、もう普通に暮すことはできない、坊主になるつもりだ」と言ったそうである。軍隊組織の中で、指揮官に偏執（パラノイア）的傾向者がいると悲劇のもとになる。

ところで、この度、私が〈今、書いている自伝に、あの殺人の話を書きたいが、あれは貴君からの伝聞だから、その許可をいただけますか〉と言ったら、犬塚が承認してくれたことを付言しておく。残念なことには、彼はその後に病没した。

我々の部隊は輸送業務の関係で、現地人との接触が少なくない。彼らが我々に言うには、ジョホール州に接する北の諸州、例えばネグリ・スミラン（Negri Sembilan）やセランゴル（Selangor）では、ユーレシアンが逮捕されることさえないのに、なぜジョホールでは殺されなければならないのか、日本軍のやることは訳が判らない、という。シンガポールでは、多くの中国人市民が、チャンギ要塞に連れて行かれて殺されたことは有名で、これも同じ頃の話であったようである。またあるインド人の教師は、歴史でモンゴール人の侵略と残虐行為を聞かされても何のことか不可解だったけれども、今度の日本人のやり方を見てよく判った、と人種問題に結び付けて話していた。私たちには、彼らに対して答える言葉がない。

そのうち隊に出入りしていたあるインド人から、ウル・ティラムに大勢の女子供が隠れているという情報があった。中隊長と私が彼の案内でゴム園のかなり奥深くに行ったら、ゴム園主のものと思われる大きな家があった。中に入って行くと、三十人近い女子供が恐怖の目で我々を見ている。世話をしているのは一人の老人のインド人で、彼は女たちを助けようとしているのだが、病人が出て困っていると言った。寝ている子供たちの中には、高い熱を出している者が何人もいた。おそらくマラリアにかかっていると思われた。

ゴム園では、マラリア蚊の発生源になる水溜りを作らないように、排水溝の流通を良くし、ゴムを採取したコップは必ず逆さにして置き、空罐の類は決して放置しないように、細心の注意を払っているものである。このマラリア・コントロールが、戦争で放棄されたために、各地のゴム園でマラリアが忽ち流行し始めたことを、私は聞き知っていた。中隊長は救出の対策を立ててまた来ると言い、私は薬を持ってきてあげると約束して、隊に帰ったが、途中で自転車に乗った十数人の日本軍の歩兵が、森の中に入って行くのに出会った。住民たちに「テリブル・キラー」と呼ばれている捜索隊である。ウル・ティラム・ジギジギも危ないことだと感じた。

中隊長は、あの女子供をジョホールから北の安全な州に移してやろうと言い、二日後に迎えに行くことを、案内のインド人に連絡を頼んでいた。私はそんなことが出来るのだろうかと危ぶみながら、接収して持っていたキニーネ錠を沢山包んで、次の日にトラック二車輌に同行して、またウル・ティラムに行った。行ってみて驚いたことには、その家には全く人影がない。ひどく慌てて逃げ出したらしく、衣類や所持品の数々が部屋一杯に散らかっていた。私は開いた口がふさがらなかった。おそらく一同は、助けてやると言った我々を疑い、騙して殺そうとする敵だと誤解したに違いない。これは無理もない推論である。私は落胆して隊に帰ってきた。

その晩、また思いがけないことが起こった。医務室にいた私が、兵室の方で騒がしい笑い声がするので、何事かと見に行ったところ、兵隊諸君がいろんな女の衣裳を身につけて、お互いにふざけ合っているのである。私が呆れてどうしたのかと聞くと、昼間ゴム園に行った時、取ってきた衣裳を着て仮装をやっているのだと言う。いつ、女の衣裳などを取ったのだろう。私は返す言葉もなく、〈いい年をした男どもが馬鹿なことをするな、いい加減で止めろ〉と言って引揚げたが、騒ぎの納まるまでにはかなり時間がかかったようであった。私は悪魔の踊りを思い出して、何となく嫌な不吉な出来事のように感じた。それから三年後に、彼らの大部分はニュウギニアで戦死したのである。

後になって、犬塚隊長に〈女子供を乗せたトラックが北に向う途中で、守備隊の検問にかかって、喧しいことになったら、どうするつもりだったんですか〉と聞いたら、彼が曰く「我々は独立自動車隊だから、守備隊の命令は聞かなくてもいいのさ」〈へえ、そんなもんですかねえ〉と言ったものの、私は危ないことだったとは思う。

(4) 戦局の暗転

昭和十七年（一九四二）四月頃に、わが大隊はシンガポールに集結して、第一中隊は街の東部の住宅地のバーカー・ロード周辺の住宅に分宿するようになった。ここを拠点として、マレイの北から南まで各地の戦略物資をシンガポールの港に運び込むのが任務になった。これでは軍隊というより運送業で、気分の上でもかなり民間化したのが私にとっては気楽だった。これに伴って多少とも軍紀が弛んだのは大目に見ていただくことにしたい。現地の事情に明るい三菱商事の西田俊吉、石田広見の両氏が軍属として協力してくれたから、外見的には会社の下請仕事みたいな面も現れてきた。それも無理からぬことである。

素人運転手だったわが兵隊諸君も、僅か半年で運転がすっかりうまくなった。嬉しいことには、シンガポールで中古トヨタを全部廃棄処分にして、戦利品であるフォードの真新しいV8のトラックに取替えたことである。今度の車は力は強いし、故障は起こらないしで、皆ご機嫌であった。考えてみればあんなぼろ車でよくもこんな強い車と戦争ができたものである。

臺軍医までが自分の車が欲しいなどと言いだして、オースチンの小型車を拾ってきて貰って、見よう見まねの運転を始めた。後で考えても肝を冷やすようなことをしている。隊列にくっついてイポーの街に行った時、何か道草を喰ったために、気が付いたら私のオースチンだけが残ってしまった。私は同行の小宮富五郎軍曹に〈運転頼みますよ〉と言ったら、彼は「私は運転できません」と言う。できませんはないでしょう、あんたは分隊長（班長）じゃありませんか、と思ったが、もうどうしようもない。わが隊には、まだこういう班長がいたのである。若葉マークのとれない運転手である私の前には、マレイで一番大きなペラ河の高くて長い仮橋とタイピンへのカーブの多い峠道が待っている。私は、細い一車線の仮橋を踏み外さないように、必死の思いでハンドルにしがみついて——これはかえって危ない——渡り終えた時にはがっくり溜め息をついた。温厚な小宮軍曹は、臺軍医は運転がうまいと思っているから、気楽な顔で助手席に納まっていた。

戦後になって読んだ井伏鱒二の『遙拝隊長』という小説には、マレイ作戦の時に、仮橋で墜落して頭を打ってから、おかしくなった将校が主人公になっている。作者はこの作戦に従軍報道員として参加したらしく、そこに出てくる兵隊たちの行動の描写は私たちの経験としてそのままお借りしたいほどである。この小説は人間の滑稽さと悲惨さの並立することを見事に描いていて、私は頭を垂れるしかない。それは同じ作者の『黒い雨』の原爆罹災者の行動にも現れていて、不思議なユーモアを湛えている。作家の目と心が自由であるからこそ、この謎が見えるのではなかろうか。

私の医務室は、夜になると兵隊諸君が集ってきて、四方山話をする談話室のような形になった。

出てくる話題の筆頭は国への帰還と除隊で、皆が持ち寄る情報は希望の持てそうなことばかりである。古兵たちの中国戦線の経験談は良いことも悪いことも誇張が多くて、眉唾ものが少なくない。「苦労した俺たちは先に帰らしてもらうからな、悪く思うなよ」、そして女の話となると、もう途方もないところへ行ってしまう。

私の宿舎には、フィリップスの高性能のラジオがあった。日本からの放送もBBCも聞くことができた。NHKの「前線の皆さんこんにちわ」という番組は、前奏のジョスランのセレナーデと共に私に親しいものになった。四月十八日に、東京が初空襲を受けたニュースもこれで聞いた。私の英語の聞き取りはひどくお粗末なものだが、六月上旬に、ミッドウェイで日本艦隊が手酷い損害を受けたらしいことは、BBCの放送で知った。このニュースは隊の仲間には告げなかった。その後、知り合った某隊のO軍医大尉は、当時、すでに日本の敗北を予言して、自分はマレイから帰国するための飛行便をねらっているのだと言った。秋になってから、BBCはスタンレー山脈で日本軍を阻止していることを告げたので、それは何処だろうと地図で探したら、ポート・モレスビーの西北にあることを見付けて、こんな所で戦争をして何の意味があるかと心配だった。このニュースは豪州軍、米軍の反撃の走りであったようである。それに続いて、ブナ、ガダルカナルの撤退と敗戦が報じられた。

この頃、日本軍の中でもガソリンの規制がうるさくなったので、臺軍医はオースチンをやめて、ハーレーのオートバイに切り替えることにした。単独行動をとるには、オートバイは便利である。ある夕方、これを五十マイルくらいで飛ばしていたら、虫が顔に当って怖い思いをした。また急カーブを曲りそこねて刎ね飛ばされて、溝に飛び込んだことが一回ある。ただしこれに乗って、医科大学の図書室に通うことを始めたのは有益だった。暫くぶりで専門雑誌にふれると、医者の気持が蘇ってくる。ここで読んだもののうちで、一番興奮したのは、イギリスの『ランセット』誌に載っていたフランス人の報告で、抗菌剤のズルフォンアミド剤の作用メカニズムは、p―アミノ安息香酸との拮抗作用によるものだという論文であった。歴史的に有名なこの研究は、日本を離れるまでには、まだ一般に知られていなかった情報であった。

昭和十八年（一九四三）一月ごろ、わが隊はジョホール州北部のムアーに滞在して、ゴムの集荷に当っていた。するとO軍医大尉がやってきて、「飛行便で帰れることになった、その前にマラッカを見たいから案内してくれ」と言う。そこで上原曹長と一緒に三人で出かけて、古い城門や街などを見物した。O大尉に〈何故、飛行便にこだわるのですか〉と聞いたら、「近頃は、輸送船は敵の潜水艦に沈められるから危ないのだ」と言う。この不思議な人物は、どこでどのようにして情報を集め、安全対策を立てるのか、それがまた何で古蹟見物などを思い立ったのか、私にはよく判らなかった。軍隊の中にいてそこからはみ出している臆病なようで放胆な人物、その飄飄とした長身の姿は私たちに優しい印象を残して去った。彼のことだから無事に帰国したに違いない。

臺軍医は、夕方に下手なテニスで一汗流してから、シャワーを浴びて、ビールを飲んで、植民地生活というのは快適なものだなぁなどと言うようになったのだから、随分堕落したものである。するとシンガポールの大隊本部から、ニュウギニアへの移動命令がきた。ある将校が中国女の家に沈湎していたのを、出動だぞと引っ張り出してムアーを引揚げ、シンガポールに帰って移動準備に追われた。

ケッペル波止場で、こんな出来事を見た。わが大隊のフォード・トラックには、ソファやベッドや食器類など贅沢な生活品がごっそり積み込んであったのが、検察の参謀殿に見つかり、わが隊のたるんだ生活態度に憤激したらしい彼は、岸壁にそれらの品々を次々に投げ出させた。その様子を見ていた私は、軍参謀が風紀衛兵を勤めるようになっては、日本軍も程度が落ちたものだと思い、またそれを見ている多くの現地人には不可解なことだろうと嘆息した。彼らの中には諜報関係者もいるだろうに、どんな報告をしただろうか。

わが船団は四隻の貨物船で、鏡のように穏やかなジャワ海を東行して、ジャカルタに暫く立ち寄った後に、スラバヤに停泊した。我々はそこに半月ほど滞在した。オランダの植民地経営はイギリスのそれとはかなり違っていて、それは街つくりの仕方にも現れているようだった。オランダ式は中産階級的と言えるのではないか、というのが私の表面的な感想である。私は、例によって、ここでも地元の精神病院の見学をやったが、それはルマ・サキット・ギラ・プギリアンという名前だった。

ルマは家、サキットは病気、ギラは狂気である。カパラ・サキは頭痛で、プル・サキは腹痛、サキット・ギラが精神病というので、ギラと頭と病気概念との関係を知りたいものだと考えたが、こみいってくると言葉が通じない。診断分類はドイツ式なので、我々には判りが良く、作業療法はわが国の小規模の精神病院とよく似ていた。

スラバヤを出て、ボルネオとセレベスの間を北上している時、僚船が初めて魚雷攻撃を受けた。朝の診察時間中の出来事だったが、ずしんと響く爆音に、救命袋を持って甲板に飛び出すと、私たちの船も急速蛇行を始めて、危険を回避しようとしていた。幸いにも、被爆した僚船も航行には支障がなかったらしく、揃って近くのボルネオのバリックパパンの港に待避した。ここを再出発して、ミンダナオの南から太平洋に出て、パラオに着くまでは誰もが救命袋を離さなかった。

Ⅷ・戦争日記――4・パラオの生と死

この章には、私がパラオの島で出会った人々の生と死の在り方を述べる。それは澤地久枝の著書『ベラウの生と死』の時期と場面の重なる出来事で、彼女は、戦時中にこの島で亡くなった第十四師団の多くの兵隊や現地召集兵のための鎮魂のドキュメントとして、この本を書いたと言う。ベラウというのはパラオの現在の地名（または国名）である。著者が残された記録と探訪から再現してくれた痛切な報告は、よくもこれだけ現実に迫ることができたものだと、現地体験をもつ私を感心させた。

(1) パラオ諸島とは

北緯五度、東経百三十五度、つまり日本の真南三千㎞の西太平洋に、四十×十㎞ほどの縦長の環礁があり、その中に大小合わせて二十くらいの島がリーフの東寄りに散在している。これがパラオ諸島で、第一次世界大戦後にドイツ領から日本の委任統治領になった南洋諸島の一つである。一番北に大きな四十㎢ほどのパラオ本島があり、南端にアンガウル、ペリリュウの二島がある。中心は本島の南に接するコロールと呼ばれる小島で、ここには原住民の集会所（アバイ）があり、日本人によるマラカル港湾施設、行政施設(南洋庁)、住宅地区、商業地区がある。ここは漁業の根拠地でもあって、鰹節工場が設けられている。隣接するアラカベサンは海軍の基地であり、機雷基地、水雷工場、水上機基地、砲台山と海軍病院を持ち、コロールとは陸橋で繋がっている。ペリリュウには爆撃機の発着できる飛行場があり、本島にも私どもの到着した頃には戦闘機用の飛行場を建設中であった。環礁内の静かな深い海面は、多くの艦艇を収容できる広さをもち、水上機や四発の大きな飛行艇の発着も可能であった。本島には、南洋拓殖会社による農民の入植地が五カ村あり、熱帯農業研究所も設けられていた。当時の人口は二万人くらいであったようである。

我々の自動車大隊がパラオに停留したのは、それが目的地のニュウギニアに向う前の中継基地であったからで、昭和十八年（一九四三）五月当時には、この島には兵員や軍需物資が次々に送り込まれ、また送り出されていた。その荷役作業もわが隊の仕事であった。ニュウギニアの前線から後方送還される傷病兵が、途中でパラオの兵站病院に収容されることも多かった。誰もが痩せており、その黄色く汚れた顔色は前線の苦労を物語っていた。黄色いのは抗マラリア剤のアテブリンの所為もある。沈没で助けられた人の中には油だらけで真っ黒になった兵隊もいた。

我々の葉書の発信地は、馬来派遣富一〇三八部隊から、南海派遣猛一〇三八部隊と変り、内地への便りに「暑いけだるい毎日がいつまでも続いています」などと書きながら、自分にも「戦争やつれ」症状が出てきたかなと感じたりした。私の一中隊はアラカベサンに、大隊本部や他の中隊はパラオ本島に仮の野営地を設営した。

昭和十八年六月、兵隊一同に待望の命令がきて、戦歴の長い将兵の一部の内地帰還が決まり、その交代要員として若い見習士官や見習軍医が新しい兵隊と共に入隊してきた。帰還者の中には、我々の犬塚中隊長を初めとして、大隊本部の高級軍医の平良軍医中尉らも含まれていた。私はシンガポールにいる間に少尉に任官していたが、高級軍医の欠員の間、大隊本部付にされ、一中隊から一時期離れなければならなくなった。その間の九月末に、一中隊はニュウギニアのホランジアに移動することになり、私の代りに二中隊の相沢一太郎軍医少尉が一中隊付として同行することになった。年末になって、長房部隊長が遷延性肝炎のために内地送還となり、代りに住田徳雄少佐が着任して、わが大隊は住田部隊となった。また高級軍医の交代要員として中島良一軍医中尉が来たので、私は加藤中尉が隊長の二中隊に戻ることになった。加藤中尉はベトナムで一緒にM7列車の屋根を伝わった仲間である。私は、先発した仲間に加わろうとして、ホランジア行きの願いを出していたところ、この頃から急に輸送船の撃沈が続くようになった。私の乗船が予定されていた船が、二度までもパラオの近海で撃沈されて渡航が不可能になったので、結局私は島に止まらなければならなくなった。もし中島軍医の着任が少し早かったら、もし予定された乗船の沈没がなかったら、私がこの文章を書くことはなかったろう。この三カ月間の細い偶然の絡み合いが相沢軍医と臺軍医の運命を死と生に分けたのであった。

(2)　パラオの初空襲

昭和十九年（一九四四）一月から二月にかけて、わが隊を始め友軍の小分遣隊が、渡航を試みては遭難して、どれ一つとして満足に航海を果した者がいない。行く者も送る者も遺言を残し、遺品を託されて出かけて行く。橋本衛生兵は、追随の出発の時、国に残した妻が自分の父母と合わなくてうちを出て行ったという便りのことを打ち明けた。寂しそうだった。留守家族もさまざまの苦労を抱えているようである。私が妻から送ってきた成田山のお守りを渡したら、「いいんですか」と喜んだが、一方では恐縮して「軍医殿の奥さんに悪い」と言う。〈大丈夫だ、僕には南洋神社のお守りがある〉と言いわけしたが、これは嘘である。わたしはお守りには縁がない。気持の優しい橋本は遂に帰らなかった。

三月五日、「軍艦が来ている」という兵隊の話を聞いて、防空監視哨のある砲台山に登って見たら、ちょうど夕暮で、冷たく色の変っていく環礁内の海面に、巨大な戦艦、陸奥、長門級の戦艦、二つの新航空母艦、何隻もの巡洋艦など一艦隊が浮んでいた。一番大きいのは盥のように見えた。日本にはまだこんなに沢山軍艦がある、と皆が喜んだ。後で考えると大戦艦はレイテ島海戦で沈んだ武蔵であったようである。

二月の末には、敵の機動部隊はトラック島を空襲して、基地や艦船に大損害を与えたという。わが艦隊は東の海域から退避して来たのだろうか。三月の下旬に入って、艦隊は、来た時と同様に、ある日突然姿を消してしまった。その日、私はコロールの町で白い将官旗を翻した乗用車に出会った。この島で白旗を付けられるのは艦隊司令官しかいないはずだ、しかし艦隊はもう出て行ってしまっている、変だなあと思った。そのうちに、二式大艇と呼ばれる四発飛行艇が環礁内に着水して、また飛んで行ったのを見た覚えがある。その後、古賀峯一連合艦隊司令長官の搭乗機がフィリッピンで遭難したことを聞いた時に、あの奇妙な遭遇を思い出した。

三月二十八、二十九日には第一警戒配備がしかれ、装具をつけたまま寝た。そして三月三十日の朝、連続的に轟く異様な物音と、それに続くサイレンで飛び起きると、「来た、来た」という兵隊の叫び声がする。東北の空高く二機ずつ斜に並んだ編隊が、四、五組、白く光っていた。友軍機なら三機編隊であるはずだ。と忽ち飛び降りてきた。こうして三十一日も含めて二日間、パラオの基地は壊滅的な空爆を受けることになった。敵の目標はコロール周辺の軍事施設と集積貨物とペリリュウの飛行場であるらしく、私たちのいたアラカベサンの海軍施設は爆撃をくらって徹底的に破壊されたり焼かれたりした。私の医務室の小屋は水上機基地に落ちた爆弾の爆風で一度に潰れてしまった。

我々輸送部隊には武装がなく、兵隊は、マレイで配給されたタムソン・ガンという軽機関銃で、低空飛行してくる敵の戦闘機を射ったが、まるで歯が立たない。弾はたちまち射ちつくされてしまった。車を山蔭に隠して敵機の暴れ回るのを一日中見物し、夜になって機雷倉庫の機雷が火災で誘爆するのが収まったのを見すまして、燃えている海軍病院の横を突き切ってコロールに渡り、南洋庁官舎の並ぶアラバケツ地区の空き家に避難した。シンガポールで見た映画『風と共に去りぬ』のアトランタの光景そのままだった。コロールの町はその後の空爆であらかた焼かれてしまったが、住民の半分が疎開後の官舎地区は不思議なくらい無傷で静かだった。空襲が済んで、警戒配備が第三配備となってから、四月四日に南洋庁の役人が来て、無断で家宅侵入した件について文句を言ったのは可笑しかった。当時、陸軍の対空砲火はないも同然、海軍は逃げるためにあるのか、と誰もが思ったものである。

島に残っている住民の緊急避難が現実の問題となり、知り合いになった中学校の藤野先生から地理や歴史の本を何冊も頂いたり、お別れの夕食に招かれたりした。その間に、四月二十日に、ニューギニアのホランジアに米軍が上陸したというニュースを聞いた。これが我々にショックだったのは、何よりもそこにいるはずの先遣隊、一中隊の仲間の安否が気遣かわれたからである。

四月末から、満州から南方に廻されたという第十四師団の将兵が続々と上陸してきた。久しぶりに頼もしそうな兵隊の行軍を見て、島の連中は皆安心した。しかし顔を真っ赤にして汗を流している若い兵隊たちには、熱帯の風土に慣れるまでにいろいろな苦労が待っていることだろう。それに彼らは昔ながらの軽装備で、しかも手持ちの食糧は不十分であるに違いないから、どれだけの戦力になれるか、私には気懸かりであった。彼らはペリリュウ、アンガウルの二島やパラオ本島のいくつかの地区に分れて駐屯したが、二島は攻撃を受ける危険の最も高い場所で、師団の主力の第五十九連隊の入ったアイライ地区は仮飛行場の麓で、もともと島民や開拓民の少ない生活条件の悪い地区であった。この三つは、どこも後に悲劇の舞台となった。それと同時にパラオ守備軍の司令部ができて、私たちのような移動の途中で島に残された雑軍は、その指揮下に入れられた。

ある日、わが家の外で「うてな、うてな」と呼ぶ声がする。〈猪瀬、来たのか〉と出てみたら「近藤だよ」と言う。十四師団は栃木、茨城の出身者から作られるから、宇都宮出身の猪瀬正が来たと思ったのだが、やって来たのは別の隊の近藤宗一中尉（後の神奈川県立芹香院院長）であった。彼は北大の精神科出身で、私とは研究上の文通仲間であった。彼は中国戦線から南方派遣となったので、臺に逢えるかもしれないと思って、東京駅で私の妻にも会ってきたと言う。戦争生活五年と聞かされて、彼に「戦争やつれ」の影さえもないことに驚嘆した。私はこんなタフな人を見たことがない。しかも彼はこれからハルマヘラに行くのだと言う。陸軍は実に無意味なことをするものである。散々喋った後で、彼は「また会おうぜ」と言う。〈会えないよ〉と私がそっけなく言うと、「賭けよう、また会えたら、君がおごれ」〈うん〉と承知したが、私が勝ったらおごるわけにはいかないのだから、こんな賭けはもともと成立しない。しかも気が付いてみれば、二人は初対面である。戦争は人々をこのように近づけることがある。この賭けは近藤の勝で、私たちは戦後の昭和二十二年に金沢の学会で再会することができた。

東大の精神科仲間の小林八郎少尉もやってきた。彼は忽ち病気になって、兵站病院の和久井部隊に入院し、六月十九日に退院して、パラオ本島の瑞穂村に移っていた我が隊に一泊して帰った。彼はコロールの高射砲隊に配属になったという。これは危ない隊に入れられたものだ。床を並べて寝ながら喋る話は精神医学のことばかりで、彼は神奈川県立芹香院で看護者と一緒にやった作業療法の経験を熱っぽく話した。そして現在は国立武蔵療養所に移ったばかりだと言う。彼の分裂病論や意識論や西田哲学には、私は専ら聞き役に廻った。ただ小林が「日本の国に天皇が千年以上も存続していることには深い意味がある」と言い出したのは意外だった。ああ、お前もか、日頃の左翼思想との関係はどうなっているのかと疑ったが、聞き返すことはしなかった。

六月十五日以来、サイパンに敵が上陸したというニュースが入った。その前から、フィリッピン渡りと思われるわが軍の戦闘機が何機も出来たての仮飛行場に来て、一休みしてから、北のヤップ島の方に飛んで行ったが、一機として帰って来たものはない。七月になってから、敵に取られたサイパンとホランジアの飛行場の整備が整って、ちょうどその中間にあるパラオへの空襲の危険が高まったという軍の警告があった。そして、それは七月二十五日から三日間の大空襲となって裏書きされた。敵は実に打つ手が早い。この時、新たに設置された小林の高射砲陣地は特に酷く叩かれた。

中隊本部に入る味方の潜水艦情報によると、いく筋もの敵の機動艦隊が、何処に、どの方向に向って進航中ということが報じられている。それを太平洋の地図の上に当ってみると、どれもが自分たちの島を狙っているように思われた。敵の飛び石作戦の定石からすれば、彼らはトラック島を飛び越してパラオに来ることは間違いなく、「いよいよ近づいた」という思いは一気に高まってきた。

(3)　パラオ諸島の防衛戦

島に在住の一般人、女子供のための避難船が何隻か出たようである。どれも爆沈の危険を犯しての航海だったが、幸いにもかなりの人たちが無事に内地に到着したといわれる。一方には現地で兵隊の召集が始まった。開拓村から若い男がいなくなり、町の住民である中学の藤野先生からの連絡では、家族を船で送り、自分は隊に召集されて別れたそうである。

六月から七月にかけて、わが隊の隣のバラックに、インドネシア人の兵補（応募か召集かによる補助兵）の一隊がいたことがあった。その診療を頼まれた機会に、片言英語を手がかりに、兵補の下士官からインドネシア語の診察用語を教わった。しかしあまり覚えないうちに、彼らは移動してしまった。隊長の梶野中尉は優しい部下思いの将校だったが、いざ戦闘が始まった時に、これらの兵補にどのように対応をしたらよいのか、また軍の指揮系統が兵補に無理解な扱いをしないかと、心を痛めていた。すでに食糧の配給などで差別されたことがあったらしい。敗戦後、彼が戦犯容疑で逮捕されたと聞いた時に、私はその困難な立場に同情する他はなかった。

七月から八月にかけて、このバラックに、ペリリュウ守備隊の通信兵が数十人、特別訓練のために、一カ月ほど駐留して、一日中熱心に勉強していた。私はその衛生面を引き受けていたので、何人かとは知り合いになった。どの人も真面目で穏やかで、苦しい任務を背負った気配を少しも見せなかった。訓練が終って、隊長と兵隊たちが別れの挨拶に来た。戦いの日が間近で、始まったら真っ先に彼らの島がやられ、それが死を意味することをお互いに承知の上で、別離の挨拶を交わすのは辛いことだった。強がりのない静かなお礼の言葉に対して、〈私たちの島にも来るかもしれませんから〉と慰めにもならないことを言い——というのはパラオ本島にも飛行場があるので——〈どうかお互いに元気でいましょう〉と手を握り合った別れの時は寂しかった。

兵站病院では、誰が病院船で帰れるかが緊急な課題となり、将校病室は微熱、リュウマチ、脚気、不定愁訴患者などで満員となった。和久井少佐（院長）の苦労が思いやられる。精神科医の私にとっては、たまに訪れる将校病室は見本患者の溜まり場のようだった。入院患者の一人のＴ軍医少佐——彼は司令部の軍医だった——の病気はどこかの神経痛らしかったが、自分を内地還送にしないとは、院長は何と無能であるかなどと、居丈高な態度で無関係の私にまで訴えた。もっとも彼の目論みは結局成功したようである。こんな男に残られては堪らないと、病院側も思ったのだろうか。同じく傲慢で虚勢をはるＹ大尉は、人の嫌がることをわざと言い、当番兵をこき使い、自分を共々に卑しめていた。彼は、デング熱の後のリュウマチ様症状で、内還に決まったら、済まない済まないと泣いたそうである。もとは某官庁の技師であったという。Ｆ軍医中尉は、耽美的な自嘲家で、自分の麻薬中毒からぬけ出そうと、あるいは自滅目的で、志願してニュウギニアのウエワクに出かけたが、立ち直るどころかすっかり衰弱して戻ってきた。これらの三人はいずれも性格的に弱い人たちであったようだが、平常は感情の豊かな大らかな人柄でさえも、この状況の下では反応性の鬱状態に落ち込むことがある。そのような一人で先輩のＯ軍医中尉は、吐血の軽いのをやって重湯ばかり飲んでいたそうで、げっそりと痩せて人違いかと思われるほどだった。

これらの入院患者は、私のような外来者が来ると、わっとばかりに集ってきて、戦況のニュースを聞きたがった。自分の隊にいれば情報が判るのに、病院に入るとそれができなくなるから心細いのである。そして八月の中旬に、最後の病院船と思われる船が出港した後に、将校病室は忽ちがら空きになった。敵がこの島に来た時、病院にいたらどんな酷いことになるかは、誰にも見え透いていたからである。

コロールに医療器具の残りを探しに行って、持ち帰りながら考えた。南海の自然がこれほどに美しいのに、また南洋神社の周りをあれほど見事に整備できるのに、コロールの町は何と猥雑な町であったことか。それまでに、三つの植民地経営を見てきた私は、これが日本の植民地作りかと落胆したものである。それが今では本当に屑物の集積になってしまった。少しも惜しくはない。焼けた建物の中で多少とも惜しいのは原住民の集会所・アバイだけであろうか。新しい町ができれば、前より良くなるに決まっている。だがそうなるまでに、我々に何が起こるだろうか。

八月二十五日から昼間爆撃が始まった。丘の斜面に敵の戦闘機が低く降りてきて、機銃を掃射しては飛び去る。カラカラと降ってくる薬筴からみると、二十㎜弾で、銃を両翼に三基ずつ持っているらしい。分厚い翼が特異な反り方をしていて、ヴォート・シコルスキーあるいはコルセアという機種だろうか。単座ながら、小さな爆弾なら積めるくらいに大きくていかつい代物である。それ来たぞと、攻撃の合間を狙っては、暫く馴染んだ救護所を、かねて用意の近くの谷に移転させた。それは木々の蔭の崖下にあり、前庭に百坪ほどの草原を持ち、その下に小川が流れている素敵な場所である。軍医と衛生兵と当番兵の四人が少しの応援兵と一緒にやる引越しだが、皆が不思議なほどに落ち着いていたのは、春以来の経験のお陰である。しかしもうその日に、近くの防疫給水部では、知人の河原少尉の戦死が伝えられた。九月二日には、病院で亀谷軍曹が亡くなった。死はこうしてあちこちに散発するような形で現れて来て、その内に何時か日常化するのであろうか。

九月六日、島の東面に敵の機動部隊が出現した。一週間の砲爆撃の後、九月十五日から、ペリリュウに敵の上陸攻撃が始まった。この島は我々のいる本島の南二十kmにあるが、中間の島影に隠されて昼間の戦闘は見えない。どろどろとした響きが時々届いてくるくらいである。夜になると、我々一同は近くの禿山の上に登って、南の空を眺める。その一帯はぼおっと明るくなって、火の粉が一面に散らつき、時々強く吹き上げる。それは七輪の炭火を団扇であおいだ時とそっくりである。あの七輪の下で友軍は戦っている、自分たちの身代りだとため息をついた。九月十八日、我々の救護所がほぼ完成して、設備、薬物、器具の搬入を終わり、崖に防空濠を掘り始めた。

すると、友人の小林八郎から軍用電話がきた。「七月の爆撃で僕に考察があったんだよ」〈えっ？〉と聞き返す。「それを君に話したいと思ってね、その内に軍用便で送るよ、もう会う機会もないだろうよ、君はどうしている（？）ぶらぶらしてるって、こっちは忙しいよ」彼の高射砲陣地は、焼かれた兵站病院の跡に作られたもので、いく門もの高射砲と高射機関砲を持ち、北はコロールと本島を隔てるアルミズ水道に接する石灰岩の岩山、東は南洋神社のある小山を背景にしている。小林はアルミズ側の洞窟に救護所を作ったようである。この高射砲陣地は、私のいる瑞穂村からは六㎞くらいしか離れていないから、爆撃はよく見える。味方が敵の爆撃機の編隊と激しく射ち合いながら、水平爆撃と急降下爆撃を喰らうと、爆煙と土煙でしばらくは何も見えなくなる。二十秒足らずして爆音が届き、煙が晴れて岩山が見えてくると安堵する。この高射砲隊は、敵に上陸されなかった島では戦死者の一番多かった隊で、後で聞いたところによると、一回の爆撃ごとに兵員のおよそ四分の一ずつが消えてしまい、隊長は小林のいた間だけで四回も変ったという。電話にあった考察「前線に於ける二、三の精神病学的観察」は、その後兵隊によって届けられた。九月十五日付けで、罫紙七枚にびっしりと書かれており、カーボン紙によるコピーである。末尾に近く、死についての考察があり、遺書めいたところはそれだけしかない。だがこれはまぎれもなく遺書で、原本を自分が持ちコピーを私に託したのだから、小林は何という強靭な精神の持主であろうか。

九月下旬の夜、わが隊は、二回にわたって、ペリリュウに逆上陸を試みる応援の兵隊をアルミズ水道まで送った。途中でわが隊に立ち寄って休憩した時、一将校は「ご安心下さい、敵を切り倒してやる」と抜刀を振り回して見せた。ああ、この戦いはチャンバラではないのに、日本軍はずれている、これでは悲劇としか言いようがない。援兵はアルミズで二隻の大発に乗って、環礁の中を島づたいに目的地に渡ろうとするが、到達できるかどうかさえ危ぶまれた。彼らを送ってから山に登って見ていると、火の粉と轟きが一段と激しく吹き上がって、また収まったようであった。初回逆上陸の大発の一隻は帰って来たが、二回目は失敗したと聞いた。そして「ペリリュウに燃える火」は十日ともたなかった。玉砕の公報は十一月になってからである。

ペリリュウが落ちれば、次は我々の番である。「十月はわが運命の月なり」と思い定めた。この時に軍医中尉に進級させたのは誰の細工であろう。一時期平穏になった空襲は、ペリリュウの飛行場が使えるようになったとみえて、また激しくなった。環礁の外に構えた戦艦からの主砲攻撃も行なわれた。発射の閃光を見てから爆音を聞くまでに一分もかかるので、敵艦は二十㎞も離れた海上にいることが判る。爆音と同時にアラカベサンにどかどかと多数着弾して、島全体は煙に包まれてしまう。あれでは下にいる友軍の兵隊は、壕に隠れても、埋められるのを免れない。日本軍には二十㎞を撃ち返す長距離砲がないから、惨めにも射たれ放題である。

わが隊の周辺にも被害が頻発するようになった。空爆を救護所の防空壕で避けていると、収まった頃に「軍医殿」という叫び声と共に兵隊が駆け込んでくる。それっと飛び出して行くと、土砂で埋まった穴の奥から助けを求める声がする。このような時に、慌てて上から土砂を掻き出してはならない。初めの時、掻き出すそばから土が中に崩れ込んで、折角生きていた兵隊を窒息死させてしまったことがあった。爆弾穴の周りに吹き飛ばされた土砂で、腰から下を埋められた兵隊は、両手は使えても自力では抜け出せなかった。救い出したら大便を失禁していた。二十㎜機銃弾を大腿部に喰らって、片脚を目茶苦茶に壊された兵隊には、止血鉗子がどうしてもかからず、仕方なく股の付け根で緊縛して病院に担送したが、担架の上で失血死してしまった。

日がこうして過ぎて行く間に、私の心は重く沈んで、しかもおびえやすかった。どろどろという遠雷のような物音がする度に、上陸作戦が始まったのではないかとびくついた。こんな恐怖感にとらわれているようでは、本当に戦闘が始まったらどうなるかと、自分ながら情なかった。十二月一日は、指揮班の防空濠で、爆撃で圧死窒息した宮城と森下の人工呼吸をし、二日には、林の中で濠の入口に落とされた火炎弾（後にナパーム弾と呼ばれる）を全身に浴びて、救護所に担ぎ込まれた網倉、瀬川、西田の物凄い形相と取り組んだ。〈お前は誰だ〉と叫んでも呻くばかりである。「軍医殿、あぁ痛い」と訴えられても、処置のしようがない。小沢と白沢は運ばれて来た時には絶命していた。白沢の火傷三度の死体は固く乾き、小沢の逞しい身体はその面影を止めなかった。二人を外の草原に寝かせておいて、生きている三人に取り組んだ。西田は救護所のござの上で息を引き取り、瀬川と網倉は入院後の第一夜と第二夜に亡くなった。この五日間に七人の戦死者を葬り、五人の戦傷者の治療をすることになった。包帯材料も油薬のための椰子油も忽ち底をついた。軍医は戦死者の小指を第二関節から落として、火葬のミニ版をした後に、空き罐に入れて名前を貼りつけることもしなければならなかった。以前の戦死者では、腕を肱関節からはずして火葬にしたが、煙を見た敵機が忽ち射ち込んでくるので、それからは小指となったのである。死体は穴に埋めて、小さな木の墓標を立てた。

戦死傷者と一日中取り組んで、くたくたに疲れた後、自分の体にも救護所の総てに油臭い死臭が沁み込んでしまったので、森の奥の小屋に移動した。空襲を受けて、蛸壺（個人用の穴）に飛び込むと、周りで爆弾が落ちても不思議に無関心でいられる。穴の中は別の世界になる。目の前の土の壁に木の根の根毛がきらきらと光っていて、蟻が渡るのに気を取られている。また穴のそばのハイビスカスの赤い花を奇麗だなあとただ見とれている。

ふと気がついてみれば、気持は奇妙に落ち着いていた。それまで自分を根底から揺さぶっていた恐怖感がなくなっていた。これなら戦闘が始まったとしても淡々と対応できそうである。これは異常だと思った。反応性の情動麻痺に近い状態かもしれないが、総ての感情がなくなったわけではなく、むしろ思いやりはより濃やかに穏やかになっている。仲間の兵隊たちには素直に優しくなったし、人々に対してだけでなく、周りの自然の風物、花や鳥にも、透明な目を向け密やかな声を聞くことができるようになった。それでいて、何とも言えない寂しさがすべての対象や物事にこめられているのは何故だろうか。

この感情の変調は自分に度胸がついたというより、戦闘の現実に直面して、受身の姿勢を捨てて能動的な活動を余儀なくさせられた結果であることは間違いない。悲惨な現実も、それが働きかけの対象となる時には、耐えられるものとなることを、私はしっかりと心に刻んだ。そしてこの感情変調がこれから先どのくらい持続するかを、自分で見届けることにしようと思った。

(4)　孤島の飢餓

わが隊の車輌は次々に破壊されたり焼かれたりして数が減ってしまった。もっとも島内の輸送の仕事も少なくなったから、任務には何とか間に合っていた。車を退避濠に隠して迷彩を施して置いても、敵機はしらみ潰しに探し出して、弾丸を射ち込んでくる。こちらも敵機のかわし方がうまくはなったが、気を抜くと怖い目に逢うこともあった。ある日、森の隠れ家から出て、開けた丘の道を一人でぶらぶらと病院の方に歩いていたら、突然に戦闘機に狙われた。敵は真っ直ぐに私に向ってくる、見回しても辺りには身を隠す凹地はない。戦闘機は腹を見せている時は大丈夫だが、背中を見せたら危ないものである。敵は一周りして、また突っ込んできて背中を見せた。いかん、拙いと思ったら、総毛立って足が竦んで身動きができず、地面に伏したまま敵に目を向けることもできなかった。途端に数メートル先の道をザーッと物凄い土煙を上げて機銃弾が掃いて行った。敵は一人片付けたと思ったのか、そのまま行ってしまったので助かった。このように危険は何時来るか判らないので、海は近くにあるのに魚を取りに行くことができず、畑作業の間にも上空に目を離せない。

十月末から、敵のレイテ島作戦が始まって、パラオ本島への上陸の可能性が遠退いた。我々が戦線の後に置去りにされることは、一概に悪いことではないが、そこでは何よりも食糧の確保が問題となってきた。わが隊や隣近所の森や谷に潜んでいる後方部隊では、申し合せたように、近くの畑に出てきて、さつま芋やかぼちゃを作りを始めた。防衛司令部にとっては、それは好ましくない傾向らしいので、屯田兵になるな、士気の弛緩だとして厳しく叱責された。各隊は、戦車陣地のモデルを作って有刺鉄線を張り巡らし、それに地雷の模型を抱えて夜間肉迫攻撃を仕掛ける訓練をすることになった。将校も軍医もしなければいけないと言われるので、私も二晩ばかり付き合ったが、匍匐前進というのはきつい作業で、体力の消耗が甚だしい。士気はたるんでも目先の効く末端部隊は、いつの間にか訓練をお茶に濁して、また畑仕事の方に精を出すようになった。

戦争というものは、勝っても負けても、兵隊にとっては実に不公平なもので、同じ濠にいて弾にあたる不運な者がおり、階級によって、また隊によって損害に大きな開きがある。ペリリュウにいれば死、本島にいれば生と分れるようなものである。本島にいても、飢えに苦しむ者の隣に結構食べている者がいるのは珍しいことではない。わが隊は車を持っていた上に、熱帯暮しが長く、食糧の備蓄が多少あった方であるが、それでも不足となってきた時、農耕をすぐに始められたのは、瑞穂村という開拓村にいて畑がそばにあった所為である。それに較べると、歩兵部隊の五十九連隊の兵隊は満州渡りの新米で、手持ちの食糧が乏しく、しかも畑の乏しいアイライ地区に入った上に、激しい戦闘訓練が続いたのだから、悪条件の重なりで、体力の消耗が著しかったのは無理もない。日本軍の伝統として、無理の一番しわ寄せされるのが一つ星の兵士で、特に現地召集兵がその災難を引き受けることになったようである。澤地の『ベラウの生と死』は、この連隊の悲劇を書いている。アイライの連隊では栄養不良で死者が出始めたというニュースは、年内に他隊の私にも届いていたのに、飢えを知らない司令部では対策を立てることを怠り、相変らず先の見えない精神主義に頼っていた。澤地の本によれば、五十九連隊の死亡者は終わりまでで七百十二人、その九割が戦病死であるという。戦闘がなくして、毎月、百人を越す死亡者が出たら、連隊が機能しなくなるのは当然である。

昭和二十年（一九四五）の元旦は、明け方、谷に入り込んできた軽爆撃機の横なぐりの機銃掃射で目を覚まさせられた。暫くぶりに怖かった。くそ落ち着きの感情変調は少し剝げてきて元に返ったようだが、いざとなればまた取り戻せるだろうという不敵な根性は残っていた。

一月にルソン島進攻が始まって戦争はすっかり比島に移り、我々の島パラオの置去りが誰の目にも明らかになってから、ようやく食糧の自給生産が大目に見られるようになった。だがさつま芋もタピオカ芋も植付けてから収穫されるまでに最低三カ月はかかるのである。あちこちでよその畑への斬り込みが噂されるようになった。肉攻訓練が友軍の畑の野荒しに役立てられるとは、司令部の予想外だったろう。わが隊からあまり遠くない糧秣倉庫が、三月上旬のある晩に、将校（？）に率いられた一コ分隊ほどの兵士に襲われて食糧を奪われたというニュースを聞いて、それは五十九連隊の連中の仕業だと誰もが思った。アイライの後の山に登って尾根づたいに来ると、倉庫の裏手に出られるからである。その後、司令部から、糧秣倉庫警備のためのボランティア兵の募集があったのには驚いた。体裁を重んずる連中のやることだから、内々の呼びかけだったのであろうが、襲撃されたら実弾を射っても宜しい、応募した者には特別に多く飯を食わせるという。皆は嫌な話だなあと言いながら、それでも食わしてくれるならと申し出た者が、私の隊からも何人かいた。

三月六日、兵隊二人と一緒に、島の中部のガスパンの兵站病院から尾根道を自分の隊に帰る途中で、五十九連隊長と覚しき男から欠礼したとひどく絞られた。赭顔油光りの大佐は、山路の傍らの茂みの中で、杯を手にして数人の部下に囲まれて座り込んでいて、たまに通る兵隊に難癖をつけたのである。所属はどこだと聞くから、自動車隊だと答えたら、態度が悪いといきりたってきたので、後方部隊に恨みがあるなと感じた。結局、何度も敬礼をやり直した末にやっと通して貰ったが、これでは昔の街道の雲助ではないか。私の想像では、大佐はたぶん司令部に連隊の窮状を訴えに行って、やり手の参謀長に胡麻化されて、頭に来て、帰り道でやけ酒を飲んでいたのであろうか。

四月に司令部の多田督知参謀長から「鍛練隊」構想というものが出された。各隊から体力の弱った者を集めて、戦闘訓練からはずし、ある程度の食糧を与えて開墾に従事させ、自給生活をさせようと言うのである。多田大佐という人は、能弁で頭の良い人らしく、話を聞いてきた各部隊の将校たちは皆感心している。けれども私に言わせれば、この案は、要するに余計者の障害者を切り捨てて、身軽になって戦争しようとする方針で、「鍛練」の名の下にもっともらしく合理化しているものの、非戦闘員なら食糧の配給は少なくてよいという理屈と、開墾は普通以上にエネルギーを消耗するものであることを隠した偽瞞的な立案である。戦場での話だとしても、許し難い企みではないか。

四月十一日に、私は鍛練隊付の軍医を命じられて、「健兵と自活」の二方針を行なうことになった。十五日に、参謀長は鍛練隊軍医を集めて訓示して言うには、「カロリーにこだわる軍医は西洋医学に毒されている、東洋医学の鍼と灸の価値を活用するべきである」と。この聡明らしい男が自分のピントはずれに気が付かないはずはない、実に白々しい演技である。では軍医は自分なりにそれに対抗しなければならない。

わが大隊では百人の鍛練隊要員を選び、マレイ作戦以来の仲間である山本中尉(以前彼は小隊長)を隊長に、パラオで補充に来た若い郷倉少尉を付けて、本島中部の熱研台地（熱帯研究所跡）に落ち着かせることになった。宿舎を自力で建てて、開墾には手を出さず、小さな畑に芋苗とかぼちゃ苗を植え、食用植物の採取(薯の葉、蛇木、檳榔樹の葉の芯、マングローブの実など)、潮汲み、薪とりなど、それぞれに班を作って仕事を始めた。毎朝、数人ずつの潮汲み使役と薪採り使役の班が出発するのを見て、私は安寿と厨子王の山椒大夫の物語を思わずにはいられなかった。子供の頃「姉は三荷の潮を汲め、弟は三荷の柴を刈れ」という仕事は何のためにあるか判らなかったが、今や切実のこととして理解された。海水を米の輸送用のゴム袋に汲んできてドラム罐を一杯に満たし、薪を燃して蒸発乾固すると、飯盒一杯約二kgの塩がとれる。一人一日の塩の消費量を二十gとすると、百人の隊ではそれを消費してしまうから、絶えず塩の生産が必要となる。そんなに塩が要るのはおかしいと思われるだろうが、後に述べるように植物食ばかりの場合には、塩がないと忽ち食欲が落ちるのである。

ここでは体重計が必要なので、鉄のパイプを拾ってきて医務室のそばの太い木の枝に吊るし、竿秤の理屈で、短い腕の先に人が乗る籠を吊るし、長い腕に分銅を下げてずらせるようにして目盛を刻んだ。手許にある計器としては液量器のメスシリンダーしかないから、沢庵石大の石を集めて一つずつ手製の天秤で目方を測り、それを集めて体重と釣り合うように目盛ったら、〇・五kg位の感度をもつかなり良い体重計ができた。これを使って月例身体検査をやる時は、計量は軍医がやり、体重と前月からの増減を衛生兵が読み上げる。月例検査ではほとんど皆が減量しているのに、中には減らない者、稀に増えてくる者まであるから奇妙である。増えた奴は、どこかで闇米を食ってるはずだと皆が白い目で見るので、当人はむきになって弁解する。可笑しいので皆が笑う。計量する時は、誰もが真剣で、しかも賑やかに、水を飲まず、排便して出来るだけ軽くなろうとする苦心の有様は、ボクサーの計量そのままである。

炊事場で大鍋で炊いた粥の分配は、各班からバケツを持って取りに来るのだが、上澄みを汲まれると米粒の含有量が少なく、また焦げつくほどに炊いておいて、分配が済んでから鍋の底の焦げを掻き落として炊事班が食べるのはずるいという非難が出たので、各班の当番が集って納得いくまでかき回してから、分配することになった。また炊事係は運動量が少ないのか摘み食いの所為か、とにかく体重の減り方が少ないのは事実なので、衛生的見地から炊事要員の選定は軍医に任して貰って、体重の少ない者を下から順に六人を炊事係に廻した。これには誰も文句を言わなかった。

鍛練隊に行く前のカロリーの概算では、一日に千七百カロリー前後で蛋白質二十五gくらいであったが、鍛練隊では千五百〜千二百カロリーに落ち、ついで千カロリーとなった。米の定量は五月中は一日一人当り二百六十g、六月は三百三十g＋薯百g但しこれは表面上の報告数で、受領する米袋は二割方は減っており、新編成の鍛練隊には備蓄がないからこれで賄わなければならない。つまり米が二百gと薯が百gが主食で、味噌十gが二、三日おきに使われる他は一切を現地物資で補うことになる。従って一日二度の粥には、米の姿は少なく、檳榔樹の芯の汁という代物になって、薯の葉、無名芋、マングローブの実などが鉄鍋の中にくろぐろと浮いている雑炊である。林で採れる茸類には栄養価がない。とかげは動物性蛋白源として貴重だが、たまにしか取れない。一方で、労働のために消費するカロリーは、一日二千五百カロリーを超すであろう。すると概算で、一カ月間に体重の減少は三kgになると推定された。

六月十六日の身体検査で、隊の平均体重は五十・二kg、前月比は二・八kgの減少と出た時には、予測があまり良く当ったので、身ぶるいしたほどである。西洋医学のカロリー計算は何と正直な目安であろうか。これを将来に外挿すれば、四カ月後の十月には、平均体重は四十kgを割る。これまでの個人的な経験によれば、体重が普段の二割を減ったら警戒信号で、三割を減らしたら危険信号である。十月になった時、この隊は破滅するという予測は厳しいことだった。だが、これは誰にも話さなかった。

飢えは本当に辛いものである。ある時、他所の隊に頼まれて患者を診たら、お礼に乾パン一袋を呉れた。当時同じ小屋に住んでいた郷倉少尉に半分をやりたいが、それを言葉に出すことができない。彼に内緒で隠れて食べながら、それを五つに分けて五日分としたが、どうしても我慢し切れない。一つ、二つと手を付けて、到頭一晩で皆食べてしまった時には、自分の卑しさに心から恥かしかった。当時、熱研台地にはまだ少し鳩がいた。敵を射つべき陛下の弾を鳩などに使うのはもちろん禁止されていたが、背に腹は替えられない。構うものかと三八式の歩兵銃を兵隊から借りて、山の中をうろつき、鳩の狩猟を始めた。やってみると我ながら感心するほどの腕前である。一周りして、腰に二羽も下げて来たことがある。獲物を当番兵に渡すと、鳩の毛をむしって肉も皮も内臓も細かく砕いて、隠し持っていたなけなしの米で粥を作って、粉味噌を一摘み入れてくれる。もちろん人の目のある昼間には大っぴらにはやれないから、夜、皆が寝静まってから「軍医殿、出来ましたよ」と起こされる。深夜に二人で隠れ食いする鳩粥は絶品であった。とかげ汁などは足許に及ばない。ある時、立ち射ちで、三十m先の木の枝に止まっている鳩を射ち落とした時、口の中にちゅっと唾液が出たのには自分で驚いてしまった。まるでパブロフの犬ではないか。狩猟採取民族の気持がよく判った。銃を置いて草むらの中の獲物を探しても、どうしても鳩が見付からなかった時には、泣き顔になった。狩猟はポンポン音がするのが欠点で、軍医の軍紀違反が問題になったらしく、隊の指揮班から銃を取り上げられてしまった。もっともその頃には、鳩もいなくなった。

七月九日、月例検査で、自分の体重が五十kgを割り、四十九kgとなったことを知った。シンガポールでは七十〜七十二kgであったのだから、健康時から三割減の危機線に近づいたことになる。何とか対策を考えなければ危ない。私ばかりではない、鍛練隊員の体力の衰えが目立ってきて、脚気患者が増えてきた。医務室に受診に来る兵隊の数が四十人と半数近くになった。この月から、米は一日、五十gとなり、甘藷を主食とするようになったので、カロリーは多少増えても不満が絶えない。軍医はすっかり栄養士になった。飢えは結局個人のものだから、組織の結合を弛める。鍛練隊の解体がここに兆していると感じた。七月十四日、瑞穂村の加藤隊を訪ねて、同隊出身の鍛練隊員の引き取り方を相談したが、これは解隊の下準備である。と同時に、やましい思いで、自分個人用の闇米を少し貰ってきた。

防疫給水部の畑のそばを通った時、顔見知りの山崎上等兵が薯を洗っていた。彼は見る陰もなく痩せている。〈採った薯をしっかり食べて身体に精を付けなさい〉と言うと「これは将校室にあげる物です」と言う。＜馬鹿言いなさんな、あんたが食べて元気にならなきゃ駄目だよ＞「でもT中尉殿が」＜T中尉なんかにやることはないよ＞「でも、欲しいって」。その後、山崎が入院して暫くして死んだという話を聞いて嘆息した。本当に人間の価値は階級や教育に関係するものではない。

慢性の空腹感があると、いつの間にか膝を抱え柱にもたれ、胎児様の姿勢をとってしまう。腹が膨れて尻の肉が凹んでいる。立上がると眩暈がするのは、起立性低血圧の兆候であろう。身体に水分が溜まった所為か、耳鳴り、頭痛、茫然感、不眠がある。私は歩くと、百mも行かないうちに、太腿の内転筋が痛く痙攣して、歩けない、休まなくてはならない。海軍の高級将校が二人、驚くほど早く歩くのがいて、私はガスパンの峠で軽く抜かれてしまった。アイミリーキ療養所に立ち寄って、伊藤少尉にその話をしたら「今は年の数より、星の数の方が強みがありますな」と笑われた。

鍛練隊本部の小牧軍医大尉との話では、鍛練隊の中には、参謀長の説に従って、かなり大がかりな伐採と開墾を企てた隊もあったが、犠牲に収穫が間に合わず、途中で放棄した所もあるらしい。パラオの兵隊の間で目につく精神病理現象としては、十二、一、二月には逃亡、三、四、五月には自殺があげられ、以後自殺の報告を聞かないと言う。六、七月となると栄養失調性の無感動（アパシィ）が支配的になったと見られる。

八月十四日に、十五日の将校集合の命令に従って、痛む脚を引きずって瑞穂村に向った。途中ガスパン峠にかかるころ、夕陽が西に沈もうとする。島も海もこの世とは思われないほど奇麗に輝やいている。ああ、「瞬間よ、止れ、お前は美しい」、自分の生が長くないと知っていると、世界はこれほどに見事に思われるのだろうか。

八月十五日の敗戦の知らせは、鍛練隊では淡々と受け入れられた。戦争の末期状態はこの隊の中にも明らかであったから、多くの者が「やれやれ、助かったか、馬鹿らしいことだった」と自然に納得したようである。周りに遮蔽として残してあった檳榔樹を切り倒して芯を食べてしまうと、宿舎付近はすっかり明るくなった。もう潮汲みなどという骨折りは止めて、早速、海岸に出て魚を取り始める者もあった。手榴弾を環礁に放り込んで、浮んだ魚を集めるという荒仕事である。他所の隊ではそれが手元で暴発して死んだ者もあるという。どの戦争にも、終ってから死ぬ哀れな人々がいる。

熱研台地の仮住いを引払って、各人は自分の原隊に帰り、私も加藤隊に復帰して、北部の朝日村の開拓地に移ることになった。引越しの手伝いに来てくれた兵隊が、私の将校行李を変に丁寧に掻き回している。おやと思ったら、その底に二、三合ほどの闇米が現れた。加藤隊長から貰ってきた米の残りである。兵隊は黙って蓋をして、行李を担いで行ったが、あの時ほど恥かしい思いをしたことがない。平生、軍医も兵隊と同じ物を食べていると言っていたからこそ、臺軍医の言うことを兵隊は信用してくれたのであろう。が、土壇場で軍医も馬脚を現してしまった。兵隊諸君、どうか私の欺瞞を許してくれないか。

防衛司令部の情報部は、戦争中に時々『快勝日報』というニュース・レターを出して、勝った勝ったという大本営発表を各部隊に流していたが、敗戦となると忽ち『みそぎ』と改称して、天皇に対して一億総ざんげをしろと、私たち兵隊に呼びかけた。私は多田参謀長の顔を思い出しながら、変り身の早さに感心すると共に、死んだ沢山の戦友に対して何という失礼な仕業かと思った。一方にまたこんなこともあった。鍛練隊が解散準備をしていた時、島民の人たちが慰問に来たという。外の野原に出てみると、十数人のチャモロの男女がいて、タロ芋の包みを手土産にくれて、歌を合唱してくれた。それは「見よ、東海の空明けて、旭日高く輝けば……」の大東亜共栄圏の歌とか「兵隊さんよ、有難う、御国の為に戦った……」の感謝の歌であった。それらの歌を我々兵隊がどんなに困った顔で聞いたかはご想像に任せたい。島民諸君は歌の意味が判っているのか、また戦争中日本軍が彼らにかけた数々の迷惑をどのように思っているのか私には判らないが、例えば島民がペリリュウのアメリカ軍に通謀しないように、彼らの貴重品のカヌーを破壊したことを私は知っていた。ただ彼らの底知れぬ人の良さには心から感謝して、他方、参謀長の人の悪さを憎んだ。

パラオの日本軍は丸ごとアメリカ軍に降参して自分で武装解除し、食糧不足のために米軍からの補給を受けるほどであったから、内地に帰るのも早かった。私はアメリカのＬＳＴ上陸用舟艇に乗って、真っ直ぐに北航一週間の後に、暮れの十二月二十八日に浦賀に帰ってきた。冬の日本は薄紫に煙っていて美しかった。

(5) 急性出血性脳脊髄炎

「パラオの生と死」の最後の話として、篭城の末期に島内で流行した奇病、急性出血性脳脊髄炎のことを述べておきたい。医学文献にも載っていない話である。

敗戦後十月に入ってから、兵站病院といくつかの隊の軍医の間で、この病気について集会を開こうという話が持ち上がり、ガスパンのある小屋に十人ばかりの軍医が弁当の薯持参で集って、一日の小医学会が催された。これは今考えても素晴らしい内容を持った会であった。司令部の衛生部からは参加者はなかった。

まず梶山中尉の疫学的報告、次に小林少尉と山内大尉の症状論と鑑別診断、安達少尉の脊髄液所見、人見少尉の回復期患者血清による注射療法の試み、などの臨床報告が行なわれた後に、伊藤中尉の病理解剖と病理組織所見が報告された。終わりに、石塚大尉他一同による病因の考察と討論が活発になされた。このように並べるとまるで平時の学会の宿題報告のように思われるだろうが、まさにその通りである。敗戦の痛手の生々しいこの時期に、全く自主的に開かれたこの集会の水準の高さに、私は心から感動した。我々は、日本の医師たちは、まだ生きているのだという思いが蘇った。当時のノートから要約しよう。

梶山の診た百七十二人の患者は、前年の暮から散発し始め、一月に急増して、二月がピークで総数の四〇%を占め、三月から急減しているから、半年の流行期間である。患者発生率は三〇～五〇／一〇〇〇、（私の鍛練隊では二／一〇〇）。所属の隊による差、内地と現地召集による差は明らかではないが、地域としてはガスパンと朝日村に多く、下級兵が圧倒的に多い。病状の経過は急性で、死亡率は高く実に五〇%を超えた。治療法は判らず、それに栄養失調死が加わっていることを考えなければならない。

症状で最も多いのは、発熱（高熱ではなく、一、二週で下熱）、筋肉痛（把握痛が多く、時に自発痛）と知覚過敏、脱力感と歩行障害から不動状態まで、頭痛と意識障害（嗜眠、譫語、昏睡）があって、栄養状態の悪い者に多い傾向がある。脊髄液に中等度の細胞増多、赤血球を認め、軽度蛋白増加。鑑別診断として、脚気、デング熱、関節リュウマチ、ワイル病などがあげられる。

十八症例の死体解剖とその内六症例に切片標本検査——兵站病院の検査室で戦争の只中になされた検索には脱帽の他はない——によると、一例のワイル病と診断された者の他は主病変は脳髄にあり、脳膜の軽い混濁、充血、くも膜下出血二例を認めた他、脳の割面に、皮質、皮質下、脳幹の全域に小出血斑を肉眼によって十例に認め、顕微鏡的には出血斑は全例に存在する。著明なのは脊髄の病変であり、後根周辺に最も強い出血斑、円形細胞浸潤、神経変性を認めている。そして、ワイル病とは関係なく、中枢神経系に親和性をもった疾患であると結論された。

この病気の正体を巡って、出席者の間で活発な意見が交わされた。というのは、四月上旬に、防衛司令部の衛生部から「不明疾患、所謂ワイル類似疾患に就いて」という通達が各部隊に流されていて、それには「昭和十九年十二月頃より、パラオ本島にワイル氏病に類似するも黄疸を欠くが如く軽度にして出血を殆ど認めざる疾患多発せり。これが主要症状以下の如し――」という文章で、診断を「所謂ワイル類似疾患」としろという命令が出た。私も知人の軍医の多くも「この通達の愚劣さは救い難い」と言い合っていた。私の隊の患者では臨床症状と髄液所見から出血性脳脊髄炎を疑っていた。が、それが何故この孤立した島に出現したのか、そしてまた自然に消えたのか、判らなかった。集会での討論でも、栄養障害とくにビタミン欠乏が第一に考えられたが、五月以降に発病が減った理由を説明できない。過労、日射病を言う人もあったが説得的でない。私は怪しげな木の実を食べて下痢と筋肉痛を起こした兵隊を知っているので、中毒説を持ち出してみたが、賛成はなかった。ウイルスによる流行病としても、それが孤立集団に突然出現するには、栄養障害が免疫を弱めてプロモータになることを考える必要がある。その感染経路はどのようなものか、また消失はポリオのように集団の間に耐性が成立した結果だろうか。謎解きの議論は尽きるところがなかった。

とにかく流行性急性出血性脳脊髄炎が、戦争の末期にパラオの島に突然に現れそして消えたという事実を将来に残しておくことが必要だという結論で、小集談会は解散した。

IX・戦後の松沢病院

昭和二十一年(一九四六)三月、六年振りに戻った松沢病院は、荒れ果て疲れ切っていて静かだった。その前年の患者死亡数四百八十(一日平均在院患者数六百二十)という栄養失調死のピークをやっと過ぎたところで、患者も職員も生きることに懸命であった時代である。この頃の経験は、江副勉と臺 弘共著の「戦後十二年間の松沢病院の歩み」(精神経誌 60:991-1006, 1958)という論文と本書の第二部の分裂病研究私史の中に、事実史的側面が述べられているので、この章には自分の思想史に大きな影響のあった問題を述べることにしたい。

考えてみると、この戦争で失われた人や物は多かったが、得られたこともまた大きかった。得られたことの第一は、今では陳腐に聞こえるかもしれない民主的な社会、あるいは人間関係である。民主主義はアメリカから与えられたもので、日本の人民が自分で作り出したものではないという意見は、正確ではない。日本人の間に、民主化を求める声が弾圧を必要としたほどに深く潜在していたからこそ、それへの転換が可能だったのであろう。だがどのような形で民主化をなしとげるかは各々の生活の場で違う。松沢ではそれは先ず労働組合の結成という形で現れた。それができたのも、弾圧された人々、戦争で失われた人々の血と汗のお陰だ、というのは私の実感である。私にとっては、敗戦は、よく言われるように価値観の転換を意味するものではなく、自分の価値観の正当性を裏付けるものであった。長い抑圧から開放され、素直にしたたかになったと自分でも感じていた。それには復員兵の怖いものなしという居直りや高ぶりの気分も加わっていたであろう。

西丸四方は、その自伝の中に、江副と臺が痩せて小さな猿のようになって帰ってきたと書いているが、私はともかく、江副勉は本当に九死に一生の苦労の末に、衰弱した姿で、二十一年の六月ごろ、ルソン島から生還して来た。彼は自分の戦争体験をほとんど語らなかったが、彼の戦友の思い出の記には悲惨の中にも明るく振舞った江副が描かれている。彼は体力の回復した秋になると、もう労働組合を作ろうと言い出した。松沢病院の民主化は江副の力によるところが大きい。

この当時の私は人生の意味を摑んでいたとは言えないが、こうして生きることができた限りには、何をなすべきかは判ってきたように思われた。現実の困難に直面しても、それを切り開こうと努力すれば、自分に意味が与えられるだろうという期待があった。戦前から心掛けていたように、病院で惨めな生活を強いられている患者たちのために働くことは、精神科医としての自分のためでもあると考えられた。

(1) 松沢病院労働組合

労働組合を作ろうと江副に誘われた時、まだ早いよと慎重論を唱えていた私も、江副があちこちに話しかけ始めたので、動き出さなくてはならなくなった。「お前は看護婦に当れ」と江副に言われたので、一番手近かな中2病棟に入って、そこにいた主任代理の伊藤たりに組合を作ろうじゃないかと話しかけた。ところが相手は黙り込んで、うんともつぶれたとも言わないのには閉口した。〈こりゃ厳しいぜ〉と江副に報告したけれども、これを手初めにあちこちの病棟の看護婦と話がついてきた。私はうかつにも知らなかったが、戦前の看護婦は院内の行動規制が一番やかましかった職種で、自分の意見を直接に医者に言ってはならず、主任、看護婦長を通さなくてはいけなかったのだそうである。今考えても可笑しいのは、江副は、病院の職員の内で一番大きな集団である看護婦への働きかけに私を仕向けたことと、私が看護婦の中でもとりわけ寡黙な伊藤たりに初めての話を持ちかけたことである。どうしたわけか、その後になっても、私にはいつも言いにくいことを言わされる役目が廻ってくるようで、例えば「院長にはお前が言え」などと江副に言われると、〈うん、言うか〉とそれに乗ってしまう仕組（？）になっていた。断るのをいさぎよしとしない私の性分の所為か、軽薄なのか馬鹿なのか、江副が人を使うのがうまいからであろうか。病院では、二人は「合せて一人前」とからかう人がいた。

私たちは労働組合を作ろうと言っていながら、組合とはどういうことをする組織なのか、自分勝手に判ったつもりになっていて、お互いに話し合うこともなく、深く吟味することもしなかった。働くものの人権を守ろうとするのだから、患者を含めてすべての人々の人権を守るのは当然だと考えていた。九月の組合結成準備会の段階で、患者の慰安に盆踊りをすることを全員一致で決めたように、それには院長も乗り気になって賛成したように、病院の民主化は職員・患者ぐるみの仕事で、病院と組合の使命は一致するはずだと簡単に構えていた。だから村松常雄副院長が、組合は職員の利己的な目的から作られるものだから、病院のような患者に奉仕することを目的とする施設には相応しくないと言って反対した時には、〈彼は判っちゃいないよ〉と相手にしなかった。後になってからの組合内部の意見の相違や対立を考えれば、副院長の意見について、もっと議論を深めておくべきだったかもしれない。内村祐之院長や林　暲医長はどういう意見だったか判らないが、概して好意的で干渉しなかったから、我々は勝手に振舞うことができた。

昭和二十一年（一九四六）十月十五日、松沢病院労働組合が結成された。委員長には江副勉、副委員長には臺　弘、書記長には廉沢覚三郎が選ばれた。廉沢は営繕の係長で、恰幅の良い元気な男で、院長にも誰にもづけづけと直言するので信頼されていた人物である。なお彼は前年五月二十五日の病院空襲の際に焼夷弾の直撃によって妻を亡くしている。すると粂井永充電気係が「この役員は皆兵隊上がりで、軍国主義の亡霊だから認めることはできない」と発言した。言われてみればその通りだなと、役員三人はお互いに顔を見合せた。でも選ばれた以上辞めるわけにもいかない。この発議はうやむやになってしまった。

組合はろくに仕事もしないうちに、世の中の大きな波に巻き込まれた。都の職員労働組合（都職労）ができて、我々はその松沢支部になり、地元の世田谷地区協議会などにも顔を出すようになった。私が一度その協議会に出席したところ、えらく過激な革命的主張をする労働者風の若者に出会って、何処の何者かと思ったら小学校の先生であったのでまた驚いた。そんな時代だった。昭和二十二年（一九四七）になって、ジェネラル・ストライキ（ゼネ・スト）をやる話が持ち上がって、病院でもその準備をすることになった。病院の会議室に、院長、副院長、事務長の管理者側と組合側の役員が机を挟んで交渉するという形式が初めてとられるようになった。病院のいつもの会合と違って、院長は座長席につかず、組合と対面座席をとれなどということを申し入れるのは、例によって私の役目になる。話は飛ぶが、これと同じ光景を、二十年後の大学紛争の時に、今度は私は大学側のメンバーとして学生側との団交（団体交渉）の際に経験させられたのだから苦笑ものである。内村院長には、〈病院の管理は組合がやります、院長回診はお好きなようにしてください、それには医員や看護婦は付きません、患者のことは組合に任せて下さって心配ありません〉などと言ったものの、こんなストライキがあるものかどうか、本当のところ私は心配だった。

その年の正月から、江副は毎日都職労の本部に出かけて行って、夜遅く決定を持って帰る。廉沢と臺は事務室の一室で待ち構えていて、その指令をどのように消化するかを相談する。廉沢はこれを命令受領という旧軍隊語で呼んでいたのだから、正に軍国主義の亡霊である。廉沢が待ちくたびれて寝てしまったら、江副が帰って来て「俺が寒い中を苦労して都庁まで行って来るのに、お前が寝るとは何事だ」と文句を言ったら、「俺は江副天皇のために働いているんじゃないぞ」と喧嘩を始めた。成程これはもう軍国主義ではない。結局、このゼネ・ストは、二月一日に、GHQのマッカーサーの命令でストップをかけられて、実現しなかった。正直の話、松沢の現状ではストをやるのは無理だった。私は、この期間のストレスに加えて、消化に悪い身欠き鰊と出来損いの電気パンを食べて胃潰瘍になり、二カ月以上も休まなくてはならなくなった。

労働組合ができて変ったことを挙げてみると、その第一は、病院の縦の命令系統の他に、従業員の間に横の連帯が生れたことである。組合の集会ではどの職種も平等の立場にあることから、横の知り合い、付き合いができて、仕事の上でも相談してやれるようになった。昔は医者、看護婦、作業指導員、事務員、営繕や賄いの職員たちは別々に仕事をしていて、管理職のレベルでとりしきられていたのに、今や現場の患者のそばで、職員同士の協力が生れた。これは本当に素晴らしいことだった。身の回りの処理さえも困難な患者の生活指導や無為自閉といわれる慢性の患者を作業療法へ誘導することなどは、いろいろな職種の仲間が協力することによって、初めて実行ができるものになる。チーム医療などという言葉もない時代に、自然の形でそれが実現して、協力が行なわれた。後になって、私が、〈作業療法は民主主義の子供である〉と言うようになったのは、この頃の実感に裏付けられた言葉である。

組合による変化の第二は、職員間の個人的な交際であろう。戦前には、看護婦長が看護婦と男性職員との交際にうるさかったらしい。看護婦のKが運転手のRとの交際について婦長から文句を言われたとかで、Rを先頭に若い連中が看護長室に押し掛けたことがあって、M看護婦長は縮み上った。その後、RとKは戦後第一号として職場結婚し、押し掛け話も笑い話の種になった。一方、後にナイチンゲール賞を貰った石橋はや婦長は、看護に関する限り厳しかったが、人情は優しく、融通のきく大らかな老婦人だった。ある朝、私が担当の西1病棟に行くと、中庭で小さな男の子が患者と遊んでいる。聞いてみるとそれはH看護婦の子で、勤務時間中病棟で遊ばせることを石橋婦長が許可したのだという。当時これは「こぶ付き勤務」と呼ばれて、皆は助け合って仕事ができることを喜んでいた。それは病院に育児室（所）を設けることが始まる遙か以前のことである。近年、作家の林真理子が、母親が職場に子供連れで行くのを非難して新聞種になったが、林には「こぶ付き勤務」の昔話を聞かせてやりたい。

松沢病院は都立で、職員は公務員であるから、賃上げなどの待遇問題は上部団体の都職労の仕事で、病院の管理職を責めても埒があかない。労働基準法（一九四七）の施行に伴う三交代制の看護勤務のような現場の諸問題には、管理職と組合が共同歩調をとって都庁に当ることが必要になる。労働組合が病院の運営に、従って患者の待遇に関与するようになるのは当然で、時には労働強化さえも引き受けることがある。職員が患者の待遇も自分たちの仕事だと考えるようになったのは、組合による変化の第三で、私には重要な点だと考えられた。これを御用組合と見るのは間違っている。我々の組合は、医者が役員であったために、この側面が強く現れたのかもしれないが、当時は医者も他の組合員同様に貧しかったから、浮き上がることなく意見を述べることができた。

初期の頃の松沢病院組合には、一種の倫理的な使命感があった。これからの精神病院はどのようであるべきかという課題を、組合も自分たちの問題として引き受けていたようである。一方、反倫理的な出来事に対する姿勢は厳しかった。ある若い看護人が女性患者にけしからぬ振舞いに及んだ時、組合は彼の除名を決議した。病院との間にはクローズド・ショップ契約はないけれども、彼は病院を辞めることになった。ある組合役員が性的なスキャンダルを起こした時、役員を辞めろという声が出て、委員会では組合は個人の品行についてどこまで関与すべきかが話し合われたことがあった。この場合には、性的なことには当人任せであるのが大人の振舞いであるとなって、動議は取下げられた。

昭和二十五年（一九五〇）に朝鮮戦争が始まって、GHQはレッド・パージを指令してきたので、その波は松沢にも及んだ。その時、江副は結核で入院中で、臺が代りに委員長になっていた。林暲院長は私を呼んで、都庁が指令してきた首切りのリストを見せて、「こんなのが来ましたよ」と言った。それには筆頭者の江副を初めとして、渭原武司、鶴田葦潔、増岡光子の三看護人（婦）が並び、その後に臺他二十七人の名前が挙げられていた。私より前の四人は共産党員であることが仲間にも想像されていたし、私は組合長だったから、無理もない人選だとはしても、あとの連中はどうしてここに指名されたのか判らない者ばかりであった。職員の中に変な内通をした者がいるに違いない。〈こんな無茶なリスト〉と私が言うと、院長は「そうなんですよ、組合で何とかなりませんか」と相談を持ちかける。林院長はこういう人であった。

親組合の都職労ではどんな状況かと都庁に行ってみると、組合内部は騒然としていて対策など全く立っていない。社会党系と共産党系の役員どもが、首切りを機会に対立を激化させて、共産党の追出しが目論まれているとしか思われない様子である。親組合の委員長は「本部では何も出来ませんから、松沢さんは自分でやってください」という挨拶である。普段威勢の良い演説をする共産党系の役員に〈あんたはどうするつもりか〉と聞いたら、「どうしようもない」と元気のない返事しかできない。首切りという労働者にとっての最大の問題に対して、労働組合がいかにだらしのないものであるかを痛感させられた出来事であった。

松沢の組合は自力で免職をはね返す実力はないから、共産党員の中の一人だけでも残す方策はないかと、組合大会を前にしてM君に相談したら、相手は顔色を変えた。そして次の日に「臺は内部分裂を企んでいる、組合の敵だ」というビラが院内に貼り出されてしまった。何ということか、これでは組合が戦う姿勢などを取れないではないか、私の真意が誤解された、良かれと思って言ったことが裏目に出た、と嘆いてみたがもう処置なしである。

私には、人情の機微を察する能力が欠けていて、自分の良いとする判断は相手にも通ずると思って振舞うので、時々苦い思いをすることがあった。内村教授が地方公務員法の改正（一九四九）で松沢病院の院長の兼任を解かれた時、送別の席で〈東大教授を辞めて松沢の専任になられた方が良かった〉と言ったら、教授はひどく感情を害して「他人の心が判らない者は精神科医の資格がない」と怒ったのには閉口した。わが妻が「あなたのように他人の心の判らない人に、よく精神科の医者が勤まりますね」と言ったのは、彼女も私の独りよがりに困らされたことが何度もあったからであろう。

さてレッド・パージの結末は、林院長が渭原、鶴田、増岡の三人の首切りを受け入れて都庁と話をつけてきたことでけりが付いた。院長が言うには、向うは江副も切れと言うけれども、「彼は結核でもうじき死にますから」と断って、引っ込めて貰いましたとのことである。〈そりゃ困った、彼は近い内に退院して来ますよ〉と私が言うと、「その時は、その時のことにしましょう」と落ち着き払ったものであった。なるほど、こういう手があったのか。私には、林院長に頭が上がらないことがいくつもあるが、この一件もその一つである。

(2)「私の大学」

話を少し遡ると、昭和二十二年に、胃潰瘍で休んだのをきっかけに、私ども一家、妻と赤ん坊の娘の三人は、院内の空き病棟の二室に移って暮すようになった。その後、私の息子もここで生れた。子供たちは広い病院の敷地内で育った。隣の部屋には猪瀬正一家がおり、次に歯科・外科医の陳茂棠がいて、その部屋にお嫁さんを迎えた。彼は患者のためのキリスト教日曜集会(カペナウムの会)の指導者で、この会は半世紀後の今もなお続いている。病棟の向いの翼には廉沢一家、石橋はや看護婦長(護長さんと呼ばれていた)が住んでいた。誰もが貧乏で、肩を寄せ合って暮す時代だった。ただ共同で順番に沸かす風呂は煙いのが難点だった。それでも松沢病院の構内に入ると至って平穏で、外の不穏な世の中の影響が入ってくることはなかった。当時多かった泥棒も松沢病院を敬遠すると見えて、鍵なし生活でも心配はなかった。夜遅く帰ってきても、暗い構内に入るとほっと安心すると妻が言っていたほどである。

その後、現在中部精神保健総合センターのある場所に、いくつかあった個人用の公舎に、猪瀬、臺、江副、加藤伸勝、横井晋、立津政順、町野喜三郎看護長、廉沢、詫摩武元の一家などが、代り合って住むようになった。この家族ぐるみの生活は、今もなお余映を残していて、子供同士が付き合い、婦人連中も一緒に海外旅行するほどに近しいものであった。

私の精神科医としての修業期間は、戦後になって松沢に来るまでには二年半しかなく、本当に勉強してそれが身に付くようになったのは、松沢の十二年間のお陰である。ある時、〈松沢病院は私の大学だな〉と江副に話したら、「全くそうだ」と彼はすぐに賛成した。「私の大学」という言葉はマキシム・ゴーリキーの自伝的小説の題名に発するので、作者は自分が社会に目覚めて勉強した時期を大学と呼んだのである。ソ連が崩壊して、ゴーリキーはスターリンの御用作家として顧みられることも少なくなったが、困難の中で学んだその経歴は、読む人に感動を与えるものだった。そして私たちは松沢病院を「私の大学」と呼べることを誇りに思っていた。

江副はスターリンの政治を信用していた。私はブハーリンの本に感心して共産主義に目覚めたくらいで、ブハーリンを反逆罪で粛清したスターリンは許し難い男だと思っていたし、生物学や言語学までに口を出すのはけしからん話だと考えていたので、ある時〈あんな男は早く死んでしまうのが世の中のためだ〉と言ったら、江副は怒って「彼は間違いをしない」と言い張ったものである。彼の死後のフルシチョフ批判や近頃のA・ラーリナ著『夫ブハーリンの想い出』（岩波書店、一九九〇）を読んだら、江副は何と言うだろうか。

松沢病院が巣鴨病院の後身で、病院長が東京大学教授の兼任だったことが大学としての学問的な権威を分け持っていたと考えるのは全く皮相的な見方である。戦後に松沢病院の活動が大きく花開いたのは、内村教授の兼任が解かれて林院長になってからのことである。後に大学紛争の時代になって、大学医学部の医局講座制が若い人たちの攻撃の的になり、世間でもそれを「白い巨塔」と見るのが常識となっていたが、私たちの時代の松沢病院の医局員は、誰もが自分勝手に好きなことをやれたから、自分が東京大学の医局講座制で縛られているとは少しも感じなかった。実際、当時の松沢病院の医局はかつてないほどに自由で充実したもので、学問的にも診療の上でも、どの大学にもひけをとらない高さにあったようである。

私は後に大学教授としての経験もしたので、医局講座制についての意見はそこで述べることにするが、この制度は正直の所非難されるべき多くの欠点を持っていたにしても、その欠点は社会基盤に由来し、また攻撃している医局員の意識構造の中にも制度を支える構えが備っていた。このことは自覚されることが少ない。権威に楯突く者は、権威を有難がる者と同様に、権威にこだわりやすい権威志向的な人間であることが多い。嬉しいことには、私のいた頃の松沢の医局には、このような人物はいなかった。

松沢で研究室と言われたのは、神経病理の部屋で、これは呉院長以来の伝統を持ち、内村院長の専門領域でもあったから別格で、当時そこには猪瀬正と立津政順が頑張っていた。ここでなされた肝脳疾患や分裂病の組織病理の研究は高い評価を得た業績である。心理研究室は三宅院長、村松副院長以来整備された所で、戦後には詫摩武元、広瀬貞雄がいた。広瀬は精神外科、リュウコトミー（ロボトミーとも言われる）を松沢に導入した人で、私の脳組織の研究にも協力してくれた。化学室は、林院長時代に、検査室から少し昇格したもので、ここが江副勉と臺　弘の根城であった。ここからは分裂病者の脳組織代謝の研究を通じて、覚醒剤中毒動物の分裂病モデルが生れた。都立病院はサービス機関で、予算項目の中に研究費というものがなかったから、外からの研究費調達の困難だった当時には、別項目から掻き集めで賄うしかなかった。それは所帯が大きいことと伝統のお陰でできたことであろう。

私の脳組織代謝の論文は、母の死の床に付添っている間に、その枕辺で書かれた。材料は頭に入っていたから、参考資料なしでも原稿に向うことができた。出来上がった論文はおそい学位論文になったが、それを母に見せることは叶わなかった。気持の上でも経済的にもゆとりのない時代のことで、母には何の親孝行もできなかったことを今でも申し訳なく思っている。

私たちの研究は、後になって悪しき「人体実験」と非難され、マスコミでも叩かれたので、これについては、第二部の研究私史にその経緯と非難の不当な理由を明らかにしている。私は非難に対抗してただ一人で頑張っていたから、君は気が強いとよく言われたものだが、それは自分の研究の意義とこの研究が患者に害を与えていないことを知っていたからこそできたのであった。ただ一つ気をくさらせられたのは、私の所に病気の相談にくる人々の中に、私がロボトミーを日本で始めた医者だと誤解している人があることであった。それでは手術者の広瀬に申し訳ない。患者諸氏はよく説明されても、気心の判らない内は、私に警戒心を抱くようであった。新聞報道は、私に対して長く災いを残した。

松沢の各研究室はお互いに競い合って勉強していた。しかし、それは後にこころざしの乏しい諸君によって、研究第一主義とか立身出世主義とか言われて、貶されたような動機とは縁の遠いものであった。我々の前には先ず手ごわい病気があり、そのために悩んでいる多くの患者がいた。病気の本体を摑もうとする努力が研究であると共に、患者の生活をより自由な人間らしいものに近づけようとする努力が治療であった。臨床に発した研究によって、難病の砦を打ち崩そうという共通の思いは世俗の利己心よりもはるかに強かった。私たちの研究について言えば、それは後の薬物療法と生活療法に貢献することが多かった。

戦後に医学生の卒業後の研修としてインターン制度ができた当時には、多くの研修病院に精神科がないために、あちこちのインターンが松沢病院に短期間見学にやって来ることがあった。若い彼らは熱心だったし、教える側の我々も真剣に対応したつもりである。その後、かなりの期間、私が用事でよその病院を訪ねた時、他科の若い医者たちにインターンの時にはお世話になりましたと挨拶されて嬉しかった。残念なことには、インターン制度そのものの理念は悪くないのに、その運営に欠陥があったために、形骸化して弊害ばかりが残るようになり、大学騒動の発端の一原因になった。

昭和二十五年頃に、林院長から松沢で研修生を引き受けないかと提案された時、我々の仲間が皆喜んで賛成したのは、若い医者たちの養成は自分たちの任務であり、自分たちの仕事には若い力が欠かせないことを知っていたからである。こうして入ってきた連中は、加藤伸勝、蜂矢英彦、石井毅、水嶋節雄、守屋昭夫、本多誠司、秋山洋一などであって、彼らは大学の医局講座制とは無関係に、当初無給の悪条件に耐えて、精神科の卒後研修を自分に引き受けてくれた。我々先輩共もまた教育の負担が増えるのを厭わなかった。壮若の二重層の医療陣ができたことによって、病棟の診療活動は一段と活発となり、研究面にも発展が見られるようになった。病院にとって、この養成コースが成功であったことは、三十年後に松沢の病院キャンパスに整った三施設、松沢病院、リハビリ・センター、総合研究所の院長、所長はすべて昔の研修生で占められたことによって証明される。反対に、昭和四十年以後の松沢病院の沈滞は、この二重層を維持できなかったことに起因していると思われる。

さて江副と臺のいた化学室には、加藤伸勝ついで葉田裕が加わり、検査技手の関口力蔵と林成夫を一緒に合わせて、化学室同人と称するグループができていた。林は組合委員でもあり、ここには同人客員格の作業科医長の石川準子を初めとしていろいろな人が出入りしたから、まるで組合の出店のような観があった。研究の仕事が一段落すると、皆は集ってビールを飲んだ。それを皆は「すっちょい」と呼んだ。ここで話が決まると、病院の運営にかかわる案件までも、管理のルートを通さずに勝手に各病棟に流されることがあったから、苦い思いをされた向きもあったかもしれない。

戦後の困難が漸く収まってきて、近所の小学校の校庭で、夏休みの朝のラジオ体操が復活してきた頃の話である。あちこちの病棟から出てきた患者諸君が、看護婦に連れられて、また自分ひとりで、このラジオ体操に参加するようになった。「自由を我等に」が旗印の私にとって、これは嬉しいことだった。しかし当時はまだ衣服が整わず、ぼろを着て、藁紐を帯にした患者もいたほどだったので、その風体でラジオ体操に出たのでは、目立ったのも無理はない。町の住人の間に、子供に危険だから松沢の患者の参加を断ろうという声が出たと聞いた。これは困ったと思った私は、あちこちの病棟に電話をかけて、あまりひどい身なりの人はラジオ体操に出さないようにしてくれと頼んだ。ところがその晩遅くなって、化学室で、江副が「お前はひどい着物を着ている患者は出すなと言ったそうじゃないか」と言う。それはこういう理由だと説明すると、彼は怒りだして「患者がひどい身なりをしているのは当人の所為じゃない、吉田（当時の首相）の責任だ、お前の言ったことを取り消せ」、〈何を言うのか、町の人たちに嫌われないように気を付けるのに何が悪い〉と私も怒り出した。二人は怒鳴り合いながら、隣同士の公舎に帰り、とうとうお互いに絶交を宣言して別れた。夜更に化学室で、二人が大声でやりあっているのを事務当直の高橋進係長が見て、本物の喧嘩になったら止めに入ろうと、公舎のそばまで付いて来たそうである。ところが明くる朝、顔を合わせた途端に、江副は「おい、昨日の実験の結果は……」と実験の話を始めたので、私も口をきかないわけにいかなくなって、絶交の件は自然消滅した。翌日、高橋は私の所にどうしたのかと聞きに来て、大笑いして、犬の喧嘩だと言った。後になって考えると、あの話を患者の衣服の問題として具体的な対策に結びつけなかったのは手落ちであった。何年か遅れて、岡田靖雄が松沢病院の患者の衣服のひどいことを新聞に投書したら、反応が沢山あったことをみても、私の思慮の浅かったことは恥かしい。

(3)　南3治療計画と火災

昭和二十七年（一九五二）春、男の慢性病棟の一つである南3病棟には、院内で赤痢患者が多数発生したあおりを受けて、慢性患者が六十人も集ってしまった。この人たちは、ゴロ寝をして暮していて何もしない。そこで医者の病歴には無為、好褥と書かれて、それが病気の症状であるかのように扱われていた。ここでは、何処までが病気に、何処までが環境の影響によるのか、吟味しなければならない。開放看護と作業療法によっても、変えることのできない側面にこそ、病気の本質的な障害が現れるのではないだろうか。それまでに、私は、女の慢性病棟の東1病棟で八十人の患者を相手に個別的に作業療法を導入して、その意義を理解するようになっていたので、南3の担任になった機会に病棟単位の治療活動を組織しようとした。

そこで看護主任の北島治雄を初めとする八人の看護者と話し合った上で、目標を定め仕事の分担を決めた。若い看護者たちは、看護に作業療法を取り入れることの重要な意味をまだ知らなかったから、長期入院で症状の固定しているように見える患者も、働きかけることによって変る側面があることを身をもって学ぶ必要があった。まず医者は治療効果の期待される人を選んで、彼らに電気ショック療法をして——当時はまだ薬物療法はなかった——一時的に元気の回復した期間に、看護者が遊び、運動、作業などに誘導する必要があった。すると回復の時間が段々に延長して、電気治療を止めても活動のレベルが持続するようになる。こういう実例を目の前で経験した者は仕事に張合いを持つことができる。活動レベルの上がった患者は次々に作業治療部に廻して外部での指導にまかせた。こうして昼間に病室に止まる人数を減らして、残った人たちに看護と作業の世話が行き渡るようにした。看護者は起床、体操、散歩などの日課の時間を決めて、なるべく多くの患者が外の集団活動に参加できるようにした。病棟内外の掃除、配膳などの仕事も、看護者も一緒に加わって、作業療法的に活用した。このような看護者の姿勢がないと、それは使役になってしまう。また当時は簡単な室内作業の種目がなかったので、北島は三日間手弁当で多摩川べりを探し回って、桃栽培の袋かけの仕事を見つけてきた。その紙袋貼りの仕事は活動性の低い人にも受け入れられたので、わりにたやすく病室に定着することができた。もっとも明治の頃、根岸病院の田原貞次郎が袋貼り部を始めた時と同様に、松沢でも病院の内外との折衝に当っては苦労があった。事務の関係者の中には、余計な仕事を持ち込まれたと嫌な顔をする人もあった。今になってみれば、上に述べた治療・看護活動はごく常識的なものであったけれども、新しく作り上げる時には当事者の熱意がなければできることではなかった。当時の状況は、宮内　充著『松沢病院を支えた人たち』(創造出版一九八五)に看護の立場からも述べられている。この著者は南3病棟勤務の若い看護者であった。同じような努力は若い医局員たちによっても、それぞれの病棟で始められて、病院全体の活気が高まってきた。吉岡真二や藤原　豪たちはこの努力を「働きかけ」と名付けている。袋貼りは簡単な軽作業だったから、たちまち他の病棟にも広がって、松沢の作業人口が患者全体の六割に達するようになった。当時、アメリカの精神病院でも似たような活動があったようで、それを「トータル・プッシュ」と呼んだ人がいた。

私は看護室の前の壁に患者の活動状況をグラフに描いて毎月の進行の目安にした。南3病棟の一年近くの成果は数の上では目覚しかった。年の暮の大掃除には、職員も含めて、ほとんど全員が参加することができた。だがこの活力は正月休みの間にがっくりと減退する。もっともそれが普通人もやることとなのだ。作業患者の数でいうと、昭和二十七年三月には六十人中十人以下という低い率だったのが、翌年一月には四十五人、七五％と飛躍的に増えていた。病棟は古い老朽の建物だったけれども、病棟内の雰囲気や日常の生活には活気と明るさが生れていた。と思うのは甘い見方で、手を抜けばすぐ後戻りする傾向があることも判っていた。そのためには退院させて、外の世間に触れさせる必要があると考えたのは、もう少し後のことである。

南3の成果は、病棟内の活動だけでなされたものではない。石川準子医長の作業治療部が全面的に応援してくれたからできたことである。一方、南3に対する批判もまた少なくなかった。先ず、集団的な「働きかけ」は旧軍隊の内務班そっくりだというのである。なるほど患者が号令によって起こされ、日課に縛られて働かされている、という表面だけを見る傍観者には、患者は兵隊、看護者は下士官、担当医は隊長ということになるだろう。これは自己反省でもあって、私はパラオの鍛練隊を思い出して可笑しかった。しかし南3は見かけでは内務班に似ていても、自由の観点に立てば正反対であることを強調したい。作業療法は開放看護と手を組んで初めて成り立つものであって、閉鎖看護の中の無為、好褥こそが不自由の現れである。二つには、活動性は訓練されたパターンに止まっていて、全体の生活活動に広がらないことである。これは行動の般化が起こらないことを意味する。三つには、働きかけを止めると元に戻ってしまう傾向である。これは我々が病気の本質と戦っている証拠で、常同行為、保続などの障害であると思われた。そして四つには、働きかけに応ずることのない、ごく簡単な作業にも参加することのできない重症の患者が何人もいるという事実がある。これらの批判は、作業療法の限界にかかわる批判であると共に、南3治療計画に参加している医者と看護者の誰もが自覚し始めている「病気の壁」でもあった。このような諸問題は、年が改まった頃から、仲間の間で話し合われる機会が多くなった。

松沢病院で作業療法が活性化するにつれて、作業指導員の鼻息が荒くなって、自分たちが病院の使命の先鋒を担っているという意識が現れてきた。彼らはそれまで病院では後衛的な役割を果す者として扱われていて、公的な資格——後に作業療法士、ＯＴＲとして認められた——も持っていなかったから、看護婦（士）のような有資格者にはとかく遠慮することが多かったのに、今や逆転して前衛的な役割を担う者になったのである。「看護者は患者を閉鎖病室に入れておいて、自分は看護室で股倉火鉢をして何もしない」などという悪口が耳に入ると、看護者は怒って「作業科の連中は病気の軽い患者だけを相手にして社会復帰などと良い顔をしているが、重い患者を病棟に任せていることを忘れているじゃないか」と反発する声も上がった。こうして看護科と作業科の間には、ことごとに摩擦と対立の傾向が生れてきた。

看護者は作業科にもっと近づかなくてはいけない、作業科に任せることの難しい患者を看護者自身の力で改善するにはどうしたら良いか、それを相談する会合を持とうという提案が出たのは一月の末であった。昭和二十八年二月六日の晩に、南3の看護室には、私たち同病棟の勤務者全部と江副、林らの化学室同人と組合の有志が集って、活発な議論が行なわれた。江副を初めとする組合のメンバーの発言は、問題を南3に限定することなく、病院全体の立場からなされたので有益であった。そしてまとまった結論は、看護者によって「軽作業班」を作り、これまでの作業療法には参加できない患者を小グループにして、作業種目にこだわらずに、遊びも取り入れて活性化をはかろうということであった。これは既存の看護科と作業科の枠を打ち破る初めての試みであって、看護科の作業療法への展開の第一歩として、私には特に大きな意味を持っていると考えられた。

相談が済んでから、いくらかの酒も出て賑やかになり、私は途中で家に帰ったが、得られた結論と見通しに気を良くして、勤務室に酒を持ち込むことを大目に見てしまった。自宅に帰ったのは十一時近くであったろうか。何時になくしんみりして、妻と二人で、昔のこと、これから先のことなどを喋っていた。この日は、ちょうど息子の四歳の誕生日にも当っていた。

十二時頃になって、遠くに半鐘の音を聞いた。戸を開けて見ると、隣の江副の家の向うに、南の空が少し赤い。〈火事だ、行ってくる〉と飛び出して、南に走って行くと、途中の病棟からも人が駆け出していて、南の3という声が聞える。いかん、しまったと心の中で叫びながら、百五十mほど駆けて南3の前まで来ると、東西に縦一本の病棟の全部の窓から火が吹き出している。一人の患者の姿も見えない、ああと身震いが出て、胸の中がかっと燃えるように熱かった。近所の暗闇の中を探すと、患者諸君は北寄りに少し離れた講堂にまとまっているらしいので、そこに飛び込んで患者の顔を見て廻った。暗くて良く判らないので、並んでもらって数を数えたが何度やっても食い違うし、何人か足りない。看護者と一緒に確認しなおすと、結局、行方不明者は四人で誰であるかが判った。その内三人は好き勝手に出て歩きそうな連中だから、たぶん大丈夫だろうが、あとの一人が気懸かりであった。

南3病棟は古い木造で、各部屋の天井裏は吹き通しになっていたので、火が天井に上がると一度に全体に広がる。本当にあっという間に燃え落ちてしまった。隣接の南4は耐火構造で、北側は空き地で類焼の心配はなかった。

翌日になって、消防隊が調べた結果、患者のO君が彼の寝床の位置で焼死体となって見付かった。彼は若年進行麻痺という病気で、重い知能障害もあり、私が気懸かりにしていた当人であった。恐らく彼は火事の警報に驚いて布団にもぐりこんでしまい、当直の幡野看護人が暗い中を点検しても目に付かなかったのであろう。行方不明の三人は翌朝に帰ってきた。多少の慰めは、病棟内の活動を高めたことが避難を容易にしたと言えるかもしれない。消防隊によると、火元は看護室で、当夜の会合の後に火鉢の残り火の不始末があったものと判定された。病棟で規則違反の酒を飲んだことには弁解の余地がなかった。

早暁に駆けつけた院長への報告、火事のいろいろな後始末、焼け出された患者の転棟、失われた病歴を記憶を頼りに作り直す作業など、私は三日にわたってろくに寝られないほど忙しかった。ずっと後になってからも、「臺の記憶による」と書いてある病歴を見ましたよと、何人もの若い医員に言われることがあった。そして最後に都庁に出す始末書と辞表を書いて、林院長の所に持って行った。院長は「火事は私の責任だから、辞表を出すことはありません」と言う。〈いいえ、担任の私の責任です、受け取って下さい＞＜当直の幡野に処罰が来ないようにお願いします＞「私に任せておきなさい」と院長は辞表を机の引き出しにしまったまま何もしなかった。後になって林院長が定年退職してから、院長室を片付けた藤原　豪は私の辞表を机の引き出しの中で見つけたそうである。もし私が院長であったら、担当医の辞表を受け付けていただろう。そうして担当医のその後の運命は、私のそれとは異なったものになったに違いない。

私はいずれにしてもその内に松沢を離れなければならないと考えていたが、その年の秋になって、結核で入院することになり、退職は延びてしまった。もっともその間に手掛けた慢性覚醒剤中毒の動物実験が大きく発展するようになったことは、私にとって有難いことであった。私はここでまた林院長に頭が上がらなくなったのである。当時、父は心臓病を患って私の公舎に来ていたが、昭和三十一年の秋に亡くなった。息子の私は医者でありながら、父のケアを十分にできなかった。心の痛むことであった。

結核病院から退院して二年目の夏に、私は群馬大学の精神科教授として前橋に赴任することになった。前任の稲見好寿教授がメーデーの日に急逝したので、その後任に選ばれたのである。前橋の小学校では、八月の下旬に二学期が始まるから早く来てくれと助教授の中川四郎に言われたので、＜子供たちのために来週引越しをするよ＞と妻に話したら、「急にそんなことを言われたって」と彼女はひどくご機嫌が悪かった。娘と息子にとっては、前橋は高校卒業までの成長期を過した半郷里になったが、妻の健康はそこですっかり損われて、十年の車椅子生活を送るようになった。

X. 新米教授の前橋生活

(1) 精神医学と医療の教育

医学部の臨床教授となると、医学部の学生の講義と臨床実習、卒業後の教室員の指導、研究、それに入院と外来の患者の診療という仕事をやらなければならない。看護学校の講義もある。教授には基礎的なことから学問の尖端的な知識までが要求され、その上に自分で新しい分野を開拓することが期待されている。外国の新しい情報にも通じていなければならない。特にこの時期には精神病の薬物療法が始まっていて、精神科医療の在り方が大きく変りつつあった。このような任務は精神病院育ちの精神科医にとっては容易なことではなくて、猛烈な勉強でも追い付けなかった。

一口に精神障害というが、それは広大で多彩な分野で、一人の医者が何にも通ずるのは元来無理な話である。だから見事な教科書を書いている先輩や同僚を見ると、よくやるものだわいと感心してしまう。私の先生の内村祐之教授でさえも、教科書を半分書いたら、自分には無理だと途中で止めてしまったくらいだから、弟子の私が非力を嘆くのは当然かもしれない。大学の精神科には、多くの外国のように専門領域を異にする複数の教授が必要なのである。

恥しいけれども打ち明け話をすると、私は神経症圏（ノイローゼ）の病気についての知識と治療経験が少なく、また人情の機微を察するセンスに欠けていたから、判ったような顔をしてこの方面の講義をすることは苦手だった。それに私の正式の部門名は精神神経科といって、精神疾患と神経疾患の両方を取り扱うことになっている。精神と脳を一緒に理解しようとする私にとっては、また老人や子供のことを考えてみれば誰にも判るように、それには充分な理由があるけれども、精神医学と神経学は別々の部門として取り扱う必要があるくらいに大きな分野でもある。実際、現在では二部門に分れている大学が少なくない。

面白いことには、神経学には、診断に役に立つ反射や症状群について発見者の名前の付いたものが沢山あるのに、精神医学には、昔あった名前つきの症状さえもほとんど消えてしまった。というのは、この両部門では頭の働かせ方が少し違うためのようだ。精神の異常の解釈にはいろいろな見方が成り立つのに、脳や神経の故障を見つけるには探偵めいた推理や勘が必要である。そこで、それを始めた名探偵の医者が尊敬されて名前が残り、医学生はその名前を試験のためにも覚えるのに苦労する。ところが新米教授の私は、その名前すら時には忘れてしまうのだから困ったものである。

私には神経疾患についての知識と経験が乏しかったから、神経病の患者には自信がなかった。それに神経病には正体の判らない難病奇病がいくつもある。入院患者の中に診断のつかない神経病患者がいると、謎が解けるまでは教授回診の日には気が重かった。何とか苦労して診断のついた病気には、先天性筋緊張症（トムセン病）、シャイ・ドレーガー症状群、シルダー病（アドレノリュウコディストロフィー）などがあった。これらの病気の中には当時漸く判ってきたものもあって、精神病院にいてはなかなかにお目にかかれない相手だった。

医学の諸分野の外国名の語尾には、ラテン語の学問という意味の -logia が付いているのと治療という意味の -iatreia が付いているものとがある。神経学 neuro-logy とか精神医学 psych-iatry のようなものである。多くの専門科名に -logy がついているのに、治療 -iatreia がついているのは、精神医学以外に小児科学 ped-iatry と老人医学 ger-iatrics の二つがある。これは意味の深いことで、-iatreia のついている分野では、どれもが相手を丸ごとに一人の人間として扱っていることに気が付く。

医学が細かく分れて専門化する現代に、「病気よりも患者を」として治療を重んじる分野があることは大切である。さらに精神医学では「患者をその生活の中で」治療するという方針が必要なことを、私は松沢病院での作業療法を通して学んだ。この方針は正しいものだと信じていたが、一般には案外広がっていない考え方のようであった。

この方針を、自分なりに精一杯に、学生や教室員に伝えられれば、新米教授の持ついくつもの欠点も大目に見ていただけるのではないか、と気を取り直した。私は、自分の経験から、教育というものは先生から授けられるものではなく、自分で学ぶものだと思い込んでいたので、前橋の若い諸君も、私の診療や研究のやり方を参考にして、自分流儀で学んで欲しいと願った。私の先生の内村教授はこの調子だったし、それでも私は内村流の見方や考え方をいつの間にか自分のものにすることができたのだから、見習い（模倣）学習も悪いものではないと思っていた。もっとも今になってみると、これは学ぶ者の個性を配慮しない安易なやりかたで、先生を頼りにする生徒もいることだから、人を見て法を説くのが本当の教育者だったと、反省している。また看護婦や保健婦のような医療協力者には、それに相応しい教育的な配慮が必要だったのである。

「分裂病の再発予防五カ年計画、一九五七—一九六二」を教室としての行動目標にすることを医者や看護婦に計って実行に移した時、この「治療研究」は教授も皆と一緒になってやる「学習」となった。これは私も含めた全員にとって初めての経験で、文字通りの共同学習、共同研究であった。手始めが「入院病棟の開放看護」であったが、それが「外来診療の充実」から「在宅の生活指導」にまで発展するとは、当初、発案者の私でさえも見通してはいなかった。仕事の主体は医師と看護婦で、傍らにいた私の役割は、精神科治療の中での「生活療法」の位置付けとその理論的な意味を明らかにすることであった。この計画の進行状況については、第二部の研究私史に述べられている。

開放看護と口で言うのはやさしいけれども、それには担当医の適切な状況判断と医学的診断と治療方針が必要で、患者が入院を受け入れるための精神療法的な指導と、適薬を適量に適時に用いる薬物療法が求められた。そこで出来てきたのが「生活臨床」である。看護婦にとってはマニュアル化するほどに直接的で、応対の仕方、受け入れの姿勢、治療への誘導、家族との協力などが必要となる。患者が危機的な状態にある時に、どのように対応するかの特別の技術も学ばなければならなかった。少し遅れてアメリカの精神科医が「危機介入」と呼びだした対応の仕方を、それとは独立に自分たちで先取りしていたのである。昔の入院のように、患者を押えつけて注射で眠らせて連れてくるなどという荒っぽいやり方では、開放看護は絶対に成り立たない。閉鎖入院は患者の心を傷つけることが多く、その後の治療を難しくするから止めなければならない。この方針を、研修時期の精神科医に覚えさせることは大切だった。

精神病院の閉鎖看護時代には、患者が医者に訴える口癖は「何時、退院させてくれますか」だったが、開放看護では「退院したらどうしましょう」に変った。患者をなだめ、落ち着かせ、気を取り直して、治療を納得させ、生活方針を立てるためには、かなり高度の人間理解と技術がいる。助教授の江熊要一は天性の精神療法家で、彼の面接技術は後進の若者たちを魅了し、彼を中心とするグループの湯浅修一、加藤友之、田島昭たちが「生活臨床」の第一世代となった。これは日本の土壌に育った実学の精神科療法として、その後、長く群大精神科の伝統となったものである。それは、中沢正夫たちの第二世代による地域活動、伊勢田堯たちの第三世代による長期転帰調査など、起伏はあるものの次々に発展していったが、我が国の地方大学がこのように独自の業績を作り出せたことを、私は誇らしく思っている。それは群馬県の土地柄、県民性も加わって、前橋でなければできない仕事であったようである。

看護婦長として国立武蔵療養所から赴任してくれて、若い看護婦たちの先頭に立って開放看護を作り上げた大塚マスや、その後任の中西よしたちの努力の跡は、三十年後の今日にも残っている。彼女たちの当初からの年次発表は『精神科看護研究集録』（群大精神科編、一九八七）にまとめられている。昔の看護婦諸姉に会うと、懐かしい青春時代の苦労話に花がさくのは嬉しいことである。一方、保健婦を精神保健活動に巻き込んで、医者自身も彼女たちから学ぶことが多かったのは、江熊や中沢たち第二世代のグループによってなされた地域活動である。その経緯は、中沢正夫著『地図は現地ではない』（萌文社、一九九二）に述べられている。

看護婦との付き合いで、私が今も悔んでいることがある。それは、ある妄想病の老婦人Ｉさんが、病棟を抜け出して国鉄（ＪＲ）両毛線に飛び込み自殺をした時、ばらばらになった遺体を拾い集めて帰って来て、泣きながら報告する看護婦に対して、どうして私も現場に行かなかったことを謝らなかったたか。それに懲りたせいか、入院した晩に行方不明になった某君を、医者看護婦が総出で附近を探した時、私も小学生の息子を連れて自転車に乗って、利根川べりの林を二時間ほど廻ったことがある。後になって、息子は「もし死体が見付かったらどうするつもりだったんだ、子供に対する教育的配慮が欠けているよ」と文句を言った。何とも不思議なことには、行方不明の某君は今になっても見付かっていない。

息子について言えば、彼の学童期には、母親はリュウマチが悪化して入院を重ねることが多く、家事ができなくなっていた。彼の中学校の卒業式と高校の入学式には私が付いて行った。「おふくろの味」を知らないと彼が言うのは多少の誇張ではある。

人間は四十代が一番働ける時期だといわれる。自分を振り返ると、私は三十代後半になって、やっと己れの生きていく道を見つけたようである。随分おく手の人生である。四十代は真一文字にその道を歩いた。それには三つの道があった。神経化学と行動学の二つの方法を使って、分裂病と慢性覚醒剤中毒を調べること、それに患者の生活改善を目指す「生活療法」を治療の基本に据えることである。やりたいことやらなければならないことは山のようにあって、私の胸は膨らんでいた。この時、時代は高度成長期を迎え、日本の社会は変りつつあった。

(2) 精神科の薬物療法

分裂病に抗精神病薬が使われるようになった時に、精神医学は他の医学の分野と並んで医療の仲間に入れるようになったと言われる。それはある面では事実である。分裂病については第二部の研究史で別に述べられているので、それ以外の薬物療法についての挿話を述べることにしたい。

私が前橋に行って二年も経ってから、手術を受けた右胸が痛むので神経質になり、結核の再燃を心配して、内科教授の七条小次郎に診察をお願いした。彼は尊敬する先輩で、何かと相談にも乗っていただいた同僚であった。彼は私を診察した上で、レントゲン写真を撮って、「大丈夫だよ、薬をあげておく」と言って錠剤を呉れた。それを飲んでうちに帰ってから、〈七条先生に薬を貰ってきた〉と妻に見せたら、それを見た妻が「あらあら、これはバランスじゃないの」と言う。見ればなるほどその通りである。そこで早速、先生に電話して、〈精神科の教授に精神安定剤を処方するとはけしからんじゃないですか〉と言うと、彼はからからと笑って「効いたかい」と言う。それは彼の言う通りで、私の心身症はそれ以上薬を飲まないうちに、治ってしまった。彼はその次の教授会で、臺に精神安定剤を飲まして治してやったと笑い話にして、一同を喜ばした。群大の教授会は、このようにざっくばらんで、気が置けないところが取り柄であった。派手に口喧嘩もするので驚いたことがある。

七条教授は、故人であるし、その躁うつ病は周囲にはかなり有名でもあったから、プライバシーを侵害させていただくことにする。彼の治療は奥様と組んで私が受け持っていたので、私との治療試合は相打ちということになる。躁うつ病の治療は、躁状態の脱線を防ぎ、うつ状態の落ち込みを軽くし、さらに再発を予防するところにあるが、それはかなり高等な技術である。七条教授が軽躁状態にある時の発想は実に素晴らしいもので、そのまま長く続くなら、これ以上に望むことはない。それを薬で押えつけるのは、天に対する冒瀆としか思われない。

またある裁判官の述懐には、実感が籠っていて身につまされた。「うつ状態になると迷いが出て判決が下せない、躁状態になるとさっさと判決を決めてしまう。どちらが本当の自分なのかと困っていますよ」という嘆きである。だが被告の身になったら、どちらの状態にいる裁判官に巡り合うのが幸せなのだろうか。

代表的な抗うつ剤のイミプラミンが、我が国に導入されたのは昭和三十五年頃である。私は新薬が出ると自分で飲んで試してみることにしているが、ある日、病棟の回診がおっくうだったので、治験用のイミプラミン（トフラニル）二十五mg一錠を飲んで出かけた。すると気持が沈み身体も重くなって動くのが大儀になった。回診の途中で廊下の椅子に腰掛けて休んでいる教授を見て、医局員は不思議に思ったという。私は、これは抗うつ剤どころか抑うつ剤だ、と思ったくらいである。

しかしうつ病の患者にこの薬を飲んでもらうと、確かに有効である。同じ薬が人によって違った効果を現すなら、体質によるのか状態によるのか判らないが、重大なことだと言わなければならない。そこで医局長の小林直人と相談して、実験を試みた。

四年の学生の講義で、〈近頃、抗うつ剤とか気分賦活剤とか言われる薬が出てきた。その効目を諸君に飲んでもらって試してみたい。自分が何を飲んでいるか判らないように、同じ剤型にした赤い錠剤を毎週水曜日の昼に二錠飲んで、その効目を明くる日に小林先生に話して欲しい。小林先生の方も学生諸君が何を飲んだかは知らないようにしてある。これは二重盲験といって、臨床薬理学で行なわれる基本的な方法だ。その日にはコーヒーやアルコールを飲んではいけない。副作用はないはずだが、嫌になったら申し出てくれればいつでも止める。結果は全部終ってから諸君に知らせる。志願者はいないか〉。すると三十人くらいが手を上げたので、こちらでは彼らをひそかに五組に分けて、各組に一人ずつの服薬しない級友を秘密の行動観察者としてわりつけた。こうして三重盲験が始まった。途中で中止を申し出たのは三人だけであった。

この実験で判ったいろいろの結果のうち、抗うつ剤のイミプラミンについて述べると、ほとんどの者が気が重くなって動くのが大儀になった。眠気が強くなって、講義中に居眠りをする者が何人もあった。その晩はよく眠れ、明くる日の寝覚めは悪くなかった。この効果は、私の場合とそっくりである。ところが三人の例外があって、気分が爽やかになり、意欲の出た者もあった。共通するところは誰もが口が乾くと言う。

学生とは別に、患者について言えば、イミプラミンをうつ病患者の抑うつ状態に飲ませると、気分が軽くなり意欲も出てくることが多いが、正常者のように眠くはならないようである。うつ状態から治った患者がこの薬を飲むと、気分は軽くなるが、眠気が強く出るのが抑うつ状態の時と違う。うつ病者が薬を飲んでいて眠気が出てきたら、治ってきた目安とみてよいくらいである。そして総てを通じて、誰もが何時でも、口が乾くという自律神経症状の副作用を現す。

学生の実験がすんだ後で、皆を集めて茶話会をやり、種明かしをして体験を聞いた。イミプラミンで抑うつ反応が出なかった者はその内にうつ病になるぞと、脅かす者がいて、大笑いだった。もっともその後、彼らの中から抑うつ病になった者が出たとは聞いていない。

この実験は小林直人「イミプラミンに対する反応の異同について」（精神経誌 64：614-623, 1962.）に載せられている。後になってからも、小林はあの実験は面白かったと述懐する。抗うつ薬に限らず、向精神薬は一般に、用いる人の個性によりまた状態や状況によって、その効果にかなりの差違が現れるものである。薬物治療に当って見立てと匙加減が大切なことは、治療者の心得るべきことであろう。

人間についてこのようなことがあるならば、動物実験でもそれを調べられないだろうか、という疑問は当然に起こってくる。私は高野清一と共同して、いくつかの実験をやった。代表的な抗精神病薬のクロールプロマジンを正常マウスに注射すると、一mg／kg体重の少量でも確実に車廻し運動が減退する。ところが覚醒剤を慢性に注射した後で、持続的な運動減退が起こっているような状態に、五mg／kg体重のクロールプロマジンを注射した場合には、逆に減動が回復して、一日の車廻し量が増えることが見出された。慢性覚醒剤中毒動物は、私たちが分裂病モデルとしているもので、それに対するクロールプロマジンの効果が正常マウスと反対に現れることは、分裂病者に対する薬用量――この際には適当量なら運動抑制を起こさない――を正常人に用いた時に、強い運動抑制を呈することとそっくりであった。

覚醒剤のような薬を使うモデル実験は不自然な条件だと言われるかもしれない。そこでもっと自然な実験として、二匹のマウスを一つの籠で共同生活させ、車は一つにしたら、二匹の間に優劣の差が生じて、劣者が車を廻させて貰えなくなる状況あるいは廻さなくなる状況を作ることができた。マウスにとっては、車廻しは報酬（正の強化因子）の意味を持つらしいのである。共同生活条件で、二匹ともにクロールプロマジンの二mg／kg体重を与えると、競争による優劣がなくなって、平和共存で普通に車廻しをする。前に述べたように、この薬は、単独生活に与えると、一mg／kgで運動抑制を起こすのである。薬の量を六mg／kgに増やすと、競争も車廻しも抑制されてしまう。これらの実験は、臺　弘「向精神薬剤の効果を変化させる諸条件――個性的反応と状況的反応――」（生体の科学 14：28-35, 1963.）に掲載されている。当時はアメリカとソ連邦の冷戦の時代だったので、両陣営のボスが少しずつの薬を飲んで平和共存したら良いのにと冗談を言ったことがあった。

(3) 行動医学研究施設

ある友人が私を評して、「臺は医学部の教授には相応しくない、理学部の方が適している」と言ったことがある。これは喜んでよいのか悲しむべきことなのか、自分には判らない。ある元患者が「先生は治療者じゃないね」と言ったことがある。〈それじゃ、何だね〉と聞いたら「好奇心の塊りだ」と答えるので、〈よく見てるもんだね〉と笑った。だが患者に生きる道の模索を勧めて、その道程を見守りながら支えているつもりの私を、好奇心だけと思われては少しばかり情けない。だが作業療法や生活療法に凝って、その奏効過程のメカニズムを探ったり、動物に精神病モデルを作る実験を企てたり、マウスに薬を与えてその効目を調べないと気がすまないのは、確かに少し変った精神科医であるようである。治療も実験の一つだなどと言うと、冷たい理論家と思われるかもしれない。だが、この医者は、患者への愛情とか幸福などを振り回す人に会うとこちらが恥かしくなって、そういうようなことは患者自身に任すべきことで、医者がそこにまで口を出すのは僭越ではありませんかと言いたくなる。我々の治療はまだ本当に不充分で、それは精神病院には沢山の入院患者が溢れていることをみれば明らかである。治療の届かない先を開拓するためには研究がなくてならない。大学病院こそはそれをする所ではないか。臨床医には研究は要らない、あるいは害になるという人がいるが、その人は治療の無力さを知らないのではなかろうか。

精神科医としては、私には基礎医学者、特に脳研究の生理学、生化学、組織学の研究者に友達が多かった。昭和三十年代に、脳研究連絡協議会、俗に脳研連と呼ばれたグループには、我が国の脳研究を盛んにしようとする熱心な人たちが集っていた。神経生理の時実利彦を先頭に、神経化学の塚田裕三、神経病理の白木博次などが主なメンバーで、各地の大学を廻って、その土地の研究者と一緒に脳研究の公開講演会を開き、それを端緒に脳研究所または施設を作ろうとしていた。皆はそれを「脳研連一座の巡業」と呼んでいたが、私もそれに引き込まれてあちこちの講演会に参加したことがあった。

前橋にも脳研を作ろうという意見は、生理学の高木貞敬教授や平尾武久助教授、外科で脳外科をめざしている川淵純一助教授などと私との間に、よく話し合われていた。前橋に作るとすれば特色のあるものにしたいし、それには臺や平尾がのめりこんでいる行動学を看板にしたらどうだろうと考えられた。時実に相談すると、それが良いと賛成してくれた。生理畑、薬理畑、神経内科、精神衛生、それに直接に脳に手を付ける脳外科も加えたら立派な研究所になれるだろう、部門別の枠を取り払って、人間も動物も行動の立場から研究できるとなったら、治療にも益するに違いないと希望が膨れ上がってきた。

平尾や川淵は精神科の私の所によくやってきて、夜おそくまで喋り込んでいた。するとピーポーと救急車のサイレンが病院に入ってくる。「そら来た」と言って川淵が立ち上がる。〈連絡が来るまで待てよ〉と私が言っても、「いや、行ってくる」と川淵は出かける。その姿を見て、外科医はこうでありたいものだと、いつも感心していた。当時、車社会が前橋に及んで来て、東京から北行する国道十七号には交通事故が多発するようになった。頭部外傷の患者は、この地域で脳外科のできる唯一の病院であった群大病院に運ばれて来た。川淵はこれらの患者を一手に引き受けて手術していたのである。

本来なら脳外科は独立講座である方が望ましいが、文部省は講座の増設を容易に認めないから、研究施設の臨床部門としてでも脳外科を作ったらどうか。それは世の為、人の為になるという気持が私たちを勢いづけた。しかし私たち若僧には、文部省とのかけあい方が判らない。そこで群大の長老教授である外科の石原恵三の所に行って相談した。彼はストレス胃潰瘍の研究者でもあったから、すぐ計画に賛同してくれて、いろいろの知恵を授けてくれた。

まず長谷川秀治学長に話せというから、平尾と一緒に学長室に行った。平尾が写真や図を沢山作ってくれたので、それを広げて三時間ほど力説した。細菌学者の学長は興味を持ってすぐに賛同してくれた。文部省の審議官の岡野澄は脳研究に理解の深い温厚な人であったから、よく話を聞いてくれた。その内、石原教授が、大蔵大臣の福田赳夫が選挙民の後援会で、碓氷峠の下の横川の町に来るから、その時陳情に行けと言うのには驚いた。福田の選挙区は群馬なのである。国家予算のからむ話には、大蔵省をうんと言わさなければならないことは知っていたが、陳情はやったことがない。独りでは困るなと思ったら、私も付いて行ってあげるというのでお供をして出かけた。

横川に着いてみると、会が終わってから前橋まで行くから、その間に車の中で話を聞こうという。政治家という商売は全く忙しいものである。自動車の後部座席に福田と私が座り、石原は助手席に座って、一時間あまり行動研の必要性と計画を話した。私が説明に手間取ると、石原が後を向いてうまく助けて呉れた。福田がどれだけ判ってくれたか見当もつかないが、根回しというのはこういうものかと面白かった。

一方で、朝日新聞の科学部の小松錬平記者とも知り合いになった。彼は東大農学部を出てからマスコミの世界に入った男で、『ルポ・鯨の海』（朝日新聞社、一九七三）の著者である。彼は前橋にきて我々の話を聞き、興味を持ってくれて、マウスの動静を測る回廊装置や分裂病モデルのマウスなどを見てから、学生の座席の取り方のデータ、写真などを持って帰った。平尾と小松が打ち合せて企んだことらしいのだが、文部省で群大の行動研の審査会議のあった日の朝刊の科学欄に、ちょうど都合良く「座席の取り方」が写真入りで大きく取り上げられた。審査の会議室にこの新聞が早速持ち込まれて、説明がやりやすかったそうである。

このように各方面の方々の援助と理解のお陰で、群大の行動医学研究施設が誕生した。それは昭和四十年（一九六五）のことである。行動医学を標榜した研究施設は、我が国ではこれが初めてである。以後、行動生理部門に平尾武久、脳神経外科部門に川淵純一、行動薬理部門に田所作太郎が教授に就任して研究活動が続けられた。私は昭和四十一年に前橋を離れたので、外野席からこの研究所の発展を願うことになった。

私は精神医学の仲間の中に行動学の理解を深めたいと願っていた。「精神医学における実験の意義」（精神経誌 64：944-950, 1962.）とか「精神医学における行動科学的接近」（精神経誌 69：893-900, 1964.）などの講演論文、「精神医学の立場からみた霊長類の行動異常の研究」（精神医学 13：660-672, 1971.）などの紹介論文はこうして書かれたものであった。

私の意見では、精神科医の中にある精神主義と生物主義の分裂は、治療者としての立場に立てば統一されなければならないし、それには行為―行動―動作を連ねる行動学の考え方を欠くことができないと思われていた。

XI. 東京大学と学園紛争

(1) 東大への転任

昭和四十一年(一九六五)春に予定されていた東大病院精神科の秋元波留夫教授の定年退職に伴って後任教授の選考が始まり、前年の暮れ頃に、私にも応募するようにお勧めがあって、資料として履歴や業績を出してほしいという依頼が医学部事務室から届いた。私は転任の意志がありませんとお断りして、この話は済んだことだと思っていた。群大の教室の連中に聞かれた時にも、〈東京には行かないよ〉と答えていた。ところが東大の選考委員会では、自前で私についての資料を整えて、教授会に提出して、そこで私を後任に選んだらしい。

東大の吉川春寿医学部長から「君に決まったから出ておいで」という電話があったのは二月頃だったろうか。吉川部長は生化学教室の先輩で以前からの知り合いであった。「転任の気持はありません」と答えたら、時実、白木などという脳研連の仲間から「出て来い」というお勧めの電話が来た。東大の先輩や同僚に配慮をいただいたのは有難いから、お礼の挨拶をしなければならないと考えて、当時東京逓信病院に入院中の妻を見舞うついでに、東大脳研に立ち寄ったら、薬理の熊谷洋、生理の時実利彦などの先輩諸教授がいらして、ぜひ転任して来いと勧められた。さてどうしたものかと妻に相談したら、「あなたの好きなようにしなさい」と例の通りの返事である。前橋に帰って内科の七条小次郎教授に相談したら、「そりゃ東京に行けよ」とおっしゃる。前年の春から、私は群大の病院長をやっているから困ると渋ったら、そんなことは何でもないよと問題にしない。

ところで東大病院の精神科は、南病棟、俗称「赤レンガ」の半地下階を占めている。二十九年前に、私が新米の医者として二年間を過したその儘の姿で、四十床の閉鎖病棟、外来、研究室などからなっていて、薄暗く狭く、およそ治療的な雰囲気からかけ離れた時代遅れの代物であった。全国の大学病院の精神科と比べても、建物や装備は最低の水準にある。精神科では、建物は治療の道具だと言われているくらいに大切なものである。さらにそこには正規の大学職員（教室員）の他に、関連病院からの多くの非常勤講師や何十人という人たちが研究生や見学生などの名目で医局員として加わっていて、全部としては百名に近い大所帯であった。教室員と医局員の二重構造は当時どの大学病院精神科にも見られた現象であったが、東大ではとりわけ顕著であったようである。秋元教授の時代は、教授の人柄や見識に学生が惹かれると共に、神経科学や精神衛生への関心の高まりと世の中の精神病院ブームによって精神科医の需要が急に増えた時期でもあり、毎年多くの東大卒業生が精神科を希望し、ある年には卒業生の五分の一が精神科医局に入局したこともあったほどであった。ここには多士済々の活気が溢れて賑やかな医局生活があった反面に、人口過密は卒業後の専門医としての研修や研究にいろいろの困難や摩擦をもたらしたようである。脳波や神経生理の研究では高い水準の研究が続々と出され、生体リズムやてんかん研究では我が国をリードするようなグループが作られていたが、東大精神科教室の弱点は治療の体制とその質にあるように思われた。我が国の社会の高度成長の昭和三十年代は、精神科医の小さな社会にも膨張、拡大と共に矛盾が作り出された時代であったのである。

私はこのような事態を詳しく認識していたわけではないけれども、東大精神科の現状に対しては何等かの対策が必要なことは、外から見ていても推察できることであった。何人かの先輩や友人からも憂慮の言葉を聞かされた。

あれこれの話を聞く内に、私には、招聘がなされた機会に、大学に注文を付けてはどうだろうかという考えが浮んだ。それは、精神科が大きくなった現状では、「赤レンガ」はあまりに貧しくて職員の数も少なく、臨床も研究も教育にも差し支えているから、改善が必要であるという要望である。

まず「赤レンガ」病棟以外に精神科の開放病棟を持ちたい、そのためには病床の数を九十床に増加して欲しい、そうすれば助手の数も内科なみに増やすことができるだろう。

東大の精神科は我が国で最も古い歴史のある教室であるが、精神科に対する偏見も昔風に強くて、初代の榊　俶教授、呉秀三教授の時代には、病室は本郷キャンパスの中に設けられず府立巣鴨病院の中に置かれていた。三宅鉱一教授、内村祐之教授の時代になっても、教授と都立松沢病院長の併任が口実とされて、本郷の大学病院内での精神科の整備は進まなかったと聞かされていた。内村名誉教授のお宅に行って、〈大学に注文をつけるのはどうでしょう〉と聞いたら、先生は「それは是非やりなさい、ドイツの大学では、新任教授が転任に当って注文をつけるのは当たり前のことだよ」と勧められた。そこで医学部長に、この注文を持ち出した。

吉川医学部長からの返事によると、要望の主旨は判ったからそれに沿いたいと考えるが、病床の増加は病院と医学部で決定して文部省の許可を得てからでないと約束はできないから、まず病院長と話し合ってくれという。そこで、病院長の木本誠二教授（外科）に会うと、要望は了解したからその方針で進むから、まずは転任して来て教授会や病院の主任会議の支持を取り付けることにして欲しいと言われた。いかにも日本流だとは言っても、それも無理のない話なので、ドイツ流の条件交渉は取り下げて、東大に移ることを承諾した。後で聞いたところによると、東大の教授会の中には、就任に条件を付けられては悪い例を残すという意見があったそうである。私はむしろ良い例になると思ったくらいだが、悪い例と見る方が日本的なのかもしれない。ただ群馬大学の教室員には、移らないという前言を翻した結果になって申し訳ないことになった。私という男は、子供の頃から横丁があると曲りたくなる癖があって、それがまた出て来たようだ。真っ直ぐに行くと思っていると急に曲るので、後からついてくる人は迷惑をこうむる。

後で述べるように、精神科病棟の増床案は、本当に残念なことには、大学紛争に巻き込まれて実現できなかった。いや巻き込まれるどころか、精神科は紛争の火種の一つとなったために、精神科は病院から出て行ってくれと言う人もいたくらいだから、増床を持ち出すことは不可能になってしまった。ただ紛争が本格化する前に、上野公園に近い池ノ端門のそばにあった旧結核病棟の東病棟をそっくり精神科に譲るということが病院の会議で決定されたり――私はそこでなら待望の開放看護ができると喜んだのだが――それが結核病床の移転予定の北病棟の一フロアの空調を他の階から分離することが必要になったために取り止めになった結果、そのフロアが精神科に廻ってきたなどの経緯がある。これは増床案の方針がなお生き延びていたことを示す。そして紛争の間に「赤レンガ」病棟が造反組によって占拠されても、教室の活動は外来棟と北病棟で続けることができたのだから、増床案も多少は役に立ったことにはなる。精神科小児部は、初めに「赤レンガ」病棟に置かれる予定で、病棟の一画を小児用に改造したほどであったが、遂に一度も使われずにこれまた北病棟に落ち着くはめになった。ここにはさらに遅れて、デイ・ホスピタルも開設されて今日に至っている。幻の増床案が今後の新しい病院増築計画の中でどのように生かされるか、私の期待しているところである。

(2) 教授と研修医と専門医

近頃ことに大学紛争の後では、東大医学部の教授の格は大分下がったようだが、三十年前にはまだ「白い巨塔」の巨頭めいた教授もいた。その為か私のようなおよそ巨頭らしくない教授までも権威者扱い（実質でなく看板として）されることがあってひどく迷惑した。私は、元来、いや特に戦争後は、もろもろの権威とは関係なく過してきた者だから、権威者の役割を期待されては困るのである。初めての東大教授会の時、仕事着の白衣を着たままで出かけたら、全部がきちんと背広を着ていてお行儀が良いのには閉口した。同じ教授会でも、群大では、私のいた頃には、きちんとしている方が少なかったのだから、気楽であった。

東大医学部では、教授と助教授が一緒になって教授総会というものを作っていて、これが議決機関である。医学科と保健学科と研究施設の全員と医科研の連絡教授も合わせて百人を超す大所帯となり、これでは敏速に機能しにくいのも無理はない。結局、医学部長、病院長を含む執行部が事を進めることになる。しかし助教授が教授総会の中に入っていたことは、紛争が起こってから救いの一つになった。教授総会の中にはいくつもの委員会ができて問題の処理に当っていて、私の転任の昭和四十一年（一九六六）頃には、「東大医学部将来計画委員会」（在り方委員会）というのが年余にわたって活発な論議を重ねて報告を出していた。その委員長は白木博次であった。このような委員会ができたのは、現状が改革を必要とする状況にあることを教授総会側も認識していたためである。当時の緊急課題はインターン問題であり、学生がストを組んでは廃止を主張し始めていた。私が新米なのに「インターン委員会」のメンバーにされたのは、群大で病院長の経験があったことを買いかぶられたためかもしれない。温厚な切替一郎教授（耳鼻科、当時の学部長）がわざわざ私の部屋に来て頼まれたのだから、恐縮して引き受けざるをえない。

さて東大精神科教授という仕事がこれほど忙しいとは、実際に始めてみて思い知らされた。医学部多難の時にぶつかって会議が多かったばかりでなく、教室自体の所帯が群大より一桁大きいことの他に、文部省や厚生省の委員会に呼び出され、精神神経学会の事務や会合、学術雑誌の編集、関係病院その他との付き合い、外国からの訪問者を含めて、とにかくやたらに来客が多い。東京集中の弊害はこんなところにも現れている。これでは教授は外国並みに三人を必要とすると思われた。そしていまさらながら前任の秋元教授の八面六臂の活躍には脱帽した。こうして、一番肝心の入院や外来の患者の治療や専門の勉強に打ち込む時間が少なくなり、学生への講義のために自分で納得できるほどの準備をすることができず、教室員との接触も不十分になる。〈こんなに忙しくて、しかも給料が増えないんだから、全くわりに合わない商売だよ〉とぼやいたら、「商売」とは責任ある役目に対する自覚が足りないと顰蹙した人がいた。

私事にわたると、当時、妻は入院、娘と息子は大学で札幌にいたので、公務員アパートでの独身生活には気楽な面もあった。時には大学に泊ることもできたが、気分の転換が得られなくて精神衛生上には良くなかった。

診療面の充実をはかるために、松沢病院から、岡田靖雄と浜田晋という腕利きの中堅に転勤してもらい、一方、アメリカ帰りの中久喜雅文に病棟に新風を吹き込むことを期待した。岡田による外来診療面の現状分析の報告（地域精神医学 4：32, 1969.）は、その後の外来改革の出発点となった。しかし足場がしっかり固まらない内に、紛争が我々を巻き込んだ。先の話になるが、紛争の最中に頼みにしていたこの三人が造反組の方に行ってしまって、医局解体、教授追放という、「まず打ち壊し」の風潮に組みするようになったのには参った。これは私のやり方が下手で不徳の致す所であって、彼らにも気の毒なことになった。しかし三人が途中で造反組から離れて、東京の下町とコロラドの田舎で診療所を始め、地域精神保健のために尽すようになったのは心強いことである。私の好きな言葉に「人間は至る所に青山がある」。

私は大学精神科には副手、助手として二年あまりいただけで、本当の「私の大学」は松沢病院である。それは前にも述べた。大学の医局に長くくっついていて、助手、医長、講師、助教授などの階段を登ったのではなく、いきなり教授となったので、一部の教室員が「大学とその中の階段」にかける思い入れに対しては、とかく無頓着であった。医局講座制の諸悪などと言われても、自分がそれに縛られずに過してきたので、どうも実感が湧かない。まして私が権力構造の頂点にいるとされては、誰か別の人の話のように聞こえた。大学人などと呼ばれる人の中には、大学にしか住んだことがないために、そこが唯一の世界になっている人を見かけることがある。その中で生れる出世主義は矮小な思想の産物である。時には、出世コースから外れた怨念に駆られて、それを自分では気付かずに、正義の為に医局講座制打倒を戦っている人がいた。探訪にきた週刊誌の記者に、「慢性東大病」患者には困ると言ったら、意味が通じなくて傲慢だと叩かれた。だが大東亜戦争の例で判るように、「天に代りて不義を討つ」となったら、まずはまやかしと見て間違いではないだろう。

研究をしたいから大学にいるという人は多い。だが学位をとりたい人と研究の下請をやらせたい教授の協力が研究となるような状況は淋しい話である。学位は大学でなくてはとれないが、研究が大学でしかできないというのは、間違っている。とりわけ臨床の研究は文字通り患者のそばでやることだから、それができる所を求めて出歩く必要がある。と言っても、大学が研究に向いていることも間違いはないし、そのためにこそ大学は存在する。臨床教室が研究に偏りすぎると診療がおろそかになり、患者を研究材料としてしか見ないという弊害が生ずる。この非難は世間の受けも悪くないので、臨床教室では基礎的な研究はやってはならないなどと言い出す教授がいた。しかし基礎と臨床の区別は客観的に決められるものではなく、研究者の姿勢にもよる。分裂病の治療に見られるように、現在の治療が不充分な時こそ研究の必要があるのだから、その病理研究が将来の治療をめざす限り、被験者となる患者の利益に直接に結びつかないように見えても、長い目でみれば間接に寄与するものとなる。極端な例を上げれば、死後の剖験は死者の利益にはならない。目先にとらわれず将来を見通した研究をするのは大学の使命であろう。

話が医科大学論になってしまったので、昭和四十年代の初めに戻ろう。すでに触れたように、ここではインターン制度をめぐって騒然とした状況があった。医師として働くためには、医学校卒業後に研修の必要なことは当然であるが、一年間、無給で、無資格で、しっかりした研修プログラムもなしに医師国家試験までを過させるという現状は、医学生にとってばかりでなく、社会にとっても大きな不幸である。戦後の耐乏の時期に始まったインターン制度は、当初は学ぶ方も教える方も熱心だったので、負担をものともせずに、かなりの成果をあげることができた。私はその当時の松沢病院での経験から、卒後の教育・研修は大学体制とは離れた所でも充分に成り立つものであることを知っていた。

それが二十年経って、インターンと指導医の双方の熱気と意欲が失われた現状では、欠点ばかりが目に付くようになった。この制度の改善あるいは廃止を求めて、医学生たちが騒ぎ出したのは当然のことである。自分の経験に照してみても、責任を持って患者の診療に当ることがどれだけ若い医者の勉強になるかは計り知れない。私は、インターン制度は、有給、有資格の研修に切り替えるべきで、それができないなら廃止するしかないと思っていた。教授会の中でも、廃止論と存続論の二つに意見が分れていたが、それは理念上では存続、実際面では廃止というように、それぞれが違う根拠に基づいていたから折り合いが付かなかった。

インターン委員会で、院長の上田英雄教授(内科)と一緒に、何度か学生側の委員たちと話し合った。学生側の卒業後の臨床研修を東大病院の中で保証しろという要求に対して、「君たちは依頼心が強すぎるよ、人生に保証などあるものか」と言ったら、学生たちはわっと怒って無責任だと私に食ってかかった。インターン生の有給、有資格化は大学病院レベルでできることでなく、インターン委員会でいくら話し合っても埒があくはずはない。それは文部省、厚生省のレベルで企画するべきことである。〈このまま放置しては大変なことになりそうだから、大学の総長に動いてもらえませんか〉と上田院長に話したら、では行ってみようとなって、二人で安田講堂の中の総長室に大河内一男を訪ねたことがあった。昭和四十一年の暮の頃であった。

静かな広い総長室で、上田院長と私は、大河内総長にインターン問題の重要性と緊急なことを話して、病院レベルでは処理しきれないから、総長が文部省に掛合ってくれないかと頼んだ。総長は「まず総長会に持ち出してみる、京大の平沢総長は医学部の出身だから意見を聞いてみる」と言う。そんな呑気なことを言ってる場合ではないのにと思ったが、総長には緊急性が判らないのでは仕方がない。空しく引揚げる他はなかった。私が次に安田講堂に入ったのは二年も後のことであって、占拠、篭城と陥落、開放の後の破壊と荒廃の惨状を見ることになった。文部省が臨時非常勤医制を大学病院に導入して、日給契約で研修医の有給化を計ったのは、荒廃と混乱が全国の大学病院を舐めつくした後の話である。この処置がもっと早期に適時に行なわれていたなら、損害をどれだけ少なくすることができたか、残念でならない。

インターン制度と並んで卒後の専門教育は医学の各領域の重要な関心事であった。専門医や認定医の制度を既に決めた学会も現れてきた。精神医学・医療の分野では、専門教育は二つの理由で特に重要であると、私には思われた。一つは、患者の行動の自由の制限が、医療上に必要である場合には法律的にまた社会的にも許されていることである。医者の判断一つで患者を鍵と格子の閉鎖病棟（病室）に入れることができるのだから、裁判官以上に責任が重い。医者には余程しっかりした学識と経験を持ってもらわなければならない。ところが医者に診療科標榜の自由のある現在では、精神科医療に無経験の医者でも精神病院を作り、あるいはそこで働き、入院を決めることができる。これでは、あちこちに弊害が生じたのも当然のことである。二つには、精神科の治療法には、精神療法と生活療法という医者以外の治療者でも行なうことのできる広い領域がある。医者にしかできないのは処方箋を書くことだけだと思われるほどである。精神科医が関連の職種の人たち（コメディカルと呼ばれる）と協力して治療を進めていくためには、処方箋以上に自分の専門性についてのはっきりとした自覚と能力をもつことが必要である。そうしてこそ精神科医は自分の独自性とリーダーシップを確立することができると思われる。

専門の研修・訓練を実現するために必須の条件は、教育病院の充実である。当時、それは各地の大学病院が主体となっていたために、そこに無給医が集り、一方市中病院には医者不足となって、大学から派遣のパート勤務医で補いをつける事態が生れていた。ここには人事を通じて大学による関連病院支配あるいは相互依存の関係が成立していた。さらにそこに研究や金の問題がからむと益々ややこしい事態が生ずる。このような状況は研修医自身にとって望ましくないばかりでなく、何よりも担当医からフル・タイムの治療を受けられない患者にとって迷惑な話であった。教室講座制批判は、このような社会的背景から生れる弊害を突くことに集中され、後に解体論にまで発展することになるが、その論議には――情けないことには――患者の迷惑が論じられることが少なかった。

東大病院精神科の場合には、所帯が大きいので、群大よりも卒後教育のスケジュールは充実していたが、矛盾もまた沢山あったようである。私にできることとしては、増床計画もその一つだったが、精神神経学会の場で専門医・認定医をつくる方針を定めて、教育病院を充実させることが問題の打開の柱になるように思われた。それは個人の熱意やモラルで、また一つの大学で解決できる問題ではなく、全国にまたがる社会的なシステムとして定着させることが必要と思われた。私が期待していたのは、大学病院精神科はもちろんのことながら、「私の大学」であった松沢病院のような官・公立病院や各地の代表的な精神病院が、積極的に若い医者の教育に乗り出すことであった。学会に「専門医問題委員会」ができて検討を始めていたのは、その重要性が漸く会員の間に浸透しはじめていたからである。

一方、一部の若い精神科医の間には、専門医問題を別の観点から危険視して反対運動を広げようとしていた人たちがいた。それは大学講座制に拠っている教授たちが自分たちの権威を擁護し固定化するための策略と見做すのである。関東と関西の若手グループが呼応して同志を糾合していたことを、私は後になって知った。もし知っておれば、私は彼らとの対談を積極的に行なったであろうのに、残念なことであった。

大学の外の社会でも、精神科医療に緊急な問題がもち上がっていた。昭和四十一年の秋に、警察庁は自動車運転免許の際に精神に異常がないという診断書を必要とする条件を立案した。交通災害の頻発に対する対策として、道路交通法の欠格条項の一つを補強する案を出すことは、素人目には一応合理的なように見えた。しかしこれが精神障害者を危険視する偏見の上に立つ発想で、金のかからない対策として表面をとりつくろうために、問題の責任を少数者に転嫁する欺瞞的な案であることは、我々には明らかであった。精神神経学会は早速「交通問題対策小委員会」（江副委員会）を作って討議した上で、警察庁に反対の申し入れをして阻止しようとした。しかし警察庁は反対を無視して、昭和四十二年一月早々に診断書の添付を義務づけた。その失敗の結果は間もなく明らかになった。当然の事ながら交通災害の減少に役立たなかっただけでなく、分裂病患者やてんかん患者が医師を敬遠して薬を飲まなくなったために、発作の再発や症状の再燃を来したり、運転免許試験場のそばに診断書用の怪しげなクリニックが代書屋や写真屋と並んで出現したのである。ここにも専門医・認定医の必要が現れている。そして十一カ月後の年末に、この規定は取り下げになった。

私は昭和四十二年四月（一九六七）の精神神経学会の総会で、理事長に選ばれた。東大教授がその役目をひきうける慣習の最後の理事長となったわけである。

私はその年の六月に時実利彦教授に誘われて、学会出席のために初めてヨーロッパを訪れ、会の後、独りで英仏独各地の大学や精神病院を見学することができた。一番印象深かったのは、話や文献で承知していたイギリスの開放看護の状況で、その後の訪英の機会を含めて訪れた五つの病院の総てに、鍵を開けて病室を案内されることがほとんどなかったことである。これを我が国で実現するためには何をするべきか、それは私にはよく判っているつもりだった。しかし、判っていることが実現できないのが我が国の社会的な通弊である。

またイギリスの精神医学会（当時は Royal Medicopsychological Association と名乗っていた）が、それまで専門医・認定医制度がなかったので、統一した研修制度をつくり、学会が志願者に試験をして資格を与え、精神科医のレベルを高めようとしていたことを知った。会長のアピールで、これは患者、国民のためであると強調していたことは注目に値する。それと同時に、学会の名称をThe Royal College of Psychiatristsと改称しようという。ロンドンで世話になったリーLeigh D（世界精神医学協会、ＷＰＡの事務局長）の言うところによれば、改称は会の格上げを意味していて、そのためにも会員の資格を高めなければならないとのことである。〈なんで格上げが必要なんですか〉と聞いたら、「Royal Collegeになると国会The House of Commonsに対する発言力が違う」のだそうで、精神保健の向上には国民の支持が必要だからだと言う。〈専門医試験に反対はないのか〉と聞けば、「若い精神科医のグループが反対していて、学会が分裂する可能性も心配されているが、そんなことにならないように期待している」とのことであった。

ロンドンで一番古い精神病院に、ベスレム・ロイヤルというのがある。ここの院長室の壁には、ヘンリー八世の大きな肖像画が懸っていた。チューダー王家には精神医学的に問題がある人物が何人もいたらしいが、この国では、王室が精神病院に援助した歴史は古いのである。現在でも、病院の水泳プールは女王の寄付によって作られたと聞かされた。ある学会集会のパーティで、若い人に〈イギリス人がいろいろな名前にロイヤルを付けたがるのはどういうわけですか〉と聞いたら、「スノッブ・俗物根性ですよ」と笑っていたが、王室は実質的な寄付もしてくれるらしい。集会に出てきて演説する若い会員の中には、服装や髪型がラフで反体制風の雰囲気をもっている人もいたが、一旦会場に入ると伝統的な学会のマナーを守っているのは面白かった。なるほど英国はビートルズがナイトになる社会なのである。

話を三年後に飛ばすと、イギリス精神医学会はいろいろな苦労の末にロイヤル・カレッジになって、その発会式がシティ・ホールで開かれた。丁度その時、ロンドンに立ち寄る機会があったら、リーが発会式に参加してくれと言うので、彼の黒の礼服を借着して、マグナ・カルタが作られたという古いホールでの宴会にでかけた。スコットランドの会員たちがチェックのスカートをはいて大きな財布を前にぶら下げて出てきたのには、伝統が今も生きていることに驚いた。会長が講演の中で日本からもお祝に来てくれたと言ったのには恐縮した。イギリス学会のその後の発展はめざましい。

それにくらべて、日本精神神経学会のその後の歩みは何と困難なものとなったろうか。

(3) 大学紛争と学会の混乱

一九六四年にバークレー校（カリフォルニア大学）で始まった大学紛争はアメリカ各地の大学に広がった。一九六六年には中国で文化大革命が始まり、一九六八年五月にはパリ大学の紛争が起こって、学生によるラテン区の占拠が報じられた。我が国での大学紛争がいつから始まったとするかは見方によって違うけれども、後に述べる出来事から、昭和四十三年（一九六八）二月とされるだろう。これらの紛争の背景は社会体制や国や場所によって違い、ベトナム戦争や毛沢東の挑発のような政治的なものから、教育制度の改革や学内の施設の移転などの個別的、偶発的なものまで、その性格も大小さまざまで全く共通性がない。しかし、若い学生たちが主体となって当時の「父親たち」、既存の諸権威に反抗の声を上げたことと、集団によるデモと暴力的な施設の占拠、封鎖、破壊などの表現の仕方は万国共通で、反抗文化現象である。それらが理念による計画的な行動に乏しく、感情爆発の性格を強く持っていたことも特徴で、そのため一時的、一過性で、ある時間の後に消滅していく経過をとる。とはいっても、その余勢はさまざまの形で推移する。後になって、あの騒ぎは一体何だったのだろう、どんな意味があったのか、何を残したか、という声を聞くことがある。社会学者や評論家がさまざまのことを言ったり書いたりしたけれども、同時代に世界を吹き荒れた「あの風」の意味を充分に説明してくれた論説に接したことはない。私にもよく判らない。

私は大学紛争の間に「渦中の人」となる廻り合わせになった。しかしそれは私にとっては、戦争体験とは違って、遂に心の核心に触れる経験とはならなかった。それはなんとなく現実味に欠けた物語めいていて、誤解を受けるおそれを承知であえて言えば、「戦争ごっこ」か「架空劇」に付き合わされたような気がする。真剣にこの紛争に参加した若い諸君には申し訳ないが、この紛争には「お遊び」「不真面目」の要素が強すぎた。この感想は、世代のずれによるだけではあるまい。東大紛争の体制側の当事者たちは、痛みを含んだ当時の思い出をあまり話したがらない。私の知っている限りでは、疫学の教授だった山本俊一が、『日本医事新報』誌に、「東大医学部紛争」と題して、昭和六十二〜六十三年に二十五回にわたって連載しているのが、もっとも詳しい。それは批評や感想を抑えて、事実経過を日録風に淡々と述べているので貴重である。ただしこの報告が、ストの終結、授業の再開で終った後に、一九六九年九月以後、私たちにとってはさらに深刻な精神科の陰湿な事態が長く続くのである。これについては後に述べる。また、東大紛争の当事者、いや立役者かもしれない機動隊の隊長佐々淳行が書いた本『東大落城』（文芸春秋、一九九三）は、当時を生々しく思い起こさせてくれた。

紛争前の話になるが、一九六七年の春頃だったか、森山公夫の結婚式の後のパーティに招かれた。当時、彼は神経研究所・晴和病院の医者で、東大精神科のOBとして、新左翼か革新派の色を持った才気煥発の若者であった。パーティは山王にあった東京ヒルトン・ホテル（?）で開かれたので、彼とその友人が集る所としては少し場違いの感じもあったが、六十年安保闘争以来の共通の仲間らしく、ささやかながら賑やかな集りであった。その内に誰かがピアノを弾きだして合唱を始めた。すると「憎しみの坩堝に」がドイツ語で歌われだしたのには、私は身体が熱くなるほどに驚いた。何と言うことだろう、この歌は一世代前の若者たちが苦しみを込めて命までをかけてひそやかに唄った歌である、こんなアメリカかぶれの派手な場所で楽しみに唄われては、死んでいった人たちは浮かばれない。私はその席にいたたまれずに飛び出して、逃げて帰った。森山は、その後に、東大精神科の「赤レンガ」病棟の占拠の主役となり、さらに東大講師に変った後、今は私立精神病院の院長に収まっている人である。

場違いの歌といえば、私もそれをやった覚えがある。東大転任の前に、秋元波留夫教授を囲んで、送別の内輪のパーティが東大病院の売店ホールで開かれた時、丁度立ち寄った機会に招かれたのであった。歌の順番が廻ってきて私の番になった時、私はロシア民謡の「仕事の歌」を唄いだした。「悲しい歌、嬉しい歌、沢山聞いた中に、忘れられぬ一つの歌、……それは仕事の歌」という文句である。唄い出してから、場違いかなと思ったがもう止められない。これは我が国では一時代前の古い歌で、新宿の民謡酒場「灯」などで唄われたものである。同席にはそれを知っている人も沢山いたから、唱和してくれて終ったものの、場には違和感が残った。〈秋元先生の後にも、我々は仕事で協力し合おう、私の任期は八年しかないけれども〉と言って着席したら、島成郎が「二年で終わるかもしれませんよ」と言う。二年後に、私は東大精医連（精神科医師連合）から不信任を突き付けられることになる。島は物凄く勘の鋭い男で、六十年安保の立役者と言われた天性のアジテータである。その後の学会紛争の論争の間、彼に何度かしてやられて癪に障ったことがある。パーティなどで彼が話し始めると、別に大きな声も出さないのに、がやがや話していた連中がすーっと静かになるのだから奇妙である。精神科医には惜しい男と言われる。その後、彼が沖縄や北海道で精神病院の臨床を熱心にしているのは嬉しい。何処に行っても、彼には信奉者ができるらしい。このような男にすら、権威コンプレックスによる誤解があるのは意外だった。二、三年前に、ある集会の後で別れる時、大酒家の彼に〈酒を飲み過ぎるなよ〉と注意したら、「いつまでも教授のつもりでいる」と冷かされた。自分が教授だったことなど、本人が忘れているのに、全く恐れ入った。人を見るのにレッテルでしか見ない傾向は情けない。

さて、医学部学生は、一九六六年一月の一日スト、一九六七年一月からの六十一日ストに続き、一九六八年の一月から、無期限ストに入った。毎年、一月になると学生がストをやるのは、卒業と研修を控えてインターンの懸案が燃え上がるためである。彼らは（昭和）四一青医連、四二青医連（青年医師連合）などと称していて、「世代」毎に話を巻き返す。〈君たちが一年を世代というのは可笑しいよ〉と注意したことがあるが、彼らは大げさな表現を好むためか、それとも時勢の変化が急速で一年毎に世代ほどの違いが現れるためか、とにかくこの言葉が通用していた。学生たちは初めの内には自制していて、病院前の道から東の上野公園寄りの病院区域を聖域扱いにして、デモの際にも立ち入らなかったから、やはり医学生は違うと人々が言っていた。

ところが四十三年二月十九日の昼に、病院前で学生たちが上田院長を囲んで揉み合った際に、それを制止した医局長の春見健一が暴行を働いたとして、夜になってから一部の学生が春見の謝罪を要求して、彼を上田内科の教授室に徹夜のかんづめにして、辺りを騒がせた。そこは同じ階の病室から二十m足らず離れた場所で、入院中の患者はその晩の喧噪に脅えたと言われる。容態の悪化したような患者はいなかったかしら、困ったことだと、私も嘆息した。すると同月二十七日の朝七時半に、臨時の教授総会が、学生の襲撃を避けるため か工学部一号館で開かれて、豊川行平医学部長から、精神科医局員の宇都宮泰英の他、学生十数人が春見医局長に乱暴狼藉を働いたという顚末の報告があった。何でまた、精神科の人間がそんな所に出しゃばったのだろう、私はうんざりしてしまった。あとで宇都宮を呼んで、〈お前は一体何をしたんだ〉と聞いたら、彼は面白そうな顔をして、春見を苛めた経緯を話してくれた。座っている椅子ごと持ち上げて、ごとんと落とすこともやって見せた。彼は私の転任と同年に精神科に入局した若者で、いたずら気の多い悪気のない男である。しかし彼の行為は教授としては許し難い。医者として病室を騒がすのは最低である。また彼が精神科教室にどんなに損害を与えたか、早い話、私が期待していた増床計画などが、これでおじゃんになってしまったことなどは彼の知るところではないだろう。

精神科の医局で、〈宇都宮には責任をとって辞めてもらうしかない〉と言ったら、反対意見が多かった。〈医局が宇都宮を支持するなら、私が辞めるしかない〉と強く出たら、皆は黙ってしまった。しかしその後、私に対する反感が医局内で高まったのは、仕方がないことである。私は、松沢の南3病棟の火事の時、辞表を提出したことを思い出していた。出処進退ははっきりしたいものである。宇都宮は、後で、自分の挑発に臺が正面から立ち向かったから東大紛争が起こったなどと書いていたが、これはいささか誇大評価だとしても、物事のきっかけはこんなに些細なことから始まる。実は、立ち向かったのは豊川医学部長である。

三月十二日に、豊川医学部長から、宇都宮と学生たちに対する処分が発表になった。学生は退学四、停学二、譴責六、合計十二人。研修医は取消一（宇都宮）、停止二、譴責一、合計四人。研究生の停学一。全部で十七人である。これで学生の反対行動は一段と激しさを加えた。学生たちの言い分によれば、学生に事情聴取もせずに、写真判定か何かで当事者を同定して、一方的に断罪したことは怪しからん、中でも問題なのは現場にいなかった学生までが処分されていると言うのである。医学部図書館や安田講堂への突入や占拠が始まり、バリ（バリケード）・ストなどという言葉が交わされるようになった。

学内の騒動と並行して、私は精神神経学会の理事長として長崎で行なわれる予定の年次総会（三月二十七〜二十九日）の準備にも忙殺されていた。会員からの要望の手紙がいくつも届いた中に、高知の後藤弘からの訴えがあった。彼の勤務する精神病院の経営者が、入院中の女性患者に対して破廉恥な行為に及んだので、それを告発しようとした彼に経営側から圧力が加えられている、学会は自分を応援してくれないか、という内容である。この事件は後に週刊誌によっても暴露されたと聞いた。今なら学会内に調査・対策委員会ができて、緊急に対応に乗り出すところであろうが、当時はそのような準備対策は全くなかった。私は後藤に返事を書いて、長崎総会で専門医・認定医制度の問題が取上げられるはずで、そこでの話題にしたい、それは怪しげな病院経営者を駆逐するのに役に立つかもしれない、もう暫く頑張って待ってくれないか、と頼んだ。彼はその後その病院から離れ、今は故人である。

学会は長崎総会に先立つ一年間に、地域ブロック別に専門医・認定医問題について、検討会やアンケート調査を行ない、それに基づいて一九六八年三月二十六日、理事会で、「認定医制度に関する理事長提案」が可決されて、評議員会と総会にかけられることになった。それは「我が国における精神科医療の将来の発展と質的向上のためには、充分な訓練をうけ熟練した精神科医の育成が不可欠の要請である。本学会は精神科医育成のための具体的な計画を立案し、認定医制度実施のための準備をすすめ、具体的内容を充分検討した上で、その発足の時期を総会にはかって決定する」というものであった。

今この文章を読んでみると、これは学会の認識を高めるための方針を声明したようなもので、会員に認定医制度を押しつけようとするものではなく、理事会では「こんな弱腰では先に進めない」という意見が出たくらいであった。それなのに一般会員の間に、理事会は強行策をとろうとしているという風評が広まったらしくて、反対の機運が急に高まったのは不幸なことであった。冷静な判断が情緒に流されるというこの学会の弱点はここでも表面化した。次いで開かれた評議員会では、この案は一応承認されたものの、私の信頼していた若い評議員たち、横井、佐藤（壱）、岡田（靖）、江熊、金沢などが揃って反対に廻ったのには、残念でならなかった。教室運営や精神科医療の現状に不満な会員が沢山いたからこそ、教授層や大病院首脳部たちに対する反感が底流としてあり、彼らが自分たちの権益を守る手段として階層性と不平等を正当化する認定医制度を作ろうとしているのだ、という憶測が共感をかちえたのであろう。

さらに、翌日開かれたシンポジウム「精神医学教育と専門医制度をめぐって」では、懸田克躬と金沢彰を主発言者として討論が行なわれたが、学会内論議の経過報告や現状の不備の指摘や国への願望の表明に止まって、懸田・金沢論争は嚙み合うものとはならなかった。現状では、何を目指すか、何ができるか、何から始めるか、という具体的、現実的な提言が欲しいのに、それを言う人がいない。また不自由に悩んでいる患者、人権侵害に苦しむ患者を助けるためには、しっかりした医者を作らなければならない、という一番基本的な主張を、誰かが言ってくれないかと期待していたが、とうとう誰からも発言されなかった。私は、自分の発言の機会を求めて、十分な討議のために会議の延長を求めたが、仁志川種雄会長はアトラクションの「蛇」が待っていると「蛇踊り」の方が気になって、とうとう討論を打ち切ってしまった。

この中途半端な結末の付けは次回の金沢学会以後に持ち越されたことになった。二十年経って、学会では、先に専門医・認定医に反対した人たちが過去の討議をしっかりと総括することなしに、また昔と同じレベルの議論を繰り返している。

学会と同じ時期に、私には別の問題が持ち上がっていた。東大精神科の原田憲一が、物療内科講師の高橋晄正に誘われて、上田内科事件で処分された学生の粒良邦彦が現場にいなかったという誤認問題について、粒良の主張するアリバイの有無を熊本に調べに行ったという話は、三月二十六日に長崎に廻ってきた原田から聞いた。後に高橋・原田メモといわれる報告書も見せられると、粒良のアリバイはどうも確からしく、誤認処分は否定しがたく思われた。二十七日には、朝日新聞の小松錬平記者から、ホテルの私に電話で、「高橋さんから話を聞いた、東大医学部が処分の取り消しをしないならば、朝日は粒良君の誤認を発表するつもりだ」と言ってきた。小松は群馬大学行動研以来の知り合いで、今はデスクになっているらしい。〈まあ、待ってくれよ、豊川部長に掛合ってみるから〉と言って、東大に医学部長を探したがなかなか連絡がつかない。やっとつながって、〈怪しきは罰せずという原則からすれば、処分は撤回されるべきだから、早急に処置してほしい〉と頼むと、相手はてんで取上げようとしない。小松からは、「どうした、どうした」と催促が来るし、しまいには「夜中の十二時までに返事がないなら、明日の朝刊に載せるよ」と通告してくる始末である。原田をホテルの自室の電話の前に待機させて、私は東京に電話したり、学会の用事でそちらに出入りしたり、本当に忙しかった。最後の電話には豊川が怒り出して話を切ったので、勝手にしろとばかりこちらもあきらめた。そして翌日の新聞には粒良誤認が大きく報じられた。

卒業の取り止め、学生の攻撃は激化するばかりで、ストは六月文学部、七月教養学部と次々に他の学部にも広がり、十月には十学部全部がストに入り、七項目要求というのが現れた。それには医学部処分撤回、青医連（青年医師連合）を交渉団体として認めよ、などが含まれていた。その前から医学部教授総会は学生の攻撃を避けるために、場所を転々と変えて行なわれていたが、それらは私にとって辛い時間であった。

横浜駅前のホテルであった総会で、処分の正当性を固持していた豊川学部長と処分手続きの欠陥を理由に白紙撤回を主張した私との間で、険悪な対立があらわになり、臺を決議違反として非難するある教授の発言に抗議して、議長席に詰め寄ったことがあった。一方、会が終った後に私に近づいてきて、よく言ってくれたと励ましてくれた人もいたが、こういう人に限って会場では発言しないのである。脳研の時実利彦のように、事態を心配して、豊川と臺のために丸の内のホテルで話し合いの席をもうけてくれた先輩もあったが、話は物別れに終った。このような好意は本当に有難かった。

粒良処分については、本人の申し出を受けて医学部内に審査委員会が作られ、二カ月かかって、本人の良心に基づいた主張を認めるということで、処分は取り消された。一つ取り消せば、当然他にも波及する。医学部教授会特に医学部長の強硬な姿勢は全学的に批判の対象にされ、大学と医学部の仲介のための委員会（四月）、次いで大学の再審査委員会（八月）が動き出した。豊川医学部長と上田病院長の辞任が実現したのは八月十日である。その前に、安田講堂の占拠、機動隊による排除、第二次の安田講堂の占拠があり、医学部では図書館、本館の占拠と封鎖が行なわれている。大河内総長の退官は十一月二日で、法学部の加藤一郎が学長代行についてから、解決への努力が活発になってきた。一方で、来年度の入試の取り止めが問題となった。

学生の間にも、ストや占拠や封鎖、さらには東大解体を主張するグループに対する反発が起こり、民青—日共系 vs 共闘系—三派系—反代々木系などと言われる対立が目立ってきた。政治色のないノンポリ集団もさまざまに動いたようである。病院前のグラウンドでは、武闘訓練と言われた「軍事教練もどき」がよく見られるようになり、それは一旦終ると隊列を組んで掛声をかけながら、いやシュプレッヒ・コールを唱えながら、構内をデモして歩く。近所の街の子供たちが沢山見物に来ていて、デモが始まると後尾について歩く。私は、子供の頃、東京の青山で、代々木の原に練兵に行く隊列の後をついて歩いたことを思い出して、この戦争ごっこが可笑しいやら情けないやら、何とも複雑な心境であった。あえて言えば「ああ、馬鹿ばかしい」である。

こんな間にも、構外の町々には平和な生活が行なわれていて、市民は大学紛争とは無関係に病気や怪我にかかる。そこで病院職員は入院と外来の患者の診療を普段と変らずに続けなければならない。私は医者の仕事がこのように人間の基本的な生活条件にかかわるものであることを心強く感じていた。そして対外的な仕事も続き、十月の下旬から一週間の予定で、スイスのジュネーブにあるWHO（世界保健機構）の専門委員会に出席することになった。

十一月五日の晩に、羽田の空港に帰ってくると、助教授の高橋良と松沢病院の吉田哲雄などが迎えにきてくれて、吃驚するニュースを伝えた。三日の教授総会で、白木博次が医学部長に選出されたが、彼は一緒に組む病院長に臺がなることを条件に受諾すると主張し、臺はこの席には不在だが、当人は白木が部長になる時には院長をやることを約束していると言ったそうである。そこで院長選挙になって臺に決まったという。これは随分乱暴な話で、もしこんな闇取引めいた約束があったとしても、それを公開の席でぶちまける白木は呆れた男である。しかも実際には約束などありはしない。そう言えば、そんなこともあったなというくらいの話である。大分前のことになるが、脳研の白木の部屋で雑談中に〈君が医学部長にならなくては、この騒ぎは収まるまいよ〉と私が言ったら、「その時は君が院長になってくれるかい」〈ああ、いいとも〉といった調子の軽い会話があったことは事実である。あれを白木は約束と受けとったのか。

〈いや参ったな〉と頭を抱えると、吉田が「先生の院長就任には皆が反対しています、江副先生（松沢の院長）も心配して、臺を入院させてしまおう、久我山病院の北錬平院長——三人とも同級生——に話したら入れてくれると言うから、明日の午後に診察を受けに行って下さい」と、これまた強引な話である。北には私の結核の際にお世話になっている。〈そうだな、皆が反対なら院長にはならないよ〉高橋は「いや、先ず白木先生に話を聞いて下さい」と言うことで、私は白木に会いに行った。

彼に会って、酷いじゃないかと文句を言ったら、彼は自分の決意を披瀝して、「全教授の辞表を懐にして学生と話し合い、けりを付けるつもりだ、君は助けてくれるだろうな」と念を押した。紛争を終息できる教授は白木の他にはなさそうだし、断れば彼を潰すことになる。それに、こういう勇み肌の快男子に頼まれては、嫌と言うのは難しいものである。医学部事務長の内田三平——彼は遙か昔、東京高校の生徒課にいた男で古い知り合いである——は文部省に報告しなければならないから、早くうんと言えと催促する。で、〈仕方がない、やりましょう〉と言ってしまった。反対している若い連中にはよく話して判ってもらうしかない、また北院長に受診する話はすっぽかすことになった。吉田哲雄は怒ったそうである。だが、ジュネーブに行ける男が、院長になるのが嫌で、入院するなど卑怯なことはできるものではない。入院中の妻に報告に行ったら、「あれ、まあ」と言っただけだった。

十一月十日に東大精神科医師連合（これも精医連と言う）は、圧倒的多数で私の不信任を決議した。紛争が始まって間もなく、精医連は医学部教授会を不信任しているから、私には二度目の駄押しである。この会合のあることは話に聞いていたが、私には知らされていなかった。当日、外出先から医局長の神保真也に電話して、会合は何時から何処であるのかと聞いたら、「先生は来なくていいです」という返事である。〈来なくていいとは何だ、私は皆に話があるんだ〉「いいえ、出ていただくことはありません」私は電話の前で真っ赤になるほど怒った。私の話も聞かずに何かを決めるとは、事情聴取もしないで処分を決めたと非難された医学部首脳部とそっくりの態度ではないか、お前らが何を決めても俺は相手にしないぞ、と独りで腹を立てていた。

「東大精医連」というのは、精神科医局が常勤、非常勤の教室職員と研修生、研究生の二重構造になっている他に、同窓会員の一部で関連病院や近縁機関にいる者、森山や吉田や島などのような、主として若い者たちが任意に加わってできた集団で、現役と応援団の合体したようなものである。総勢は百二十名くらいという。先輩の多い同窓会との境界は曖昧である。東大精神科の同窓生が、精神科医療や研究の発展のために、また母校教室の健全な成長のために、内部の者と協力することは大切なことだが、それが外から内への干渉となるといろいろな厄介を引き起こしかねない。精医連が「東大」を冠っているのは、学閥意識を排する考えから、私は賛成しなかった。前橋では、群馬精神医会はあったけれども、群大精神医会はなかった。都の江東地区にある同愛病院の精神科を訪ねた時、地域活動に乏しいこの地区には「江東精医連」が欲しいなと言ったことがあった。話をサルにたとえると怒る人もあろうが、群を離れた若オスのグループが群の内部に入り込もうとすると紛争が起こる。ヒトが関わるこの場合には、狙われるのは学内のポストである。これは教授不信任に続く経過の中で、翌春までに現実のものとなった。東大精医連は医局人事公選制の方針を決定して、現在の有給者の辞表を求め、好ましくない者を排除しようとした。自分たちは「公」であると称したようなもので、それでは排除される者が精医連から離れたのも当然である。大分先のことになるが、森山は自分の本の中で、外からの解体運動が内部のポスト獲得へ方針転換した理由を、内部からの改革という口実のもとに、驚くほど率直に語っている。

白木執行部の強みは、助教授クラスの教授総会のメンバーが白木を支持して、彼の手足となって動いたことにある。それには白木の属する脳研の助教授が多く加わっていたから、医学部が脳研グループに掻き回されることを恐れるという声を聞いたことがある。臺は精神科だから彼らの仲間である。ところが就任後、四、五日も経たないある朝、白木が辞めると言い出したと助教授たちは暗い顔をしている。何を言うか、こちらは不信任まで喰らってやろうとしているのに、彼に投げ出されてたまるものか。白木に会うと、彼は全教授の辞表を集めた上で解決に当ると決めたのに、それが少ししか集らないから辞めるのだと言う。何という純情な男だろうと感心しながら、半ば可笑しくもなって、〈その内に集って来るさ、肝心の僕だってまだ出していないよ、今日の教授総会の議長は俺がやるから任しておけ〉と言って、皆に元気をつけた。その後は白木も元気回復して活躍し始めた。二度目に白木が辞めると言ったのは、翌年二月の末で、ストが終結して後の話である。この時には私も直ぐに賛成して、院長を辞めてしまった。

病院長室は学生に占拠され、次いで放棄されてひどく荒らされていた。整理してもまた占領されては馬鹿ばかしいから、院長室には入らずに病院事務部長の隣に席を作って貰って、そこで事務を片付けた。自分の官舎のアパートに帰っても無人なので、同仁会という病院付属公益法人の食堂の二階に泊めて貰うことが多かった。そこは精神科造反組のいる赤レンガ病棟のすぐ隣りであるが、隠れ家には好適な部屋である。暗くなってから、サンダル履き手拭いを肩に病院事務室の風呂を貰いに行くと、バリ・スト学生たちと擦れ違っても、連中はその辺のおっさんだと思うためか相手にされたことはない。いつか途中で面白いビラを拾った。それには「うてな（台）＝劉少奇を葬れ」と書いてあった。連中は芝居がかった科白が好きである、私もとうとう実権派の大物にされてしまった。だが、あのビラを捨てたのは惜しかったな。風呂場では、一緒の当直の事務員などが「先生、お肩を流しましょう」などと言ってくれる。あれはサルのグルーミング（蚤取り）とそっくりである。

私の所には、全共闘連中はほとんどやって来なくて、その代り病院労組の看護婦たちがやたらに要求を持込んできた。申し込まれると断らずに会っていたから、こんな院長は初めてだと看護婦諸姉がおだてた。これも私の労組寄りの姿勢と思われたようだ。看護婦の労働条件の苛酷さは今に続いているが、当時の人事院勧告の条件（ニッパチ＝複数夜勤、月に八日以内）さえも果されていないのである。東大病院労組は医労連に参加していて、日共系だと言われていて、占拠や解体の学生たちとは対立していた。破壊路線とは違って労組の日常要求は妥当で理に叶っているから、対応しているのだが、病院レベルでは処理できないことをしつこく要求するので、院長の私と温厚な古谷国四郎事務部長は参ってしまう。病院当局を困らせて、それを文部省に向けさせようとする幹部連の魂胆が見えすぎるので嫌な気がしてくる。医学部執行部や管理畠の幹部たちが、民青・日共系を嫌って、全共闘系を甘やかすことが多いのは、理屈よりも人情が通うかららしい。乱暴者たちは困ったものだが、彼らには可愛いところがあるなどと言う。「トロ（ツキスト）の泳がせ」戦法と日共のよぶのは東大紛争にも見られた現象だが、それには意図的なものから情緒的なものまでが含まれているようだ。

全学の評議会という最高議決機関にも出席するようになった。総合図書館で開かれるこの会議には、各学部から三名、各研究所からは一、二名が参加する、総数五十〜六十名の大きな会である。医学部からは、白木学部長、臺病院長、吉利　和評議員の三人が出ている。総長代行と法学部が中心に、その左に医学部、右に工学部と創立の古い順に円座を組み、文学部、理学部、農学部などが並んでいる。ここにはまだ明治維新の頃の大学南校、東校の伝統が生きているのである。法学部は蕃書調所（一ツ橋）、医学部は種痘所、西洋医学所（和泉橋）の続きだから古い。加藤一郎の議長振りは手際が良いし、法学部の発言は割り切りがよくて、論旨がはっきりしている。学部によって、発言のスタイルがそれぞれの特徴を現すのは面白かった。文学部の諸氏は誰もがよくしゃべり、話も旨くて、自分の言葉に酔ってしまうことさえある。難点は、主張が具体的でないところにある。それに較べると、理学部、工学部の発言は短く理づめである。駒場の教養学部には、まだ旧制高校の雰囲気が残っていて、学生の心情に配慮があり、さすがに教師である。友人の野上茂吉郎は教養の教授で、学生の街頭デモがあると見に行く熱心さがあった。自分が好きなんだろうとからかったことがある。

医学部は紛争の種を蒔いた元凶で、他学部はその為に大迷惑を被ったと、ひどく人気が悪い。それには医者一般に対する市民の不満までも加味されていたようである。インターン制度の処置について話が出た時に、私が、大河内総長に頼んだ時に動いて欲しかった、と愚痴をこぼしたら、工学部が怒り出して、医者は人頼みの根性が強くていかん、自分たちは文部省の廊下に座り込んで要求を通したのだ、と息まいた。またある時、誰かの発言が、前日に吉利と話し合ったこととそっくりだったので、隣席の吉利に笑いながら同じだねと話し掛けたら、座の中央の人が急に立上がって、医学部は何を笑っているのだ、不真面目きわまると怒りだした。こちらはあっけにとられて、その誤解に弁明もせずにおとなしくしていた。後で、あれは誰だいと聞いたら、地震研の所長だと言われて、それじゃ仕方がないと諦めた。

私には昔から皆が真面目に振舞うと可笑しくなる悪癖がある。昔、軍事教練で「気を付け」の号令をかけられた時、何度か「笑ってはいかん」と怒られた。〈笑っていません〉と弁解しても、「いや、笑った」と配属将校の教官は納得してくれない。紛争が始まってから、大衆団交というのがよくあって、私たちは壇上の高い所に上がらされる。こういう所で笑うと、酷い目に遭うから、精々気を付けていた。

昭和四十四年（一九六九）一月十日、明治神宮外苑の秩父宮ラグビー場で、加藤代行が七学部の代表と野外団交をやって「確認書」というものに合意した。この時には、集会粉砕を叫ぶ乱闘に備えて、医学部からも屈強そうな教官たちが指名されて参加した。体格の良い精神科の高橋助教授が指名されたのは当然で、皆に冷かし半分にいたわられた。確認書は各々所属に持ち帰って批准を受けると成立するのだそうである。十二日の朝だったか、私には国鉄（ＪＲ）千駄ケ谷駅前に来いという指令があった。非合法のレポ並みだなと思いながら行ってみると、駅前にいた事務員が体育館前に隠してあったバスに誘導した。そこにはいろいろな学部の教授たちが集まって来ていた。バスは甲州街道に出て西行するので、何処に行くのだろう、遠足に出かけるみたいですねと話し合っている内に、調布の東京天文台に着いた。そういえば、ここも東大の付属機関である。あちこちから集められた人たちによって評議会が成立した。

加藤代行は確認書の十もある項目の各細目について諾否の採決をとると言う。否の項目が多かったり、各所属で食い違ったらどうするのか気になったが、それを聞きただした者はいない。とにかく、朝から夕方までかけて、論議は程々にして、各項目を片端から採決して、処理していった。私は、こんな強引な連続採決をこれまでに経験したことがない。こうして、医学部処分の白紙撤回、豊川、上田両教授の責任の認定、青医連の公認など含む総ての項目が批准されたら、夕方までに終り、皆はくたびれて、運動の後のようにさっぱりしていた。これを医学部に持ち帰ってまた批准しなければならない。医学部には飲み込みにくそうな項目がいくつもあって、頭の痛いことだった。

公表された結果を見て、医学部はあれでは飲めませんねと念を押しにきた新聞記者もあった。〈何とかなるでしょう〉と答えたものの私には自信はなかった。

一月十八日から、機動隊による安田講堂の開放が始まった。それは先ず、医学部図書館や工学部の列品館のようなバリケード化した衛星拠点の開放から着手された。私はその前日に、辞表を医学部事務長に届けて、自分なりの心構えを準備した。もしこの開放で一人でも死者が出たら、責任をとって東大から身を引くつもりだったのである。そして病院外来棟の屋上に登って、望遠鏡を片手に、機動隊員が占拠学生を屋上に追い詰めて逮捕するのを見ていた。高橋助教授は、トランシーバー持参で、現場近くの状況を私に通報してくれた。列品館の防備は堅固で打開に手間がかかったが、医学部図書館の方は割に順調に開放されたようである。安田講堂の封鎖解除は翌日に持ち越し、朝から夕方まで、攻防が続いた。時計台の塔屋の屋根はかなりの傾斜で、下からの放水とヘリコプターからの撒水で滑りやすそうなので、もしそこで本気に揉み合ったら、転落することは免れないように思われた。はらはらしながら眺めていたが、一人の死者もなく開放が終了したのは本当に幸せだった。前から感じていたように、これは本物の戦争ではない、やはり戦争ごっこだったのだ、こんなものに付き合って自分が辞めることはないと、翌日に辞表を取り下げた。

テレビは一日中現場の状況を流し、上空にはヘリや飛行機が飛び回っていたけれども、一歩、大学の構外に出れば、本郷の街には平穏な市民生活が続けられていて、安田講堂の周りには見物人の野次馬が沢山うろついていた。空から見下ろせば、東大構内の出来事は、精神科の臨床で行なわれる箱庭療法の舞台劇のように見えたであろう。劇中にも登場するはずの病院長がこんな傍白を呟いているのでは、無責任だとの非難をまぬかれない。だがそれほどに現実離れしているところがあった。

一月二十二日に、病院の会議室で、教授総会を開き、午前中に加藤執行部から大内　力教授（経済学部）に来てもらって、吉利評議員が説明に当り、午後に加藤流の連続採決の運営を私が受け持った。時間の関係で質問は一人一回限りとするなど、かなり無理をしたが、とにかく大体の批准を終えることができて安心した。済んでから、部屋の隅にあるテレビのスイッチを入れたら、自民党の幹部たちが東大確認書は怪しからんと非難している。やれやれ、本当に危ないところだった。もしあのテレビを教授諸氏が採決の前に見ていたら、反対票はぐっと増えたに違いない。

これを受けて、一月二十六日に医学部学生との集会が本館大講堂で開かれた。その頃には、学生自治会では、ノンポリ派と民青派がヘゲモニーを握っていたから、ストの収束を巡っての条件の討議が主な議題となるはずであった。だからストの続行を叫ぶ三派系は会場に入って打ち壊そうとしたので、開会前から騒然とした空気であった。白木と臺と吉利の三人が講壇に座って、前半の運営は順調に進んだが、反対派が後部の入り口を突破して雪崩込んで来たので、後半は目茶苦茶になってしまった。私たちの席にもいろんな物が飛んできた。

事後相談の過程で、医学部集会は成立していたと認めて、翌二十七日に医学部長と学生代表が合意書を交わして、スト終結を宣言し、二月三日にスト解除となった。だが、これを無効とする連中は後々まで授業の再開を妨害した。事情を知らない人には奇妙に思われるだろうが、この段階以後、スト終結反対の主力は学生ではなく、各科の造反組の医局員たちに変っていて、東大精医連はその重要なメンバーをなしていた。学生はストによって大きな犠牲を払ってきており、卒業は遅れ、入試はストップされて苦労した挙げ句に、ストを止めようとしているのに、先輩の医局員たちは学生のストに乗じて、自分たちの要求を、人によっては東大解体までを口にして、その目的はまだ達せられていないから、反対だと主張するのである。こうして反対派は学生一般から浮き上がり、両者は対立するようになった。東大精神科のその後の紛争が、周囲に判りにくいのは、主役が交代した後の経緯がややこしいからである。

二月十九日に、白木執行部は辞任し、勝沼晴雄（公衆衛生）が、更に三月十九日に、中井準之助（解剖学）が医学部長になって、厄介な事後処理に当った。授業再開は五月二十八日で、ストは十六カ月間、終結宣言後四カ月のことであった。

(4) 精神科紛争と反精神医学

一九六九年の春、ケンブリッジのフルバーン病院を訪ねたことがあった。職員食堂で昼飯を食べていると、若い医者がやってきて「ラングのことをどう思うか」と聞く。初めは何のことか判らなかったが、あぁ、日本でレインLaing RDと呼ばれている反精神医学の著者のことかと気がついて、〈彼は病気のことを知らないのだと思う〉〈あなたは分裂病を病気と考えるか〉と反問したら、何やら判らないことを言う。重ねて〈君たちはどういうものを病気と呼ぶのか？〉と聞いたら、これもはっきりとは答えられなかった。当時、この病院に勤務していた鈴木純一が本屋に行って、ペリカン・ブックの反精神医学や社会精神医学関係の本を沢山買ってくれたので、サス、クーパー、ゴフマンなどの本を読むことができた。普及本が出ているところをみると、イギリスでも一般の読者がこういう本に関心をもっていたものとみえる。

反精神医学によると、精神病者は、社会の、及び小社会としての家族の矛盾から生れた被疎外者で、もともと精神病などという病気はないのだ。精神科医はそれに病気のレッテルを貼る共謀者である。疎外をやめて受け入れる社会を作れば、彼らは病人でなくなると主張する。反精神医学はイギリスを出発点として世界中に広がり、各国の精神医学と医療の在り方に、特に生物学的精神医学に激しいインパクトを与えた。

その衝撃は、国による受け止め方によって非常に違うものの、精神科医療の在り方に及ぼした影響は大きい。イギリスでは、福祉国家の理念が早くから行き渡っていたので、国民保健サービス（NHS）の傘の下に精神病者の脱施設化と地域医療が進んでおり、治療共同体の試みもなされていた。そこで、反精神医学の主張も現実的な提案になるなら、それを受け止めるだけのゆとりがあった。イタリアでは、バザーリアの急進的な提案は政治を巻き込んで、精神病院廃止を立法させるに至ったが、地域医療の背景の整わない多くの地域では混乱が生じたという。他方、トリエステのように立派な範例も作られている。ドイツ、フランス、スカンジナヴィアの国々では、精神科医療の社会化が一段と進んだ形で、衝撃を吸収したようである。アメリカの広い国柄ではいろいろの反応があったようだが、元々精神分析の影響が強かった土地柄だけに、反精神医学には揺るがされず、逆に全体として生物学的精神医学に大きく傾くという反作用の方が強く現れた。

日本では、時代遅れの精神衛生体制の下に、私立精神病院中心で経営上に患者を商品化することを免れなかったから、精神病院スキャンダルが頻発し、反精神医学は精神科医療の脆弱性、反医療性を直撃することができた。丁度この時、大学紛争と精神医学会の混乱と重なったことも、損害を大きくした。反体制的な志向を持つ若い精神科医たちは、新鮮な理論として反精神医学に飛びつき、体制派の教授たち、院長たちを攻撃する武器として使おうとしたようである。「お前は何のために精神科医をやっているのか」などとやられると、たじろぐのも無理はない。体制側は弱味を抱えているので、批判に十分な対応を果すことができなかった。その結果、物心両面で、患者にも医療者にも大きな不幸がもたらされた。

東大精医連のメンバーの四、五人は、都内でモデル的な精神病院とされていた昭和医大付属の烏山病院に入り込み、同院の松島昭医師の急進的な病棟改革（一九六九）を応援して、同院で築かれてきた生活療法体制を攻撃し（一九七〇）、破壊的な行動に出た。開放看護は群大でさえ三年もかかったのに、それを半年でやろうとしたので失敗したのは無理もない。その後、紛争は造反医師らの解雇、裁判とつながって、解決には一九七九年まで十年の月日が必要だった。この間の経緯は、造反派の『烏山病院問題資料』一、二（刊行会編、一九八一）に詳しい。この本の副題には「鳥は空に魚は水に人は社会に」という美しいスローガンが掲げてあるが、この言葉を百万遍唱えても、それだけでは患者は社会に出て行かれない。生活療法の支持者たちのスローガンは「鳥は飛べるように、人は暮せるように」という地味で実践的なもので、患者が生活経験を重ね、生き方を工夫して、自立への道を探るのを助けようとするのである。私は友人の西尾友三郎、竹村堅次（共に当時の烏山病院長）の応援をしたかったが、自分の足許の東大精神科の紛争のために果せなかった。造反医師たちは学会の場でも生活療法批判を繰り広げた。日本の精神科医として情けないことには、烏山病院にも東大精神科にも、真面目な討論または応援の声が何処からも寄せられなかったことである。当時、自由な発言は自分たちの身に攻撃が及ぶことを覚悟しなければならなかった。宥和主義で風の通り過ぎるのを待つというのが一般の態度だった。私が「生活療法の復権」（精神医学 26：803-841, 1984.）という論文を書いたのはずっと遅れてからである。この論文でさえ、投稿してから雑誌に載るまでに丸二年もかかっている。それが展望として書かれたのに原著扱いになったのは、編集委員会が、雑誌からの依頼原稿の形をとると自分たちにも責任が及んで攻撃を受けることを恐れたからであったらしい。

昭和四十四年（一九六九）五月の金沢での精神神経学会総会は、いろいろな意味で画期的な総会であった。金沢大学の一教室員による総会開催にからむ諸悪の内部告発は、似たような欠陥を抱える各大学の教室員の共感をよび、議論は一気に医局＝講座制批判へと発展した。そこでの京大精医連の社会的思想を背景にもつ発言には迫力があった。それらは我が国の精神科医の年長者たち、指導層の脆弱性をあます所なくあばいた。会長席に連なる大学教授の理事たちの発言は痛ましいほどに弱気で、毅然とした姿勢を示した人は一人もいなかった。責任ある理事長であった私が、このような傍観者的な批評をすることは許されないが、能弁を持たない私でも、問題を一手に引き受けて、何をなすべきかの自分の主張を述べなかったことは悔まれる。私を含めて理事会が不信任され、学会の機能を麻痺させた責任は私にある。

ただ、多くの発言が医者レベルの不満、怨念と精神医療体制の欠陥の指摘に集中して、一番基になるはずの患者の自由、人権の擁護から発する声が聞かれなかったのは、長崎総会と同様で、本当に残念なことであった。専門医・認定医問題はこの騒ぎのために飛んでしまい、シンポジウムや学会発表も出来なくなった。

金沢から帰京の汽車旅は憂鬱であった。まことに世の中に感情の嵐が吹き荒れる時には、理性の静かな声はかき消されてしまう。

話を東大精神科に戻すと、学生の授業再開に伴う病棟実習を二学期から始めることになって準備を始めたところ、ストの続行を唱えている精医連は、自派から離脱した教室員を診療中にも拘らず暴力的に病室から排除して「自主管理」なるものを始めた。これが一九六九年九月から現在に至るまで二十年余にわたって続いているのは、多くの人にとって理解できぬことであるに違いない。その間の事実史は、資料としては東大精神医学教室編、『教室ニュース合本』（一～六十一、一九九〇）にまとめられているし、精医連側の資料は、富田三樹生の「学会運動と東大精神科の二十年」（精神経誌 91 : 931-946, 1989.）と森山の『東大医学部権力構造を斬る』（幸地哲也編、山手書房、一九九二）という著書に見られるので、ここでは私の個人的な挿話を綴ることにしたい。

「自主管理」された病棟には患者が入院していることは、それまでの占拠、封鎖とは全く違った条件である。「精医連」医師たちは自分たちだけが正しい治療を行なうことのできる者であると僭称して、反対派とみなす者が病棟と研究室、検査室に入ることを暴力的に拒否した。さらに許しがたいのは、攻撃に対して患者を盾に使うことができたことである。しかもそれらの施設は大学の公的な建物であって、私物化するのは犯罪的な行為である。しかしそこにはストレスに対して過敏さをもつ傷つきやすい患者たちがいる以上、外から圧力をかけたり、警察力を呼び込んだりして開放するわけにはいかない。私はゆっくり構えて自主管理派が自滅するのを待つしかないと考えた。新聞記者に意見を聞かれた時にも、〈彼らも医者なんだから、医療はしっかりやってくれるでしょう。患者の家族は心配しないでいて下さい〉と話した。この言葉を、臺が自主管理派を擁護していると誤解した人もいたらしい。

私が「自主管理」は自滅するはずだと考えたのは、封鎖と管理の精神はもともと精神障害者の治療と両立しないからである。心ある者の中には「自主管理病棟」で自分が望ましいとする精神科医療を実践しようとした者があったかもしれないが、それは不可能である。元来それは開かれた自由の下に協力の精神がなければ成り立つものではない。唯我独尊のおごりは必ず医師間の分裂を招き、医師の権威で押さえつけられながら困難を抱える看護者からの反発を受けることは間違いない。その例は烏山病院でも見られている。

後に自主管理から離脱した浜田晋によれば、「赤レンガ病棟」にいつ機動隊が介入してくるかと、患者と共に不安な毎夜を過したという。このような状況は医者までも被害妄想に巻き込むことを示している。病棟についての責任者である私が機動隊の導入などを考えたこともなかったのは、各科患者の北病棟移転（一九七〇年六月）の際に、皆が「赤レンガ」は開放しないでもいいんですかと聞いたほど、警察力に手を触れさせなかったことを見れば判るはずである。当初、自主管理に参加した医師の中にも、こんな状況が治療的環境でないことが判ってくるにつれて、自分たちの行動に名分がないことに気付き、離脱する者が続いた。そこで残った者は、敵役の私や教室会議の諸氏の「悪」を告発することで、自分たちを正当化することに熱を入れるようになった。

石川清講師が「前理事長台弘氏を全学会員に告発する」という触れ込みで、私の「人体実験」を告発した（一九七一年三月）のを皮切りに、以後次々に告発の種が取上げられていく。少し先のことになるが、一九七三年五月の名古屋総会で、吉田哲雄の「新事実」なるものの暴露によって、精神神経学会が私の人体実験批判を決議した時には、臺はとどめをさされたように見えたかもしれない。しかし私の「人体実験」なるものがどのように根拠のない誹謗であったかは、本書第二部の分裂病研究私史に述べられている。虚構の芝居を演じた石川や吉田は、本気で私を悪人だと思っていたかもしれないのは、彼らの話を信用して、学会やマスコミが動かされたことからも推察される。ただし個人的な怨念は時に正義の仮面をかぶることがある。正義のためにのぼせ上がっている人たちを相手にするのは全く楽なことではなかった。

次に彼らが持ち出したのは、臺や教室会議のメンバーは民青・共産党系であるという宣伝である。これは医学部執行部や保守的な人たちを「赤レンガ派」に引きつけるのにかなり役に立ったもののように思われる。私は、大学紛争の経過を通じて、自分の自由主義的、社会主義的な態度を隠したことはない。そこで集団への帰属性の強い、「忠誠心」の持主たちと対立したことも少なくないのである。臺を「赤」だと思い込んでいた勝沼晴雄のような有力教授を初めとして、反共感情の強い医学部教授会のメンバーには、「自主管理」を「赤レンガ派」の新左翼と「教室会議派」の共産系の対立という図式で、理解させることは容易であったようである。またこれが文部省にも受け入れられやすいのは、この役所が名うての反共だからである。大学にとっては、問題を精神科内部の紛争として局地化して、紛争は解決したという体裁を整えることは、文部省から予算を貰うために必要であった。

政治を離れても、精神医学には二つの流れがあって、社会・心理学派と生物学派の対立があるという説明も、「自主管理」の存在理由を専門外の人々や医学部や大学の執行部に取り繕うのに役だったようである。東大総長だった平野竜一は、「赤レンガ」の容認をそのように解していた。医学の歴史には、人間（ヒポクラテス）派と器官（クニドス）派の二つの流れがあっても、患者の治療に当っては一つに纏まるべきものであるとか、医学的意見の対立に暴力を用いるのは論外であるというような医者としての常識は、専門内部の見解の相違として正当を装う論調に巻き込まれると見えなくなってしまう。このような場面では「自主管理」病棟の主導権は石川清のような告発屋から、能弁で人当りの柔らかい理論家の森山公夫に移ってくる。森山が不信任したはずの中井医学部長に接近し始めたことを中井から聞いて、私は苦々しく思っていた。

昭和四十七年（一九七二）一月、病棟看護婦の大部分が「自主管理」医師たちの圧迫によって、「赤レンガ」病棟から出た。私は、院長の吉川政巳（老人科主任）に対して、この機会に、院長が「赤レンガ」病棟での入院を許可しない態度を明確にすれば、「自主管理」問題は解決するであろうと説いた。自主管理派は当然院長に攻撃を仕掛けてくるであろうが、それは臺が引き受けるから、ここで決断すべきであると力説した。ところが院長は「赤レンガ派」の攻撃に屈して、自主管理病棟の看護婦の補充に同意して、解決のために現れた唯一の機会を失ってしまった。これ以後「自主管理」は病院当局の庇護の下に存続を許された名のみ「自主的」な存在となったのである。

私たちは、その後、自分たちの正当性はその業績を以て示す以外にないことを確信して、毎年加わってくる若い医師たちと共に外来診療の強化につとめ、また医師と看護婦の協力の下に、精神科小児部の拡充とデイ・ケアの設置の準備を始めた。小児部は、昭和四十二年（一九六七）に高橋哲郎（医師）と石井葉（保母）の努力で始められたもので、いずれ病棟が拡大された時には、正式のセクションにする予定で準備が進められていたものである。ところが東大精医連ができた時、高橋はそのグループに入って小児部の仕事を放棄したので、患児たちを抱えて教室に止まった石井たちと別れることになった。小児部は一九六九年に、高橋良の長崎転任に伴って、小児精神医学専門の上出弘之の助教授就任によって、安定した発展を遂げることができた。私の退官後、石井たちは大学の外に出て障害児たちの療育施設を作ることに努め、現在それは社団法人「精神発達障害協会」として大きく発展している。私はその理事長として応援することになった。

教室職員と精医連メンバーの二重所属は、厄介なことを次々に起こして苦労だった。高橋哲郎、石川義博、鈴木二郎などの精医連メンバーの留学に際して、「自主管理」を離れるのでなければ許可を与えなかった私の態度は非難のまとになり、新聞種にされて頑迷な教授として叩かれた。これは二重所属を整理して教室を守ることが、「自主管理」に対応するために必要だったからである。

私は昭和四十九年（一九七四）三月東大を停年で退いた。東大在職の八年間は紛争の連続でろくな仕事もできず、混乱の状態のままの精神科教室を去るのは心苦しかった。しかし、外来活動は面目を一新し、太田正孝らの小児部と宮内勝らのデイ・ケアは定着して、大学病院精神科の将来のあるべき像を整えられたことは、せめてもの慰めであった。それには教室の先輩医師と共に新しく教室に参加した若い医師たちの力によるところが大きい。研究面での成果としては、私には町山幸輝たちとやった「サルの分裂病モデル」しかないが、私の退官後に、若い研究グループがいくつも育ってきたことは心強いことである。それは研究条件の不良な環境の下になされただけに、とりわけ貴重なものに思われる。

紛争を振り返ってみると、臺の対応の仕方を「子供っぽい」と批評する人がいた。そこにいくと森山たちの対応は驚くほどに「大人っぽい」ものである。彼は「自主管理」メンバーに大学職員としてのポストを与えることを医学部執行部に頼み込んだ。医学部に承認して貰えれば「自主管理」の名目は解消する。これは東大解体の方針を内部に入って実行するためであるとされる。彼はこうして自分が東大講師になったことを合理化する。スト終結反対、授業再開反対のスローガンも自分が講義するなら意味を失うことになる。森山は、『東大医学部の権力構造を斬る』の本の中で呆れるほどの率直さを以て、この偽瞞的な論理を語っている。彼は「自主管理」を権力と結びつけることで、東大病院の枠の中では、成功を収めたかもしれない。しかしそれは広い精神医学と医療にとっては偽瞞と停滞をもたらしたに過ぎなかった。

「自主管理」派は解体されるべき精神神経学会の理事会に入ることにも熱心であった。そしてここでも中に入って改革するという口実が使われた。だがこの理事たちのしたことは、精神衛生実態調査反対、社会復帰中間施設反対、作業療法治療費点数化反対など、現状を改善しようとする総ての企てに反対することであった。それは改革を叫ぶと見せて現状を維持することになる保守的な本質を暴露した。そこで精神神経学会は一九八八年の精神保健法改正に当って、その起動力となることができなかった。厚生省主導でなされたこの法改正に後から文句を付けることは楽な仕事である。

森山の著書『現代精神医学解体の論理』（岩崎学術出版、一九七五）と『狂気の軌跡』（岩崎学術出版、一九八八）は彼らの理論的業績だとされているので、私もそれらを読んでみた。そこには歴史的、社会学的に該博な知識が述べられているけれども、現在、我が国の患者、障害者の生きる姿やその苦悩がスキャンダルとしてしか現れていないのは不思議なほどであった。「精神医学」がこの著者の頭に描かれたようなものであるならば、私もそれを解体することに賛成しよう。だが本来の精神医学はそんなものではない。我々が患者との臨床を通じて築き上げて行く実践的な学問であって、神経諸科学の発展に基づき、障害者を社会で支える広がりをもった領域である。富田の「東大精神科の二十年」が、二十年前と全く同じ科白を繰り返しているのは、精神の停滞を示す以外の何物でもない。

XII. 豊かな六十歳代

自分の六十歳代を述べるに当って、それを豊かなと形容することができたのは本当に幸せなことであった。それは一緒に仕事をした多くの友人、知人たちと患者諸君、家族の方々のお陰である。私の五十歳代が暗く憂鬱であっただけに、自分のやりたいことを好きなだけやらせて貰えた六十歳代の年月は実りの多い経験であった。この期間の初めとなる大学からの退職は一つの転職に過ぎず、気持の転換も必要なかったし、また近づきつつある老年現象にはまだ無縁だった。

(1) 外来と工場と保健所で

紛争の続く何年もの間に、私にとって息抜きのできる唯一の機会は、外来での患者の診察や面接とお喋りの時間だった。ここには自分の生き甲斐を支える、素直に本音を打ち込める生活があった。私が紛争を切り抜けることができたのは、一方に外来診療があったためだとさえ言える。東大では、入院病室が占拠されて使えないという悪条件が、外来でできるだけの治療をしようという心構えを作り出す結果ともなった。教授の診察には学生が見学に同席しているのが常であるが、生来教育者としての素質に乏しい私にも、親身な対応を見てくれれば、参考になるほどのことはあったらしい。現在群大の助教授をしている樋口輝彦が、何かの本に、学生の頃、臺の外来診察を見て精神科を志したと書いているのを読んで嬉しかった。

東大を辞める前の冬に、友人の山田禎一から、退職したら彼の病院で外来をやってくれないか、また彼が作った職能訓練工場の社会福祉法人「創造印刷」の運営を手伝ってくれないかという誘いを受けた。さすがに古い友人は私の好きなことを心得てくれる。一九五七年の春に、彼が調布に病院を作るに当って、松沢にいた私たち夫婦はいくらかの応援をしたことがある。山田の誘いを早速に承諾して、一九七四年四月から仕事を始めた。後で聞いたところによれば、同じ町のある精神科医から、臺を招くと造反組の攻撃を受けるから止めたほうがよいと忠告されたそうである。山田は、そうしたら追い返してやると答えたという。当時は、臺に近づくと危ないという風潮が精神科医仲間に広がっていて、古い友達でさえ私を敬遠する人がいたほどであった。それがなくなるのには、実に二十年近くもかかっている。

精神科の患者は主治医が変ると動揺することが多い。そこで東大で診ていた患者諸君には、私が辞めた後、東大で他の医者に紹介するか私に付いてくるか、一人ずつ相談して決めてもらった。通院の便宜さは別として、感情病圏の患者は文句なしに私に付いて行くほうを選んだ。ところが、分裂病圏の患者には東大病院の看板にこだわる傾向があった。なかには「先生が東大を辞めればただの医者、雑巾みたいなものよ。私は東大に残ります」と言って、私を苦笑させた娘がいた。全く〈よく言うわ〉である。私の師匠の内村祐之先生が、大学を辞めて晴和病院にいらしたころ、患者に「この糞爺い」と言われたと少し悲しそうに話されたことがあった。誇り高き師匠にして、このようなことがある。

東大病院と山田病院での外来経験のお陰で、私は患者諸君がどんなに話を聞いて貰うことを望んでいるかを知った。彼らは薬を貰うことよりも、医者と会って話をして、一応の安心または満足を得ることを望んでいる。話足らずで別れると、帰りがけに重要な一言を洩らすことがよくある。テレビのコロンボ警部の問答そのままである。そこで面接の起承転結を作り上げるには、必要な面接時間の平均はおよそ二十分くらいとなる。初診には六十分が必要で、顔だけ診て薬を渡せばよい五分面接もある。こうして精神科でも、ゆるい予約制が可能なことが判った。そして一日に三十人足らずの患者を診ると医者はがっくりと草臥れる。浜田クリニックの浜田晋が外来患者三十人限界説を唱えているのは、私の経験にもよく当てはまる。浜田の所では、一日三十人を超えたら自殺が現れてきたと言う。困ったことには、五十人診ないと診療所の経営が成り立たないことである。私は経営に関係のない気楽な身分だから、好きなようにやらせてもらっていたのだが、それでもこのような結果になった。外来診療が精神科地域医療の必須条件であることを考えると、合理的な診療報酬の算定が強く望まれる。私は週二〜三回の診療で百八十人の患者のケアができたから、一人の外来精神科医が二百人を受け持つことは可能だと思われた。すると医者の数が五千人で百万の外来患者を支えることができる。我が国の精神科外来患者百万人というのは、現在、厚生省の推算する低めの見積りである。精神神経学会員は現在八千人といわれる。

「創造印刷」での職人諸君との付き合いは、松沢の作業療法科以来二十年ぶりの経験で、また昔の「私の大学」に戻ったような気がした。ここでは、製本の職人気質の本郷三男、印刷の教育者風の黒石良一、タイプのおばさん先生の内山テル子のような職員たち、その他何人もの市井の人たちが、精神障害回復者の就労訓練を親身になって世話してくれていた。回復者たちはここでは患者として治療の対象となるのではなく、それぞれの生活者として自分の人生を作り上げている。技術と対人関係の処理、労働と自立の仕方、結婚の問題など、病気や障害の背景に、またその将来にさまざまな生活問題があることを改めて教えられた。

訓練生だけの月例集会で、「会社は不景気のようだけど潰れることはないかしら」とか「この会社を作るお金はどこから出たんだろう？」という質問が、同席の私に向けられたことがあった。私が

＜山田さんのお金よ＞と言うと、「院長は金持だねぇ」＜そうじゃないよ、彼は病院の入院費をこちらに廻してるのさ、君たちは入院患者のお陰でここにいるんだから、早く卒業して新しい人が来られるようにしておくれ＞などという話があったことを思い出す。実生活は彼らの視野を広くする。それは社会で暮すために必要なことである。

私の役目は、訓練生や職員の相談役として、生活の中から、病気が再燃するのを防いだり、病気離れをして社会に自立していく過程を支えることであった。私はここで生活療法の原点を、そのABCを身を以て学ぶことができた。印刷や製本にド素人の私にも工程の大筋が判ってくると、患者や回復者の技能訓練の要点がどこにあるかを理解するようになった。また自立のための生きる困難さが労働技術以外の生活技能にもあることが飲み込めてきた。医療と福祉の交叉の仕方や福祉施設の経営と運営の難しさにも触れることができた。当時の施設長が、私の提案に対して「医者は病気を治せ、経営に口を出すな」と怒鳴った時にも、腹が立つよりも医者の役割が病気治療から病人の生活の支持に広がっていることを痛感した。

「創造印刷物語」は私の前著『分裂病の治療覚書』（p. 233, 創造出版、一九九一）に書かれているから、ここでは触れるだけにしたい。現在、私は創造印刷の理事として、たまに訪れるか、忘年会で訓練生諸氏と旧友のうわさ話をする程度になったが、私のいた頃、赤字続きだった経営が黒字になったのは現在の施設長の稲垣直俊の苦労による。ただし「創造印刷」がいつまでも「福祉の心」

を忘れないで、この方面のパイオニアとして発展することを祈っている。

このような仕事の五年間に、私は優れた作業療法士の香川優子や関昌家と知り合いになり、また調布市の熱心な保健婦諸姉、小林ユキ子や金森（福間）美春や中堀幸子などと付き合うようになった。彼女たちは地域精神保健の主役が保健婦であることを、今さらながら悟らせてくれた。香川は病院に作業療法を導入する時の苦心を身を以て示してくれたし、関は作業療法の理論的な構築を心掛けている人が作業療法士の中にもいることを教えてくれた。保健婦たちの中には以前に生活臨床の洗礼を受けている人もいたが、精神保健には全く未経験の人もあった。当初、「精神なんか嫌だわ」と言っていた人までが、この仕事を自分たちの使命と思うようになった。彼女たちに頼まれて、私は調布市の保健所の嘱託にされて、月に一度の精神衛生相談と家庭訪問をやるようになった。町の中の方々を車で駆け回ってみると、病院や診療所で医療にかかわる以前に、少なからぬ患者や家族の人たちが町の中に潜んで悩んでいる実態に触れることができた。彼ら彼女たちに援助の手が及ぶようにすることが医者の仕事であり、それには保健婦や福祉ケースワーカなどコメディカル（医療関係）の職種の協力がなければできないことがわかった。

調布保健所の精神保健活動は、私が退いてから山田病院医師の安藤晴延によって一段と活発になり、システム化されて、各方面からの援助に依って小規模共同作業所「くすのき作業所、一、二」が作られている。この市の地域精神保健活動には医師会の応援があることが特色であって、それに対して昨年、日本医師会からの表彰が与えられた。精神保健にとかく冷淡な医師会に対して、貴重な先例を作ってくれたことは嬉しい。

私の調布にいた間の経験は、一九七八年から、自宅のある新座の町にできた坂本医院で外来診療を始めた時にも、生かすことができた。これも自分で開拓したと言うより、頼まれ仕事をやる内に自然に出来上ってきたものである。坂本医院は私の娘夫婦の経営する診療所だから自由が利いた。そして分裂病者の地域医療を一応作り上げることができるようになったのは、調布から新座にかけての経験のお陰である。

精神保健にはチームアプローチの必要なことは近頃強調されているところであるが、関係職種を集めたシステムを特別に作らなくても、段々に形がまとまってくるのは、その前提となる要件が今の社会には備ってきたためであろう。私は診療所の外来治療を拠点として構えながら、地元の保健所の嘱託として精神衛生相談を受け持ち、デイ・ケアの顧問役を引き受け、福祉事務所の嘱託としてケース・ワーカの相談に乗ったりする。

傍ら五年にわたって都の障害者職業センターのアドバイザーを勤めた時には、精神回復者の労働リハビリテーションの勉強をすることができた。この方面で西村晋二の果した貢献は大きい。それらの経験は、私の「一老医のコネクション」（分裂病の治療覚書所載 p. 215.）という小文に書かれている。

先に少し触れた「精神発達障害協会」が、都の北区に相談と訓練の会館を建ててから、さらに近くにクリニックを開設したことは特筆すべきことであった。これは「医療から福祉へ」という普通の道とは逆に、「福祉から医療に」手を伸ばす先駆けとなったものである。発達協会の前身の「さざんかの会」が東大に生れた昭和四十年代の初めの頃、私はその会報に「わらしべ長者」の昔話を書いたことがあったが、この協会の辿った道はこのお伽話そのままとなった。それは保母の石井葉たち、心理や福祉の湯汲英史たち、小児科医の石崎朝世――彼女は都技師の職を捨てて協会に参加した――現理事長の上出弘之、そして家族の親たちの共同の努力のお陰である。

(2)　分裂病の理論と若い研究者たち

昭和四十年代、我が国の精神医学界には、患者尊重の気風が大きく広がったのは心強いことだったが、表現の巧みな現象学的精神病理学や評論者ぶりの社会心理学が幅を効かしていて、地道な生物学的研究は時代遅れの魅力のない学問として蔑まれていたのは、嘆かわしかった。大学紛争のために、ほとんどすべての大学の精神医学教室では、研究室活動が停止していた。私は生物学的精神医学が他のいずれの分野の研究にも劣らない重要で魅力あるものと考えていたので、特に分裂病についての自分の考えを述べる必要を感じていた。丁度、『精神医学』誌の創刊二十周年記念号に執筆を依頼された機会に、日頃暖めていた意見を「履歴現象と機能的切断症状群――精神分裂病の生物学的理解――」(精神医学 21(5)：453-463, 1979. 分裂病の治療覚書、再録、p. 1) という題で論文に書いた。有難いことには、それが印刷されるとすぐに、師匠の内村祐之から手紙がきて、「良い論文を書いてくれた、自分の後継者がこのような学説を発表したことは嬉しい」と褒めてくれた。師匠に褒められたのはこれが三度目で、昔、フェニルケトン尿症患児の発見（一九五一）と覚醒剤中毒の研究（一九五五）を発表して以来のことである。私は別刷ができると早速それを持ってお礼に出かけ、先生を相手にご機嫌で喋った。いくつになっても先生に褒められることは嬉しい。

この論文は、今になってみると、科学論文としてはいくつもの曖昧な点を残しているが、当時としては重要な二、三の課題を示したものと言えそうである。事実、後になって、その線上に新しい発展が見られている。

私が東大を退いてからも、教室会議派とか外来組と呼ばれた人々の内には、多くの困難を克服しながら、向学心に燃えた若い諸君が勉強を続けていた。いくつもの研究グループがある中で、臺の分裂病の機能的切断仮説に触発されて、それを認知障害に的を絞って、精神生理的な方法で疾患の本態に迫ろうとしている仲間があった。刺激反応課題を行なうに当って、脳波の誘発電位の一成分である事象関連電位ＥＲＰに着目して、これがオペレーション機能に関連することから、それをマーカーにして精力的な研究を次々に発表した。外国との交流も始まり、国際集会を箱根で持つこともできた。精神科の研究室は封鎖されて使えなかったので、研究はすべて音声言語研究施設で伊藤憲治との共同でなされたものである。

彼らは、東大病院でのセミナーの他に、毎月一回、臺宅に集って勉強会を続けていた時期があった。現在、長崎大にいる岡崎祐士、福島医大にいる丹羽真一、カリフォルニア大にいる斎藤治など東大を離れた人たちと、平松謙一、亀山知道、太田敏男、福田正人などがそのメンバーであった。岡崎が、他大学の人々との会合で、「東大にはウテナ派というのがあるそうですね」と聞かれて、「私がそうです」と答えたら、相手は黙ってしまったと笑っていた。国立精神神経センターの大熊輝雄も彼らをウテナ・スクールと呼んだことがある。

ある時、自宅での雑談の際に、〈東大に宇都宮病院の石川文之進が出入りしているのは若い人の教育上に良くないね〉と私が言ったら、「大丈夫ですよ、反面教師にしていますから」と答えられたことがあった。宇都宮病院のスキャンダルの暴露される大分前のことであった。赤レンガ派の連中は、教室会議派が宇都宮病院と癒着しているとして、何度となく外来に攻撃をしかけてきて、部屋の壁や天井にスプレーで悪口を書きなぐったり暴行を働いたりしたらしいが、一部の教室員の宇都宮病院との接触を教室全体の攻撃の種に仕立てるそのやり口は卑劣である。このような困難な状況の中でも、営々と続けられた研究努力を研究至上主義と誇ることは許し難い。

話を家庭内のことに戻すと、妻は長い闘病、車椅子生活の末に、一九七七年七月六日に国立医療センターで亡くなった。多くの方々から血液を頂き、一月余に及ぶＩＣＵでの人工呼吸、輸液栄養の努力も空しくなった。機械に囲まれパイプだらけの人工生命に終止符が打たれて、病室に戻ってから一時間も経たない内に、心電図のパルスが線香花火の消えるようになくなっていくのを見ていた。剖検で彼女の腎臓が一つしか働いていなかったことが判った。死因は尿毒症、享年は六十歳であった。

妻の死後、私は息子一家と同居して、娘の坂本医院に自転車で通うようになった。孫の成長をそばで見ることができたのは幸せだった。自分の子供の成長の時には見るゆとりがなかっただけに、行動学の勉強で迂回した後の目で、孫の発達を辿れたので、「ヒトの思考」(神経科学講座(6) p. 193-226. 理工学社、一九七九) のような論文を書くことができた。

XIII・老年現象

六十歳代を充実した毎日として送ることができた私にも、七十歳を過ぎる頃から老年現象を感じるようになった。誰にもある月並な話に過ぎないとは言っても、老年との対応も人生の大切な務めであろうから書いておくことにしよう。

身体の老化現象は平均よりも少し遅れて私にも現れてきた。健康保険料をたっぷり払っていても、人様にサービスしているばかりで自分には役に立たないとこぼしていた私も、高血圧の降圧剤維持療法から始まって、上下の入歯、白内障の眼内レンズ、補聴器というような人工代用器官の小道具に次々とご厄介になることになった。白髪は鏡で自分にも判るが、頭頂の禿は当人には見えないから、禿頭の後ろ姿の写真をこれは誰かねなどと他人ごとのように言う。白内障では、世界がパステル・カラーに染ってそれなりに奇麗になり、〈夜目、遠目、傘の内、白内障〉などと冗談を言える時期もあったが、とうとう駅の階段を踏み外したり、本が読めなくなったりして、レンズを入れて貰った。そうしたら世界がまばゆいほどに明るくなって、女性の魅力は幾分減少したものの、本が楽に読めるのは大助かりであった。補聴器は、面接の際に小声で話される言葉を聞き取るために、私のような仕事をする者にはなくてはならぬ道具となった。会合の席にも補聴器はあったほうがよいが、ノイズとシグナルの分離が出来ないのが難点である。歯科医には何度もお世話になる間に「あなたは噛む力が強すぎるので摩滅が酷いので」と言われ、＜歯を喰いしばって生きてきたせいでしょうか＞「そうでしょうね」などという問答が交わされた。脳生理学者の時実利彦が、咬筋からの三叉神経入力が脳の賦活を高めると言っていたことを思い出す。そう言えば、プロ野球の外人選手にはバッター・ボックスに立つとチュウインガムを噛んでいる人が多い。私はまた、老人性の掻痒症でも大分苦しめられた。西丸四方に話したら、信州の「きのこエキス」を送ってくれたが、私にはあまり効かなかった。「君のは痒疹だから効かないのさ」と言う。西丸は自他ともに許される人生の達人で、自分の脳のCT写真を老人相手の健康講演などに持ち歩いて、「私はこのように脳に萎縮のあるアルツハイマー患者ですが、心掛け次第でこのように元気です」などと喋っているらしい。仲間の脳病理学者の猪瀬正によれば、西丸のアルツハイマーは誤診で、多発脳梗塞だそうである。私もその内に自分の脳の萎縮程度を確認しておかなければなるまい。

私は運動にも心がけて、犬を連れて毎日小一時間、近くの林を散歩することにしていたが、犬のほうが先に老いぼれてきて、今春にとうとう死んでしまった。行年十六歳であった。夏目漱石が犬の死を悼んで作った句「凩の届かぬ先に埋めてやりぬ」を思い出しながら、長い朋友の墓穴の底の惨めな姿に声をのんだ。自分の運動機能の診断には、患者の診察の際に、片足立ち、手の回背回前、反転運動、握力計などを自分で手本を示しながら、患者と一緒に我と我が身を調べている。患者から「分裂病が握力計で判るんですか」と聞かれた時、〈これは腕力より迫力を測っているのです〉と答えたことがある。迫力が改善してきたら、仕事につくことを勧めても大丈夫なようである。

さて問題は精神活動の老化である。私の場合にも、定石通りに、まず記憶の面に障害が現れてきた。〈固有名詞は誰でも忘れる、普通名詞を忘れるようになったら惚けの始まりです〉などと他人には説明していても、自分の事となると放っておけるものではない。新しく聞く人の名前がすぐさま消えてしまう記銘障害には仕方がないとしても、よく知っている知人、友人の名前でさえも、不図したはずみに記憶倉庫からの読み出しができないことがある。ここには保持の減耗も加わっていよう。その対策としては、せっせとメモをとることしかない。面接した患者の名前も受けた電話の相手も必ずメモをしておく。手帳は一年一冊で今では十数冊にもなったが、それには人の名前ばかりがぎっしりと埋まっている。ノートの名前を見ると当時の状況、患者の症状までが次々に浮かんでくるから面白い。記憶心理学でプライミングという現象であろう。

また私には、会合に出て挨拶させられたり講演を頼まれたりすることがよくある。こういう時、話の途中で言葉を失って立往生することがある。一九九〇年四月七日の晩に、友人の竹村堅次の退職記念パーティがあって、そこでの挨拶に、彼の一生を斎藤茂吉の歌「あかあかと一本の道通りたり……」にたとえたのはよかったが、下の句がすぐ出てこないのには参った。同席の斎藤茂太に、〈それからなんだっけ〉と聞いて「たわきはるわが命なりけり」〈ああ、それそれ〉と言ったのは無様だった。講演でも、メモを離れてスライドの説明などしていると、話の継ぎ目を失って纏まりがつかなくなることがあった。このような失敗に懲りて、以後は必ず原稿を用意して読むことにした。

手紙を書くと、文の末尾に繰り返しが現れる。これは保続という症状で、働き記憶 working memory の消去機能の故障である。気心のおけない友人から「君の手紙にも保続が現れたので、俺も安心したよ」という指摘を受けたので、私はワープロを使うようになった。愛用機はパソコンPC98の「新松」ソフトである。使ってみるとワープロは老人のぼろ隠しにはまことに都合の良い道具である。記憶機能に故障を来している老人が、人工記憶能力を併せ持っているこの道具を活用しないという手はない。かな漢字変換機能は素晴らしい発明で、漢字を忘れていても見れば読めるという現象、つまり再生より再認が保たれている老人には特に都合が宜しい。我々は事務屋のように早く打つ必要はなく、訂正、抹消、入れ替えなど、編集のために使うのだから、自己流で呑気に扱うので十分である。ワープロ製造会社が老人用具としてこれを宣伝しないのは手ぬかりとさえ言える。私は七十歳以後、ワープロなしでは原稿を書くことができなくなった。この文章も、もし手書きでしろと言われたのでは書くことはできなかったであろう。

考えてみると脳の機能として記憶ほど不可思議で面白いものはない。私は自分の老人性記憶障害と並んで、分裂病についてもこれまであまり研究されなかった記憶障害に強い関心を持つようになった。一九九三年六月五日には、ある学術集会で、「分裂病と記憶」という発表をしたくらいである。近頃、記憶研究が復活したのは、記憶心理学の再興と神経科学での短期と長期の記憶実験、分裂病の脳研究の三つが合流したお陰である。ずっと昔に、神経生理学の本川弘一（東北大教授）が「臺君、精神病は記憶の病気だよ」と話してくれたことがあったが、当時私は理解が浅くて、この碩学の意見をよく聞き紕せなかったことは惜しかった。コンピュータを相手に問答した例文で、相手が現在の場面のやりとりの中に過去の記憶の物語を混ぜると、分裂病者の支離滅裂な思考障害とそっくりな問答が出来上がるのを読んで、私はひどく感心した。これをみるとコンピュータも、記憶装置をいじることによって、「分裂病」になる可能性があるように思われた。

記憶は時間のパラメータをもっている。今回、自伝を書きながらも感じたことであるが、小学校時代の体験時間の長かったことはたとえようもない。大正時代には五月連休などなかったから、春の遠足がすんでから夏休みまでの長いことと言ったら、お話にならなかった。それに較べると七十歳代はまさに光陰矢の如しである。体験時間を測っている脳構造は、時間座標が対数目盛になっているに違いない。百歳に近づくにつれて、生活史記憶（エピソード記憶）は目白押しに詰ってきて、時間的順序は読み取れなくなってしまう。私は今年八十歳になったので、大学を辞めてから丁度二十年を経過したことになるが、この長さは幼稚園から大学を卒業する迄の時間と同じなのだから、今更ながら驚かざるをえない。

私の七十歳代は仕事の上では六十歳代の延長で、特徴づける事件もない。だが地域精神保健活動にささやかながら参加し続けていることが、自分の支えになっている。「世のため、人のため、自分のため」というスローガンが生き甲斐になっているのである。精神科診療所は、それだけが孤立していたのでは機能が果せない。保健所のデイ・ケアや民間の小規模作業所、「創造印刷」のような職親工場などと連絡をとりながら、適当と思われる場所を患者、回復者諸君に紹介して、彼ら彼女たちが自分に合った場所を見つけて伸びてくれることを目指すのである。

ところが地元の埼玉県は東京都と地続きで、県民の多くは東京都で働いているのに、福祉関係の施策がひどく遅れている。坂本医院に来る患者諸君の中で、生活訓練、社会復帰のために作業所に紹介したいと思える人がいても、近くには一つもない。そこで以前には、隣の都の東久留米市にある「どんぐり工房」や小平市の「あさやけ作業所」に越境して、お世話になる人が何人も出てきた。これでは困るということで、私の町、新座市、隣の町、志木市の家族の方たちが家族会を作り、保健所や保健センターの援助を得て、「さわらび」と「ふれあい」という小規模作業所が動き出した。

どちらもまださやかなものながら、それが公設でなく私設で、市民の草の根の努力で作られたことが何よりも尊い。この二つの施設はそれぞれに特色があって、患者や回復者諸君は自分に向いた所を選んで、参加している。メンバーたち自身で別の「かわせみ会」という集りも作られた。息抜き場、遊び場、仕事場とその仲間ができたので、生活に変化を作り出せるようになった。全国と県の家族会連合会（通称ぜんかれん）は終始我々の「作業所つくり運動」を助けてくれた。私は、行きがかり上、地元と近隣の三つの作業所の顧問医を引き受けさせられている。

東大精神科のデイ・ホスピタルが、宮内勝や安西信雄たちの努力によって生活技能訓練（SST）の普及の原点となり、また本郷の町内に「銀杏企画」という作業所を二つもつくって、大学病院のDHと一緒に活動を続けていることはうれしい。これこそが本当の「自主管理」である。

私が話をする機会があるたびに、立ち遅れを嘆いていた「精神保健」の活動も、ようやく全国至る所で芽を吹き出すようになった。そう言えば、この言葉でさえも一九八八年の精神保健法改正で社会に出たものである。我々が念願としている障害者の種別を撤廃した「障害者基本法」の出来るのも近いのではなかろうか。

XIV. わが生と死

私は現在ではいつ死が訪れても不思議でない年齢となった。自分の生を顧みると共に、死の準備を始めるのに相応しい年である。考えてみれば、私は二十世紀という動乱の世紀の大部分を生きることができて、福沢諭吉の一生にして二代を生きたという感慨に近い人生を送ることになった。こんなにも多彩でスリルに満ちた人生を送ることができたことを歴史に感謝すべきだろうか。しかも歴史は終ることなくなお動いている。青年の頃、情熱を燃やした社会主義思想でさえも、ドイッチャーIが『未完の革命、一九一七―一九六七』(邦訳『ロシア革命五十年』、岩波新書)と呼んだ未完の儘に、ロシア型の官僚国家は崩壊して、次の時代に持ち越された。だからと言って、市場経済と資本主義体制の下では、子供と老人と障害者を抱える福祉社会の理念は、成り立ちにくいことが誰にも明らかである。宗教は弱者の支えとなる強力な一翼ではあろうが、湾岸戦争でアメリカのブッシュとイラクのサダムがどちらも神の名において戦争を叫ぶのを見ると、私には無宗教であることのほうが心の自由を保てるように思われる。

中井久夫は「(我が国の) 一部の精神科医はあきらかに社会改革に挫折した人の後身である、改革の対象を自己限定して精神病院改革に向う者がいる」と書いていたが、私の場合も形の上ではそれに近いものの、私を突き動かした本当の力は社会改革への情熱よりも自分と精神病者を共に含めた自由の獲得という人間的な、あるいは倫理的な動因であったと思われる。私は自分の不自由から発して精神障害者の治療に人生を賭けることになったが、それは私にとって精神病者が「自由を失った人」の典型であったからである。彼らは、まず心理的な意味で主体性が脅かされており、非条理な拘りと囚われに縛られている。認知や行動に障害があるために、社会生活に支障を来していて、周囲からは疎外されやすく、社会的、法律的に人権侵害を被っている。この不自由性が脳の機能の故障に発すると考えられる故に、それは病気の一種であり、医療が求められている。このことは医療だけで問題が解決されることを意味しない。生物学から始まった精神科医の活動は、看板を生活相談科に替えたほうが相応しいほどに、社会に広がることになった。

かつて社会病の一典型であった結核がどのようにして克服されたかという経験は、精神病に対しても教えるところが多い。砂原茂一は『ある病気の運命』(東大出版、一九八四) という著書で、結核との戦いについて感銘深い思い出を語っている。一生の間に自分が立ち向った病気の運命を見届けることができたとは、何という素晴らしい経験であったろうか。それこそ「見るべきほどのものは見つ」という思いであったろう。彼は結核の後にリハビリテーションに献身したので、私はそこで彼から障害の概念を学ぶことができた。私たちはまだ分裂病の運命を見届けるには至っていないが、「分裂なんか怖くない、しかしひどく手ごわい」と言えるところまで来た。ここでは問題を障害のリハビリテーションに拡大する姿勢が必要とされている。

私の人生の歩みは、遅くてつまずきが多かった。同行の人たちにさまざまな迷惑をかけたことを謝らなくてはならない。しかし精神科医として生きた人生には悔みはない。意味のない仮定ながら、もう一度人生をやり直すことができるなら、やはり精神科医として生きることを望む。ただその時には、もう少しうまく生きたいものである。

死が近いことを知った時、自分がどのように振舞うかを予想すると、いつも半世紀前の戦争末期を思い起こす。あの頃、私は若い盛りで、生がどんなものであるかを知らなかったし、生と死の間隔は大きかった。そのような状態で、週か月かの単位で将来に予期される死のイメージは厳しかった。それでも、日々の生活を積極的に誠実に送ることが、死を冷静に迎えることを可能にするらしいことを悟り、「生あり、死あり」と並べて受け入れる境地があることを知った。この経験はこの上もなく貴重なものとして今に残っている。

その後、何人もの近親、先輩、友人の死を身近に経験し、ことに医者として患者諸氏のさまざまな死を見た上で、八十年の人生とはどのようなものであったかを体験することができた。現在では、生と死の間隔はかなり狭まってきたように思われる。この間隔が消滅するような形で死が訪れるならば、それは「静かな死」になれるであろう。私の師の内村祐之は、死の眠りに就く前に、美代子夫人に「こういう死に方もあるんだね」と述懐して、少量の睡眠剤を飲んで休まれたということである。もう一人の師の林　暲は、癌センター病院で、肺がん末期の激痛にも耐えて、愛子夫人にも見舞客の誰にも癌と痛みを嘆くことなしに亡くなった。強い人だったなぁと感心する。友人の野上茂吉郎は「死ぬのは怖いよ、もう話すことはないよ」と手を握った。気持の優しい人であった。最後にできることは、周りの人々に負担を掛けないように努めることだと言った人があるが、私自身はどのようにして死を迎えることができるだろうか。それには全く自信がない。

精神科医として、七十歳代の十年間を診療や精神衛生相談に携わることができたのは有難いことであった。現在、市の老人福祉課の嘱託もしていて、ホーム入所申請の老人たちの生活歴に接する度に、明治、大正、昭和を経てきた人たちの、不況、大地震、戦災、生活難に揉まれながら暮してきた孤独の老人たちの苦労に、心を打たれることが多い。私は、人々の助けになることを心掛けて、何らかの努力をする時ほど、自分の生の意味を教えられることはない。今後とも出来る間は患者の友として暮していきたいものである。向き合ってお喋りをしている時、彼らが患者であることを忘れていることが多くなった。相手もこちらを医者扱いしなくなることがあるようである。

●第二部●激動の社会の中で分裂病者にまなぶ

I. はじめに

私は大正二年（一九一三）年に生れて、激動の昭和の時代を生きのび、現在に至ったものである。自分の分裂病研究の歴史を書こうとして、今さらながら社会の時代的背景を抜きにしては語れないことに気付かされた。というのは後になって自分にも判ってきたことだが、分裂病者の生存の在り方は社会の状況と動静によって大きく影響を受けるもので、その間に変化する側面としない現象があらわになり、さらに分裂病問題に取り組んでいる自分自身もやはり時代の子であるからである。

私が精神病者たち――その多くは分裂病者だったろうが――に初めて出会ったのは、大正十三年十二月三十日（一九二四）小学校五年生の時である。学校のそばの「青山脳病院」が前の晩に焼けて、次の朝行ってみたら焼け出された患者が沢山学校に収容されていたのに驚いた。それでも私は別に怖いとは思わず、野次馬気分でその周りを友達と一緒にうろついて歩いた。この病院は北杜夫

は斎藤茂太は『精神科医三代』[1]の著者の斎藤茂太は

の小説『楡家の人々』に出てくる楡病院のことで、作家の兄で『精神科医三代』[1]の著者の斎藤茂太は私より二級下の子供であった。ついでながら島崎敏樹（のちの東京医歯大教授、『人格の病』[2]の著者、エッセイスト）と伊藤正雄（のちの肥前療養所長で開放看護の先駆者）は同じ小学校の一級上で、伊藤は前年の関東大震災の時の「罹災者」として青山に移ってきた一人であった。脳病院は高い煉瓦塀で囲まれていたが、それには大地震で崩れた所があったので、物見高い少年の私は、悪童連とそこからよじ登って、ぐるりと焼け跡を視察（?）したことがある。そこには風呂場などがいくつもあって珍しかった。持続浴の跡かと判ったのは後のことである。

当時の精神病者がどのような暮しをしていたか、子供の私には判るはずもない。石川信義の『心病める人たち』[3]という本によると、昔の日本の社会は精神障害者に対して寛容で、彼等は地域社会でのんびりと暮すことができたと、いかにもロマン派らしい懐古調で書かれている。ささやかな私の見聞に照してもこれは間違いではなくて、大正から昭和の初めには、人々に「XXちゃん」と呼ばれていた精神薄弱者らしい男が街を歩き回っていたし、てんかんの先生が校庭で大発作を起こしても、あの先生は剣道で頭をぶたれ過ぎた所為だなどと陰口を言われる程度で、教育委員会に排除されることはなかった。だからと言って、昔の世の中は石川の言うようにおおらかで呑気な時代だったとするのは見方が甘いようである。中勘助の『銀の匙』十五章には、洞穴で亡くなった病者のいたましい話がある。当時の社会は全体として貧しく、特に昭和一桁の大不況時代にはあちこちに乞食や浮浪者がおり、人々は自分の生活に一杯で、他の人に構っていられなかったのではないだろうか。

呉秀三の『私宅監置の実況』[4]（一九一七）には初めの方に「我が邦においては、古くより精神病をもって一の疾患とみなしたれば、精神病者に対する処置も欧洲において行なわれたるがごとき残忍暴虐なるものなかりしと雖もまた甚だ冷淡なるを免れざりき」と書かれている。終りの方には、岡田靖雄によって有名になった言葉「我が邦十何万の精神病者は実にこの病をうけたる不幸の他に、この邦に生れたるの不幸を重ねるものと言うべし」（傍点筆者）という告発が載っている。この両方の言葉が呉によって述べられたことに注意しなければならないだろう。またこの報告の出た翌年に、米騒動が全国に広がったことも心に止める必要がある。人々は精神病者を医者任せにして無関心となり、医者の多くは分裂病には処置なしとして放置して顧みなかった。林道倫（のちの岡山大学長）は巣鴨病院で呉秀三院長の回診について歩きながら「この患者たちに何もしてやれないのですか」と聞いたことを思い出話[5]に語っている。この思いが彼のその後の分裂病研究につながっている。生涯を患者のためにささげた尊敬すべき先輩でさえも、諦観的な精神病院ユートピア論を説いて後輩の私を感心させると共に悲しませた。避難所（アジール）はいつになってもある数は必要なものだろうか。近頃、ウィングJはそれを患者の五％と見積もっている。

II. 遍歴時代

私は昭和十二年（一九三七）に大学を卒業して東大病院の精神科に入局したのだが、それは特に精神医学に関心があったわけではない。私の学生時代には、社会は戦争前の暗い谷間の時期で、自分に生きるに値する将来があろうとは考えられなかったから、逃避的な動機から暗闇と見えた世界に身を寄せたにすぎない。大学四年の夏休みに松沢病院を見学に行って、病理研究室の渡辺道雄医長（後の京城大学教授）に精神科はどうですかと聞いたら「うだつが上がらないからお止め」と言われた。次に心理研究室の奥田三郎医長（後の北大教授）に同じ質問をしたら「やり甲斐があるから是非おいで」と勧められた。これは面白いかもしれないと思ったものである。

さて内村祐之教授のもとで、井村恒郎はじめ魅力的な先輩や仲間たちに囲まれて始めた修業生活は、私には涙の出るくらい有難かった。患者を受け持って初めて自分にもやれることがあるかもしれないと生気を取り戻すことができた。当時は分裂病に対してインシュリン・ショック療法が始まったばかりで、病棟は新人にとって忙しかったし、それに見るもの聞くもの新しいことばかりで自分を顧みる暇もなかった。しかもその年の夏から戦争は北支に広がり、先輩がつぎつぎに兵隊に取られて行く状況だった。私たちの遅い青春はあまりにも短かかっただけに、余計に輝かしく思えるのかもしれない。

当時は精神科志望の新人が少なかったせいか、わりにのどかな面もあって、東京地方会（?）の先輩たちが、東京、慶応、慈恵各大学卒業の新人を一緒に学士会館に招待してご馳走をしてくれたことがあった。その席で、京大の心理からフランス留学を終えて慶応に入ってきた宮城音弥――彼は私の高校の先輩である――が、「臺君、東大では分裂病の診断はクレペリン流ですかブロイラー流ですか」と聞くのには、えらい所に飛び込んだものだと閉口した。診断に流儀があるなどとは考えもしなかったのである。ブロイラー、ブムケ、クレペリンなどの教科書は覗くだけでも大変だし、その上、ヤスパースの精神病理も必読であると先輩が言うので取りついてみたら眠くなるばかりであった。その後、ヤスパースの本は戦地に持って行って、暇にまかせて読んだら結構面白かったから、この学問はある程度経験を積まなければ判らないもののようである。

それでも翌年の春、ナルコレプシーの少女で、入眠幻覚（私の造語、それまでは将眠幻覚といった）から妄想的な発展を来した珍しい症例にぶつかって、彼女を中心に似たような例を集めて地方会で報告し、初めて論文を書いたから、それにからんで幻覚や妄想の文献を大分読みあさった。しかし精神病理は、患者の体験をもとに自分に都合の良いような物語を作り上げている感じがして、どうも安心できなかった。もっともその後十年たってから、自分の処女論文(6)を読み直してみて、インターンにしてはなかなかやるじゃないかと思ったのだから我ながら甘い話である。治療にアンフェタミンが有効なことは文献から判っていたが、戦前には国内では入手できなかった。私のアンフェタミンとの付き合いは、あとで深いものになったが、当初は開戦後間もないバンコクの薬屋でベンゼドリン（英国の販売名）を買って、夜間の行軍に際して自分と兵隊に試用したことに始まる。

少し遡ると、昭和十四年（一九三九）に松沢病院に勤めることになって、女子慢性病棟の担当医として八十人の古い分裂病者に囲まれた体験が、自分の人生を決定するようになるとは思いもかけなかった。その頃の患者は皆同じ棒縞の病衣を着せられていて、見分けがなかなかつかず、名前を覚えるのも一苦労であった。一日中、影のように同じ所に立っている人も少なくなかったし、廊下を常同的に行きつ戻りつしている人が何人もいた。話しかけても返事がないことが多かった。彼女たちは大部屋に並べて寝かされて、食事は廊下で一列に座って早喰いですませていた。悪く言えばまるで牛小屋なみである。未熟な医者にとって、ここは精神病理の通用する世界ではないようにみえた。私の行動研究や生物学志向はこんなところに一つの根をもっている。

私は、ただ病気だという理由から、このように不自由で惨めな生活を強いられている患者たちに何一つしてあげることができない自分を腑甲斐なく思い、途方に暮れる他なかった。先輩たちに聞いても、お前の好きなようにしろというばかりで何も教えてくれない。彼等も判らないのだと思った。若い私は思想の自由のない理不尽な当時の社会に反撥していたので、この気持を患者に投影して、彼女たちから「自由を奪っている病」に取り組もうとすることでようやく自分を支えることができた。でもそれにはどうしたらよいのか見当も付かなかった。

昭和十四年の夏は印象深い日々だった。島崎敏樹が私と交代に松沢にくることになって、二人は自分たちの研究方向についてよく話し合った。彼は確信に満ちて言った「僕は精神病理をやるよ」。それに対して私の言ったことが情けない「精神病理ての は何をするんだい、それで喰えるかい」。すると島崎は彼が戦後になって続々と著した本、例えば『感情の世界』(7)『心で見た世界』(8)などの原型を判りやすく話してくれた。私は感心して聞いては、あとで「何だ、当たり前のことじゃないか」と口惜しがった。

その頃ヨーロッパでも戦争が始まっていた。医局の昼どきに、スターリンとヒトラーが手を結んだという放送を聞いた戦慄は忘れられない。これはいけない、何ということか、大戦争になる。私は分裂病の問題に没入することで、迫りつつある戦争を忘れようとした。分裂病は生物学的な脳の病気だろう、形態学で変化がみつからないならば、生化学で異常を探すしかないだろう、治療の仕方もそこから出てくるだろう、だが私は生化学をほとんど知らない、基礎から勉強しなければならない、というので「僕は生化学をやる」と島崎に言ってしまった。しかし当時一旦臨床を止めて基礎医学の教室に移るのは冒険だった。先に何があるか判らない。私はさんざん迷ったあげく婚約中だった将来の妻に相談した。「あなたの好きなようになさい」と言われたのだが、彼女も他に言いようはなかったろう。そして翌年の正月から、東大の生化学教室に移って研究生となった。このような経歴は東大精神科としては第一号である。

当時、分裂病の生化学的研究には、ノールウェイのギッシングRによる周期性緊張病の全身窒素代謝の長大な研究(9)とドイツのシャイトKFによる発熱性エピソードの研究(10)とヤーンDとグレーヴィングHによる無力性体質者の代謝特徴(11)が注目されていた。多彩な分裂病の病態の中でも、挿間性で身体的異常のありそうな特殊例がまず研究対象に選ばれたのは無理もないことである。私も東大の精神科でこのような患者が来ると受け持たせてもらったが、発熱性の緊張性エピソードの症例は気を付けると何人もみつかるのに驚いた。さらに奇妙なのは、戦後になってからはそのような患者に全く出会わなくなったことである。シュタウダーKHのいう致死性緊張病かと疑ったのは、薬物療法時代になって悪性症候群との鑑別が問題になってからの話である。

生化学教室に行って柿内三郎教授に「分裂病の研究をしに来ました」と言ったら、「分裂病と早発性痴呆はどう違うのか」と聞かれた。そこで若造の精神科医は乏しい蘊蓄を傾けて説明した。教授が三時間もかけて青臭い話をとっくりと聞いて下さったのは、後で考えると異例の待遇であったようである。私がギッシングの窒素代謝に重点を置いて話したので、アミノ酸代謝をしらべてはどうかということになり、マーカーとしての硫黄をもつ含硫アミノ酸、メチオニン、シスチン、システインを追跡することになった。その前に基礎的な測定や分析と合成の修練をしなければならなかった。その頃にはアイソトープはなく、クロマトグラフィーさえなかったのだから、修業はまことに古典的なものだった。当時の生化学では代謝系路は少ししか判っておらず、無味乾燥の暗記物めいた学問で、一向に魅力のある代物ではなかった。そして毎日ガラス道具の洗い物、試薬の調整、測定などで明け暮れる生活はきつかった。当時の試薬は質が悪く、いくら精製しても硫黄不純物が入り込むのには閉口した。なるほどSはOの同族元素だから何処にもあるものだなどと妙に感心したことを覚えている。しかしいろいろな苦労のお陰で、物質世界の掟とでもいえるような動かし難い壁の存在に触れたことは、逆説的ながら精神の世界に生きる医者となるには欠かせない基礎教育を与えられたように思う。多くの精神病理の専門家たちは物質世界の厳しさを知らないから気楽にものが言えるのかもしれない。

当時、私は生活のために一日おきに精神病院の当直医をさせてもらっていたが、若さにまかせてとは言いながら、これも楽なことではなかった。生化学教室では私は異邦人で話し相手もなかったから、暇さえあれば古巣の精神科に戻って、仲間と話し込むのが楽しみだった。かたわら文献を読んでは精神神経学雑誌の文献欄に投稿した。その中にモニスの白質切截術（リュウコトミー）とフエニルケトヌリア（ＰＫＵ）[12]の論文があったことは、本邦での初紹介ながら、その後の私にとって不思議な因縁である。モニスの論文ではこんなことが治療になるのだろうかと疑って、その理屈づけは荒唐無稽に思われた。またＰＫＵは我が国にもあるのではないかと予想して、当時数少なかった精薄児収容施設の滝野川学園と伊豆大島の藤倉学園を尋ねて、硫酸第二鉄の呈色反応を子供たちの尿について調べたことがあった。全部で二百人足らずの成績では、一人のＰＫＵもみつからなかったので、日本にはないのかとも考えたが、戦後になって松沢で第一例を確認することができた。[13]その時には、患者の尿からケト酸の抽出、結晶化、同定などに当って生化学教室で覚えた技術が役に立った。

生化学の修業は一年半経って、昭和十六年の夏、召集令状の赤紙が来て終った。ちょうどその時は、内村教授の地域調査に初めて参加して、信州小諸の町にいた。教授と二人で上野に帰る汽車の中で、将来の研究の構想を熱っぽくしゃべり続けた記憶がある。生化学での仕事は硫酸の半ミクロ定量法が出来たところだった。

話を松沢に戻すと、当時の食糧事情はすでに悪化し始めていた。昭和十五年（一九四〇）の関東地方会[14]で松沢の死亡者が増えてきたことが報告され、それは公費患者に多く、社会の低い階層の出身者は抵抗力が弱いからだと説明されたのを聞いて、食物のせいだとなぜ率直に言わないのかと、江副勉（後の松沢病院長）と二人で大いに憤慨したことを覚えている。次の年に太平洋戦争に突入してからの松沢の死亡統計は、立津政順（後の熊本大教授）によって詳しく報告[15]されている。ピーク時の昭和二十年には、六百二十人の平均在院者に対して実に四百八十人が死亡している。何という物凄い数字であろうか。東京で焼け残った精神病院では、全く同じ状況があったことは、井の頭病院長の元吉功[16]が報告している。戦争がもっとも弱い患者にもっとも厳しい災害を与えたことは、この一事だけで充分に明らかである。ずっと後になってケンブリッジのフルバーン病院にクラークDを訪ねた時、院長室の壁に大きなグラフが掛けられていて、四十年間の在院、死亡統計が図示されていた。私はすぐに一九四〇―四五を辿ってみたら、曲線は滑らかで死亡の増加が全くない。一九四〇年はドイツ空軍のブリッツ、イギリスでいう「ブリテンの戦い」の年で、以後にも食糧の耐乏生活があったろうに、何という相違かと私は溜め息をついた。

私の戦歴は、昭和十六年の九月に芝浦の桟橋を離れてベトナムに向い、昭和二十年の十二月末にパラオから浦賀に帰還するまでの四年四カ月である。出発の時三百人いた仲間のうち生きて帰れたのは三十人である。私がニューギニアで死なずに済んだのは、細い偶然の糸に導かれたおかげだとしか言いようがない。私にとってこの間の経験は、精神医学としては空白であったが、精神科医として生きたその後の生活にこの上もなく貴重なものになった。いや、後になって精神医学と医療は患者の生活の上に立てられるべきだなどと主張するようになったのは、この戦争体験なしにはありえなかったろう。特に戦争初期の頃、反戦軍医として侵略戦争に加わることの内面的な苦悩、末期のパラオ篭城の期間の戦闘と飢餓による外面的な辛苦は、東京の山の手育ちで世間知らずの若い医者の人間観、価値観に大きな影響を与えた。人間の尊さと醜さ、強さと脆さ、天国と地獄を共々に見てきたという思いは、多くの帰還兵と同様に、怖いもの知らずの無法ぶりと周囲には受け取られるような人格変化を残したかもしれない。その後、私の患者に対する態度に優しさと厳しさと素っ気なさ、あるいは超然さを何人かの患者から指摘されたが、それも戦争体験とは切り離せないことのようである。

こうして私は「魔の山」ならぬ「魔の海」から帰って来た。昭和二十一年三月（一九四六）から松沢病院に戻って、私の遍歴時代は終った。

III・分裂病の生物学的研究

(1)　私が生物学的研究という言葉に託している意味は広いもので、「生きていること」にからむ多次元的な現象として分裂病を理解しようとする態度を現している。しかしこのような自覚は初めからあったわけではなく、時と状況に応じて「脳から行動まで」、「動物から人間まで」いろいろな課題を取り上げていくうちに、ミクロからマクロに及ぶ生物のシステムを辿ることになったのが実情である。私が生化学教室にいた頃、高校の先輩の八杉竜一が隣の理学部動物学教室にいて、フォン・ベルタランフィーのシステム理論の本の輪読をやっているから参加しないかと誘われたことがあった。難しいドイツ語と動物学者たちの高級な議論について行けなくて、数回で脱落したが、当時は自分のやろうとしていることが何かも判らなかったのだから心細い話であった。[17]

さて、戦後の松沢病院生活は誰もが生きることに懸命で、その中から再建が始まっていた。私も患者の世話、研究室の整備、江副に誘われて加わった組合活動などで忙しかった。戦前、戦中、戦後の松沢病院の患者や看護婦の生活は、友人の看護婦、増田はる子の著書『ともに生きる歳月』(18)によく書かれている。また江副勉と筆者との共著論文「松沢病院の戦後十二年」(19)も今では大切な資料となった。

昭和二十二年（一九四七）林道倫教授の呼びかけで「精神分裂病の生物学的研究」班が発足して、私も岡山に招かれて初めて同志の方々と知り合いになった。十人足らずが学内に泊まりこんでの会合であった。昭和二十二〜二十三年度の報告書（文部省学術研究会議、第九部　医学　第二十三班）三冊がただ今私の手許にある。どれも色変りした質の悪い紙の謄写版刷りで、つわ者どもが夢の跡の感慨が深い。班長林道倫の他、班員として内村祐之、秋元波留夫、中脩三、三浦百重の各教授、次いで上村忠雄教授が加わっている。林は分裂病の理解には脳の代謝を明らかにしなければならないと考えて、内頸静脈に穿刺して脳から戻ってくる静脈血を得て、同時に内頸動脈からの動脈血と比較して脳代謝を推定しようとしていた。クルズスを受けて私もやってみたが、内頸静脈の穿刺は深くて怖いとはいえ、それほど難しくはなかった。神経病理学者として高名な林道倫が五十を過ぎてからの学問的転身の情熱は私たちを鼓舞するものがあった。彼は脳血が異常に赤い例があったことに注目して、血液ガスの測定を中心に教室をあげて取り組んでいた。現在なら簡単に出来ることの測定も、当時はヴァンスライクの方法による大掛かりなもので、門下の佐々木高光、高坂睦年らの努力はめざましかった。

会合の席で、林班長は「君は東京にいて情報源に近いのだから皆に報告をしなさい」と言った。言われるまでもなく、私は毎週土曜日に、当時芝公園にあり後に日比谷に移ったアメリカ文化センターに通って、新しい文献をむさぼるように読んだ。戦争の間に、アメリカの生化学はめざましく発展して、旧式な暗記物はダイナミックな科学にすっかり様変りしていた。TCA回路、ATPが発見されてエネルギー代謝の内容が明らかになっていた。「酵素学の進歩」シリーズに載ったリップマンの高エネルギー燐酸、セント・ゲオルギーの筋収縮蛋白、ナッハマンゾーンのアセチルコリンの総説などは胸を踊らせる読物だった。「臨床検査ジャーナル」には、ケティとシュミットの脳血流全体量の測定とそれについては分裂病者には異常がないという報告[20]があった。こうなると岡山教室の血液ガスの動静脈血差から脳の代謝を推定する研究は不完全なものになる、たかだか呼吸比の変化などで定性的な推論ができるだけである。私はそれを岡山に急報した。

しかし林らが患者の状態像の変化と血液ガス動態を関連させた継時的な所見は貴重なものだった。昭和二十二年秋、金沢での精神神経学会の林の特別講演[21]は熱気に溢れた大演説だった。私は舞台裏に入り込んで演説を聞きながら、大きな紙に書かれた図表が廻ってくるとせっせとそれを書き写した。スライドのない時代の話である。

次の年、京都で、林班長は中脩三、勝沼精蔵(内科医、名大学長)、佐野勇、と私の五人で小さな集りを作ってくれた。佐野はよくしゃべる元気な若者で、どこの助教授かと思ったら、阪大のインターン生だった。何でも構想を話せと言われるので、私は動静脈血の差から代謝を推論するのではなく、脳組織を直接調べる必要があるのではないかと言った。ちょうどその頃、松沢では同僚の広瀬貞雄がリュウコトミー（俗にロボトミーといわれる）を始めていたので、その際に化学的バイオプシー（生検）ができそうである、まず組織呼吸をワールブルグ法で測ってはどうかと相談した。中が「あれは敏感な方法で気圧変動の多い日本には向かないから止めろ」と言うと、勝沼は「そんなことはないよ、簡単なものだからおやり」とおっしゃる。林もやってごらんと勧めた。この話は、ずっと後になって問題にされた実験の始まりを弁護するために持ち出したのではない。五つの大学から、学長からインターンまでが集って、研究論議ができたという当時の自由な雰囲気と林道倫の民主的な人柄を判って頂きたかったからである。当の私は大学に所属していない公立病院の医員であった。

松沢病院の研究費は0であるから、あちこち尋ねた末に、ワールブルグ呼吸計が横須賀の海軍空技廠の出物で鎌倉の額田研究所にあると聞いた。そこで病院のトラックを出して貰って借り出してきた。後になって、慶応の塚田裕三（のち生理学教授）は各地の大学の精神科に役にも立たないワールブルグを流行らせたのは臺の責任であると言ってからかったが、もとはこの借物に始まる。同僚の江副勉が「塚田たちがボールドウィンの『生化学のダイナミックな視点』[22]という本の輪読をやっているそうだから参加しないか」と言うので、早速押し掛けて行って参加したのもこの頃である。当時慶応が間借していたのは三鷹のバラック校舎だった。この海賊版の本は読みやすくて広く若者たちに読まれ、生化学の民主化の象徴のようだった。こうして我々は出身学校、所属病院の区別を問わず同志的な仲間を求めて輪を広げていった。この仲間が、関西の佐野勇らのグループと組んで、精神神経学会の体液病理研究会を手がかりに、神経化学懇話会、後の学会を生み出したのである。当初は神経化学という言葉すらなかった。

(2)　私たちの研究は岡山教室の仕事に触発されて始まったので、脳組織の糖代謝というもっとも基礎的なエネルギー代謝の側面を扱うことになった。そこでまず問題となったのは、脳手術の際にどのようにして生検試料を得るかということと糖の定量法であった。私は手術には全く無能力なので、ウサギの脳でいろいろ試してから、手術者の広瀬貞雄にあれこれと注文を出した。広瀬は素人の勝手な注文をよく聞いてくれたが、結局脳皮質表面の血管を避けて軟膜の下から鋭匙ですくい取るという素朴なやり方が一番良いと決まった。脳手術では出血の防止が肝要である。広瀬が彼にとっては余計な手間をかけて協力してくれたことには感謝の他はない。糖の定量には当時ハーゲドルン法とソモジー・ネルソン法があったが、それぞれZnとCuの還元を使う特異性の低いものであったので、定量的な代謝実験には欠陥があった。それでもウサギの脳皮質のスライスを使って基礎実験を済ませ、何とか本実験のやれそうなところまで漕ぎ着けた。後には糖の定量をやめて、乳酸の測定に移ることにした。

被検患者の選択は全く手術者の広瀬まかせである。実験日には準備を整えて、浮遊液入りのシャーレを持って手術室の外の廊下で待ち構えていても、今日は止血に手間をとったから駄目と断られることもあった。組織が毛細管出血でまみれたのでは実験にはならない。採取した組織量は左右両側を合せて一g足らずで、それを隣の化学室に持ち込み、スライスにして二つの呼吸容器に入れ、ガッタン、ゴットンと恒温水槽の中でゆさぶる。このワールブルグ実験はその後何年かにわたって続き、化学室の年中行事となった。呼吸測定の途中で低気圧が接近してみるみる内に水圧が変って実験が駄目になったことがあった。「中さんの言った通りだね」と相棒の江副と顔を見合せたものである。私は江副との共同作業ほど楽しい思いをしたことはない。お互いに話をしないでも心が通じ合った。夜まで実験をしていても、二人とも院内の公舎に隣り合わせで住んでいて、夕飯を食べてまた戻ってくるから平気である。

この「人体実験」の成績は、昭和二十五年（一九五〇）に報告にまとめて臺と江副の共著で精神神経誌に発表した[23]。それによると、主実験は二十一症例で、発病後平均七・六年を経た慢性の「欠陥」状態にある分裂病者で、対照群となった非分裂病者、性格異常者八症例との間に、組織呼吸に関しては差異はなく、糖消費には減少があるという結果が得られた。呼吸比には異常がなく、これは林の報告とは違っている。解糖が少ないだけ、乳酸の生成も少ない。分裂病の診断について何等かの疑義のあった五症例は別に問題群としてまとめられたが、この群の成績は対照群と同じであった。ただし問題群に数えられるべき慢性覚醒剤中毒精神病の遷延性幻覚妄想状態の二症例では、分裂病群と同じ代謝パターンが得られたのは注目に値することであった。分裂病群にみられた特徴的な所見が生理的にどのような意味をもつかはこれだけでは全く判らない。分裂病の状態像と生物学的所見を関連づけるためには、対象例の均一性、同質性を得ることが必要で、診断の要件と症例選択の包括規定と除外規定の重要なことが今更ながら痛感された。しかし私たちの実験は脳手術に付随して行なわれたものなので、この要件や規定は設けられなかった。後に問題となった「人体実験」については後で述べる。

話は逸れるが、当時松沢の医局には一騎当千のうるさ方が集っていて、林　暲院長の診断の際にも診断論議が盛んであった。SDN（分裂と鬱と神経症）などという言葉があったくらいである。ある時「多数決で決めましょう、分裂と思う人は手をあげて」と院長が言ったのにはあきれた。何と言う見識のない人なのか、それともこれこそが暫定的で操作的な(当時はその言葉はなかったが)診断を先見した人の言うことなのかと感心もした。診断会議にいつも参加していた熱心な田辺晋薬局長が、診断に番号を付けたら良いと提案したことがあった。その後二百九十五、XX（ICD、DSM）というような数字を見るといつも彼のことが思い出される。操作的診断の発想が疫学と生物学的研究と健康保険の必要から生れたという経緯は私の実感でもある。

当時の松沢病院はいろいろな意味で高揚期にあった。私たちの化学室の上には組織の研究室があって、そこには猪瀬正（後の横浜医大教授）と立津政順たちがいた。ある晩のことだった。立津が降りてきて「臺さん、悪いけど、分裂病みつけちゃったよ」と言う。「悪いけど」というのは江副が仲間に流行らした言葉で“You are sorry”という意味である。「どれどれ」と二階に上がって行くと、立津は顕微鏡を並べて「見てごらん、こちらが分裂、そちらが対照」と言う。彼が分裂病者の脳の神経細胞に嗜銀性の強い特異な像をみつけた時の話である。[24]私はすっかり感心してしまったが、負けてはいられない。「この神経細胞は生きてるのか死んでるのか」と聞いたら、「生きてる」という。「それなら遠慮はいらない、答は化学が出してくれるよ」と言って降りてきた。立津は松沢の鬼といわれた男で、後日、前橋にいた私に熊本からきた年賀状には「謹賀新年、寝ても覚めても分裂病」と書いてあった。こんな年賀状はあるものだろうか。

残念なことには、私の組織代謝の報告はその後世界の学界で承認されたものとはなっていない。マキルベンの神経化学の教科書[25]に引用されているくらいである。当初、私の報告に対して我が国では追試肯定の報告があるが、外国では追試はない。分裂病に対する白質切截手術は行なわれなくなったし、特に対照となる例を得ることは脳外科に際しても困難であるから追試できないのである。科学の世界にも巡り合わせということがある。死後の剖験脳について局所的に解糖酵素系特にヘキソキナーゼ活性をしらべることは可能であろうが、未だ試みられたことを聞かない。立津の組織病理の報告についても広く承認されたとは言われず、よく似た所見を報告しているのは、私の知る限りではゼーニッツ[26]とズラヴァシュヴィリ[27]の二報告だけである。

(3)　昭和二十四年に、私が最初に出会った覚醒剤中毒による幻覚妄想状態の患者を分裂病とばかり思い込んで誤診した経験は強い印象を残していて、「人工分裂病」の問題は私にとって長い懸案になっていた。慢性覚醒剤中毒を動物に作ったら分裂病モデルになるのではないかという発想は、ヒトの中毒が分裂病と区別のつかないほどの病態を作り出すことと上に述べた二例の遷延性幻覚妄想状態の脳組織代謝の所見から当然生れてくるものであった。私たちが分裂病を脳代謝の面からとらえるかぎり、それを手がかりとするモデルなら他の身体病の場合と同じ考え方でできるはずである。

とはいえ分裂病の動物モデルの実験はかなり投機的な企てであることも間違いなかった。私はそれまでいろいろな発想から一発勝負めいた実験をひそかにやってきていて、いつも見込みが外れていた。そこで今度こそは転んでもただでは起きないことにしようと、薬理学的な薬物の体内分布、排泄の測定とからめて、ヒトと動物で覚醒剤の急性と慢性実験を行なうことにした。それには覚醒剤の微量定量が必要になるので、文献をあさり実験を重ねたあげくに、特異性では劣るもののメチルオレンジと結合させて色素を測定することにした。後で知ったことだが、アンフェタミン中毒のモノグラフを書いたイギリスのコンネルも同じ方法を用いて測定していたのは偶然の符合であった。

モルモットを使って実験を始めたのは昭和二十八年（一九五三）の夏で、それと並行して中毒患者と一緒に自分たちもヒロポンを十―二十mg飲んで、血液と尿のアミンを、動物では脳を含めていろいろな臓器組織のアミンを継時的に定量した。私がヒロポンを飲んだ晩にはほとんど眠られず、やたらに小便に起きて閉口したものである。これらの成績から判ったことは、アミンの排泄は早くて数日から一週間で終り、長く続く精神症状は体内の蓄積によるものではないと思われることであった。覚醒剤は慢性投与で二次的な変化を脳に残すと考える必要がありそうである。そして中心となる実験で、慢性中毒モルモットの脳の組織呼吸と乳酸生成が分裂病者で見た所見と同じパターン、つまり呼吸は不変で解糖が減少を示すことが判ったのはその年の十月になってからであった。「見込みが当った、トンネルから抜け出した」と判った晩には、つぎつぎにやりたい実験計画で頭が一杯になって眠ることができず、夜が明けるのが待ち遠しかった。翌朝、早速に実験ノートを江副に見せて興奮してしゃべったことを思い出す。

当時、私は、この実験と並行して、次に述べる作業療法にも関わっていて、猛烈に忙しかった。秋の定期検診の胸部間接撮影で要再検と判定され、二階の階段を登るのにも息が切れるので気がかりになってきた。念のために自分でX線撮影をして、暗室にフィルムを見に行ったら、技師のO君が黙って濡れたフィルムを渡してくれた。見ると素人の私にもわかる空洞が肺の両側にある。ああ、何と言うことか、この時ほど口惜しい思いをしたことがない。江副とその頃までに化学室同人に参加していた加藤伸勝（後の京都府立医大教授、松沢病院長）に後事を託して、十一月十日に都立清瀬病院に入院させて貰った。入院して安静度二度の生活に入ったら、毎晩必ず実験の夢をみる。いつになったら実験から離れるだろうかと思っていたら、まる一月たってやっと家族が夢に出るようになった。手術した方が早く退院できると言われたので、思い切って肺区域切除を受けたが、手術中に停電があると二度に分けられるので、台風のある夏は患者が手術を嫌がる時代だった。私は手術後二週間にベットの上で洞爺丸台風（一九五四）のニュースをラジオで聞いた。

「覚醒剤中毒の生化学的研究、第一報　覚醒剤の臓器内分布と排泄、第二報　脳組織糖質代謝に及ぼす影響[28]」は、臺、江副、加藤の共著として、昭和三十年（一九五五）の精神神経誌に発表された。第二報のデータの大部分は江副、加藤によってつくられたものである。二人は進行中の実験のデータを持って度々病院に私を見舞ってくれたが、寝ている患者はもどかしがってやいのやいのとせき立てるので、両君はさぞ閉口したことであろう。

報告によると、モルモットに一日量六mg／kgのメチルプロパミン（メトアンフェタミン）を二十〜七十日間にわたって一日一回皮下注射し、最後の注射後五十時間で断頭して、組織代謝の実験をしている。そこでは酸素消費の軽度促進と乳酸生成の大幅の減退が認められ、この過程は薬物の蓄積による直接の作用によるものではないことが示されている。この報告では実験データだけが記されて、分裂病のモデル実験としての意味は述べられていないのは、この所見の生理的な意味が判らなかったので慎重に構えたためと、事実を語れば充分という思いがあったからである。しかし一九五九年に出された英文報告[29]では、行動面に急性効果としての運動興奮とは異なる慢性効果としての運動減退と被刺激性の低下が記され、また同年に大阪でなされた「分裂病研究のための脳の生化学」[30]という報告では、無為、自発性減退の実験的精神病について語られている。「モデル精神病」とはっきり述べたのは一九六一年の英文報告[31]が始まりである。それは後述の動物の行動研究の深まりに応じて、もう大丈夫と考えたことによる。

私たちの覚醒剤の研究は、神経研究所の内村賞と精神神経学会の森村賞をいただく光栄に浴した。ただし未だ誰も知らない新しい事実を自分たちが摑むことができたという喜びは何物にもかえ難いものであった。

(4)　さて一方、私の行動研究は作業療法への参加のなかから生れた。戦争がすんで作業療法が復活したのには、病院体制の民主化と離すことができない。松沢病院には呉院長以来の伝統があって、加藤晋佐次郎、菅　修のような先輩が作業課を守ってきたし、作業員にも老練の士が何人もいた。戦後、石川準子は作業課医長になってその再建に力をつくした。労働組合ができて、病院の縦の系列が弱まり、横の連帯が強くなったお陰で、医者と看護者と作業員が力を合せて、患者の生活をより人間的に改善しようとする努力が実現した。仕事はまず病棟内の生活指導、身辺自立から始まり、室内作業、室外作業に広がって、患者が外に出るようになった。こうして昔は仕事の出来る患者だけに行なわれてきた作業療法が、病状の固定したと思われる「無為、好褥」の慢性患者を巻き込むようになった。若い医師たちがあちこちの病棟でこの活動に参加し始め、病院全体に活気が生れてきた。藤原豪や吉岡真二によって「働きかけ」という言葉が作られたのもこの頃である。作業療法はまことに民主主義の子供である。

私は戦前に受け持って絶望させられた慢性女子病棟の担任を志願して、新しい気持でこの仕事に取り組んだが、再起不能と思われた患者が「働きかけ」によって立ち直る場合があることを知って、作業療法の意味を理解するようになった。作業に参加できない人たちにもいろいろな遊びが役に立つことも知った。昭和二十八年（一九五三）の春に千葉で行なわれた関東地方会に「遊び療法について」という発表をしたところ、私を化学の研究者だと思っていた聴衆は不思議がったようである。その席で慶大の三浦岱栄教授が「これこそ研究だ」と褒めてくれたのは嬉しかったが、同僚の石川準子は「しゃべらないで実行するのが本当の作業療法だよ」と言った。ことが作業療法となると、理論派の私は実践派の彼には頭が上がらないのである。

「遊び療法」の対象になった患者の病棟では、多くの患者はいつも定位置をもっているか（静的常同症）、同じ運動を繰り返していた（動的常同症）。患者の名前を早く覚えるのに、病棟の見取図に位置を書き込んでおくと役に立つほどであった。病気で休んだ二年後の話になるが、久しぶりに病棟を訪れたらYさんがいない。そうだ、彼女の定位置は便所だったたと思い出して行ってみたら、案の定、扉の陰に立っていた。「ここでは時間が停止している、眠り御殿だ」と心の中で唸ってしまった。

さて、この患者たちを見込みのありそうな人から重点的に外に誘導して作業課に指導を任せた――石川医長は「こんな患者を送ってよこすのは、臺には作業療法が判らないからだ」と悪口を言いながらも引き受けてくれた。私は構うものかと笑いながら次から次へと患者を外の作業に送りこんだ。作業課の仕事にも参加のできない人たちのために、病棟でも珠投げを含めていろいろな遊びが工夫された。

「遊び治療」の原稿をプリントにして残さなかったのは惜しかった。そこで述べた要点は、分裂病者の行動はその人の置かれた場所、場面のポテルシャルとでも言えるような力によって大きく左右されるということであった[32]。それは作業の場の行動評価は病室の場での評価よりも大概まさっていることに現れるし、仕事や遊びの場面に患者を誘い込む場合には日常的に見られるものである。例えば、食事用の長机を持ち運ぶに当って、治療者が一方の端を持ち上げて「そっちを持って」と声をかけて頼んだ時に、またスクエア・ダンスの輪に欠けた個所を作っておいて、輪の中の連中が

「Aさん、入って」と声を掛けた時に、普段はびくともしない患者が軽く動きだすのである。この手口は活動への「きっかけ」や「こつ」として活用できるはずである。この話ではグループ・ダイナミックスや対人関係論はまだ意識されていなくて、固定的な行動パターンの基になる機能障害にも打開の道があるという指摘に、重点が置かれていた。

ついでながら、このような試みが行なわれていた当時にはまだ抗精神病薬は現れていない。無為好褥の慢性患者を立ち上がらせるために、三十人の患者にヒロポンの二十mgを一日量として二週間連用したことがある。すると元気が出て作業に誘導できたのは五人だけで、半分の人には全く反応がなく、残りの十人は病状が悪化して看護婦を困らせたので、この怪しげな治療[33]は止めなければならなかった。

IV. 治療についての考察——閑話休題

昭和三十年代は分裂病治療にとって大きな進展が見られた時期である。というと先ず薬物療法の登場が語られるだろうが、生活療法も精神療法も同じ頃に登場してきたのである。しばらく当時に戻って、治療の意味を考えることにしたい。

冬眠麻酔の際に自律神経反応を抑制する薬が分裂病にも有効だそうだというニュースは、結核病院に入院中の私にも届いていた。「理屈で作られた薬が効いたためしがないよ」などと言っていた私も、退院後、経験したクロールプロマジンのめざましい効果には脱帽しないわけにはいかなかった。鎮静効果や抗幻覚妄想作用はもちろんのことながら、患者を作業療法へ導入することで苦労した私にとっては、薬で作業療法に導きやすくなる点が何よりも有難かった。しかし薬は治療の仕上げまでを容易にしたわけではない。私は主として慢性患者を相手にしていたので、初めから薬物と他の治療との併用の利点に注目していた。

一体これらの薬の効果とはどういう作用によるものか、それは分裂病の病理を明らかにする手がかりにならないだろうか。よく言われる目標症状という考え方はあまりに便宜的で承服できなかった。ここに行動薬理学が全く新しい期待を負って登場してくる。自律神経遮断剤、強力精神安定剤、後に抗精神病薬とよばれるようになった薬剤の開発スクリーニングには、意識障害を来さないということの他に、動物の条件回避行動を選択的に抑制すること（クールヴォアジエS[34]）とアンフェタミンの作用に拮抗すること（ヤンセンPA[35]）に重点がおかれていて、この二つが既存の催眠剤や抑制剤と違う特徴であるとされていた。経験的に見出されたこれらの要件は、治療の対象となる分裂病の病態の理解にとっても深い意味をもつはずである。条件回避反応の抑制を単に不安やストレスの解消によるものであるとするならば、穏和精神安定剤に抗精神病作用がないことと矛盾する。この予測反応は生存にとってもともと重要な機能のはずだから、それが抑制されるのは好ましくない副作用を引き起こしてもよさそうである。実際、過量の薬物は周囲のものごとへの無関心を作り出す。当時、薬物的ロボトミーなどという変な言葉があったくらいである。もし分裂病には特別に過敏な機能系があって、過去の情動的な記憶に条件づけられていると仮定するならば、抗精神病薬の薬用量が選択的に過敏反応を抑制することに意味があるのかもしれない。また抗アンフェタミン作用は、拮抗薬のスクリーニングに用いられて、ブチロフェノン系薬物を生み出したものであるが、これも分裂病がどこかの機能の過敏状態をもつことを意味している。そしてアンフェタミン急性反応が何らかの意味で分裂病モデルとなることを示しており、私たちによるメトアンフェタミンの慢性反応も別の意味で同じモデルを扱っていたことになる。後になって抗精神病薬の抗ドパミン作用が明らかになり（ランドラップA）[36]、分裂病のドパミン仮説（スナイダーSH）[37]が生れたのは周知のことである。

作業療法が一方では生活指導や遊び療法やレクリエーションなどの延長上に行なわれ、他方では就労訓練や社会復帰活動と連なるようになると、作業療法の本来の意義はどこにあるかが問われるようになった。昭和三十一年に、小林八郎はこれらを一まとめにした包括概念として「生活療法」という言葉を提唱した。当初、私は「生活」そのものは無内容だとして疑問を呈していたが、そのうちに次に述べる生活臨床の経験などから、社会生活の中で経験を蓄積し活用する学習が中軸となると考えて、「生活療法」に惚れ込み、この言葉の積極的な鼓吹者になった。裏を返せば、分裂病者は何かにこだわって、生活経験に学ぶことが下手なのである。私の意見では、外国由来の言葉である社会療法、環境療法などは、生活療法と似たような手口を用いるにしても、環境に対する受動的な反応に重点が置かれていて、本人の能動的な活動が表れていないので適切な言葉とは思われない。一方、精神療法は主体の能動的な側面に関わるとはいえ、こだわりの意味の理解に重点があって、実践による行動学習を重んずる生活療法までを含みこむことは無理である。私は生活概念の上に立

てられる療法は独自の機転を持つと考えるようになった。(38)

分裂病者の治療についての治療者の意見は、その人の関心、傾性、好みと共に自分が関わっている患者の在り方によって大きく左右される。昭和三十年代に、関西、関東を問わず、若い精神科医の間で、精神療法に対する関心が高まったのは、言語的交流が可能で精神療法に反応しやすい新鮮例が増えてきたことと関係が深いのではないか。古い松沢病院でさえも、薬物療法時代になる前に、病棟の雰囲気がかなり変わってきたことに私は気付いていた。戦前に、奥田が固定的な慢性病型として記載した滅裂言語や衒奇行動などを主とする病像は、戦後の患者の中に見出すことが困難になってきて、「奥田によるXX型」と病歴に記入してあったのを訂正して、亜型を特徴づけない病状の記載に変えたことが何人もあった。つまり定形三亜型の減少、分類不能型の増加である。これを「軽症化」と言うならば自然の経過でそうなったように聞こえるけれども、そこには環境の変化と生活療法による影響が大きいように思われる。

私はそれまで長く陳旧性の言語的交通に乏しい患者たちを相手にしてきたので、行動面での対応に重点を置く結果となり、精神療法の意義を認めるのが遅くなった。次に述べる生活臨床の経験が漸く精神療法に目を開くきっかけとなったのである。

V. 再発予防五カ年計画と生活臨床

私は、昭和三十二年（一九五七）の夏に群馬大学教授の稲見好寿の急逝に伴って、その後任として前橋に転任した。その折には自分の人生にも転機が訪れていた。私は四十三歳を過ぎ、両親はすでに亡く、加えて作業療法を強力に推進していた男子慢性病棟を失火で失い（昭和二十八年二月六日）、一人の患者の死亡に責任があった。提出した私の辞表は林院長の大きな配慮で留保されたままで実現しなかったが、何処かで出直さなければならないことは明らかだった。その頃までに、生活療法の意義を自分なりに会得したつもりにはなったものの、これが慢性患者には労多くして功の少ない努力であることも判っていた。研究室での動物モデルの実験と神経化学的研究も端緒に就いたばかりで、やらなければならないことは山のように控えていた。

昭和三十三年（一九五八）の正月休みに自宅で寝ころびながら考えた。大学病院に多い発病初期の患者に対して、充分な生活療法、薬物療法をした後に、アフタ・ケアを続けて、再発を予防し慢性化を食い止めたら、患者の予後は大きく改善できるのではないか。目標を再発予防にしぼって、五カ年計画（一九五八〜六二）で転帰を追跡することにしよう。そのためには退院した患者が外来と再入院に抵抗なく来られるように、病室を完全開放看護にして、病院の他の科と同じにしよう。松沢にくらべて医者と看護婦の多い大学病院でこそ、開放看護を実現させなければならない。この経験は若い医師の教育にもなるに違いない。

この計画を年明け早々の医局会議で医師と看護婦に相談したら、皆が賛成してくれて仕事が始まった。私は気負っていて、技術的にはひどく未熟だったくせに、かなり苛酷な要求を若い医師や看護婦たちに強いた。それでも皆が燃えてくれたからこそ初めてできたことである。今になっても当時の看護婦諸姉が昔は良かったと懐かしがってくれるのは嬉しい。婦長には武蔵療養所から大塚マスが、助教授には佐久病院から江熊要一が応援に参加してくれた。

やってみると完全開放看護というのは、たった四十床の小さな病棟でも、大変な仕事だった。皆が総がかりでないとできない。誰もが若くて初めての経験である。私は教授会で方針を説明して協力を求めたり、PRを兼ねて病院、大学の職員にアンケート調査をしたりした。江熊は結核の安静度を裏返しにした自由度という看護段階を持ち込んで、病棟の入口に自由度別の名札をぶら下げて、看護婦への指針とすると同時に患者自身の自覚を促そうとした。大塚は年次課題を作って看護学会で毎年研究発表をすることを実行し、精神科看護協会の役員にもなって活動し、教育用の看護小辞典を若い同僚たちと一緒に作った。

入院者にはすべて同意納得が必要だから説得に半日かかることがあり、入院適応なら誰でも無選択に入れたので、難しい患者が来た晩には病棟医長は自宅に帰れなかった。ある患者が入院した晩に脱院し、以来杳として行方知らずとなったのが唯一つの不思議な事故であった。皆は神隠しと言った。脱院患者を追いかけてばかりいては勉強にならないという苦情が医局会議で出されたり、看護婦の労働強化反対という声が組合から聞こえてきたりした。こうして次第に経験を重ね、少しずつ開放度を上げて最後に窓の鉄格子を取り払うまでに丸三年もかかっている。病院の営繕が仕上げをなかなかやってくれないので、自分たちに任せてくれと言って、金鋸を沢山買ってきて医者、看護婦、患者に配って、皆で丸一日がかりで取り払ってしまった。その時には病室が思いがけないほどに明るくなって、全くいい気分だった。皆はこれこそ本当の作業療法だと言いあった。(39)

分裂病の再発がこれほど多いものだとは、予防計画をやってみて初めて実感された。計画発足後四年目には入院患者の八割が分裂病で占められ、さらにその半分が再入院という有様になったので、教育病院としての機能に支障が出る始末であった。(40) これでは「再発予防」という看板は恥ずかしいから下ろそうと言って、「予後改善計画」と改称したのが三年目である。少なくとも、生活面での持続的な指導と薬物治療によって、病状を軽くし回復を早めるくらいはできるという線で踏みとどまったわけである。

再発再燃に当って時期を逃さず適切な対応をすれば悪化を食い止め、回復に転換することができ、逆にまた当人の弱味となる特徴は生活上の出来事にぶつかると症状を悪化させる契機となることだと判ってきた。外国で危機介入といわれたことや、また新海安彦によって賦活再燃とよばれた現象が、ここには身近な臨床経験として先取りされていた。対応の仕方を模式化して近づきやすくしたのは江熊である。彼は逆説にたけていて、悪くすることができれば良くすることもできるはずだと言っていた。彼は天性の治療者で、その見事な面接の技術には若い医師たちは心服し、教授の私は兜を脱いだ。彼と共に湯浅修一、加藤友之、田島昭たちによって初代の「生活臨床」グループが作られた。

「生活臨床」という言葉は医局の雑談の中から生れたものである。私は当時並行して行なわれていた行動研究との関連から、自分たちの活動を行動療法の延長上で特徴付けようとした。江熊たちは、精神力動には馴染まなかったが、行動の枠の中で考えるのは狭すぎると反論した。「行動」か「生活」かのやりとりが暫く続いた後で、私も結局「生活」の方が相応しい言葉であると納得するようになった。長い生活経過の中の変動の特性を目で視て型分けしやすいように、私の提案で、白いプラスティックの短冊を、患者一人当り一本、十年分として一mほどに切って、江熊の部屋の壁一杯に並べて吊るした。これに生活尺度と持続期間に合わせて模様別に貼り続けていくのである。この簾模様は江熊の部屋の名物となって訪問者に珍しがられ、二年[41]、五年[42]、十年[43]と二十年[44,74]の転帰調査にもついてまわって、論文のグラフとなって残されている。

生活臨床の活動は外来の活性化を経て在宅生活に広がり、中沢正夫、丸山甫、国友貞夫たち第二世代の働きも加わって地元の保健婦との協力ができあがり、地域精神衛生活動が群馬に根付いた。一時期それは全国のモデルになったほどである。生活臨床は、江熊の指導力と群馬大学の独自性と上州の地方色なしには実現しないことであったろう。

「再発予防」の成績はと聞かれれば、後述の長期転帰調査を通じて、成果と共に限界が示されたことになる。再発機構の多次元的な内容と多角的な治療の在り方、さらに疾患の自然史の中での位置づけが明らかにされた意味は大きい。臨床上の治療の試みは正に研究そのものだと思われた。後に発表された「履歴現象と機能的切断症候群[45]」という私の仮説もこの間に生れた。「生活臨床」に臨床という言葉が付いているのは医療的な意味が強すぎて、リハビリにとって好ましくないと蜂矢英彦は言うが、「臨床の知」（中村雄二郎[46]）という哲学的な含みもあることを考えれば、なかなかに捨て難い言葉ではなかろうか。

ただ医局員に学位論文を作らせるのが大学教授の世俗的な役目の一つであると周囲に思われているのが、私にとって苦労の種であった。臨床研究は短期間に論文になるものではない。江熊たちの第一論文[47,48]が学会の森村賞を貰ったのは八年後のことである。そこでという訳でもないが、生活臨床と並行に実験室での行動研究と神経化学の研究が進められた。臨床研究と実験室研究を油と水のように考えるのは間違っている。両者は本来相補的なものである。

ついでながら生活臨床の論文に英文抄録をつける時に、生活臨床を何と訳したらいいのか判らずに、カソリック神父のカナダ人に聞きに行ったことを思い出す。そこでは“Clinical guidance to social adaptation”とされたが、これでは適応が主な目的のように聞こえて面白くない。近頃改版された『精神医学事典』の生活臨床の項では“Clinical guidance in the way of life”と訳されている。土居健郎によると、生活を英語にすると“The way one lives one's life”だそうである。

VI. 行動研究

(1)動静法。私の行動研究は慢性患者の作業療法と覚醒剤中毒による動物モデルの二つの根をもっている。分裂病を生物学的に研究するには、精神病理の記述にたよるのでなく、患者の行動を表す言葉によって疾患を規定する必要がある、という考えは松沢病院時代からの私の持論であった。松沢でのある小集会で、当時東大の脳研生理にいた平尾武久が、健康者と患者の行動を映画にとって、フィルムを一駒ずつばらばらにしてしまったら(行動単位に分解したら)、それをもとにして健康者と患者を弁別することができるかと質問したことがあった。私は頻度分布から弁別可能だろうと答えたが、それは詐病者が医者を騙しおおせるかという問題ともからんでいて、狂気を演ずることは非常に難しいからである。また覚醒剤中毒精神病者が、薬の濫用の事実を当人の隠す意図のありなしにかかわらず医者が知らない時には、分裂病と誤診されることがある。

この際には、分裂病の操作的診断の要件が薬の使用を除いてすべて満たされていて、しかも立津が「打てば響くような対人反応」があれば分裂病でないと主張しているほどの微妙な違いをもつ。「対人反応」を眼球の動きという微小行動 microbehavior で立津の主張を裏付けてみせたのは、ずっと後の小島卓也である(49)。さらにまた行動によって分裂病を定義できるならば、同じ規定を用いて動物のモデルを作ることが可能になるはずである。

私が前橋でマウスの車廻しを指標として覚醒剤中毒による行動異常を定量的に調べ始めていた頃、平尾が留学から帰ってきて、群大生理学教室の助教授に、次いで行動研の教授になり、以後長い共同研究が始まった。平尾は「回廊法(50)」と名付けた装置を作って、マウスの行動を時間・空間の座標の上に自動測定できるようにした。これは個体丸ごとの「運動と停止」の粗大行動 macrobehavior を環境の座標によって数量化しようとするもので、「動静法」("Stop and go" method) とも呼ばれ、また外部環境に測定の座標軸を置くから自己流に「生態学的手法」と名付けられていた。

マウスでなくてヒトにも動静法が適応されるはずだという発想から、平尾は有志の学生たちと相談して、講堂の座席の二次元空間に現れる「座席のとり方(51)」を二年生の二学期一杯をかけて測定した。資料は学園祭の展示品になり、なかなかの好評だった。三十年後に、ある年次の卒業生のクラス会に招待されたので出席したら、「私たちは先生のネズミでした」と打ち明けられて、座は大いに沸いた。この手法は単なる座興ではなく、選択の自由の限定された場面でどれだけ不自由な行動が現れるかを調べる意味を含んでいた。それは精神病院の合唱の集会の座席のとり方[52]にも、患者や女子高校生の縦並びと横並び[53]の歩き方にも、大学の守衛の夜間巡視のやり方[54]にも適用されて、いろいろ面白いことを教えてくれた。座席調べの翌年の春の試験の際に奇妙な振舞いに出た一学生の診察を依頼されて、彼が分裂病を発症していることを知ったので、当人の座席パターンを調べてみたら、彼だけが集団から孤立して移動の少ない定着の座を示していたことは驚きであった。妄想は秘められていたのに、座席のとり方のような粗大な行動に常同的な防衛（？）の硬い姿勢が現れていたのである。当人の目的意識を知ることなしに、その異常を推定できる場合があることは、行動解読のもつ深い意味を示している。

浜田晋が松沢でやった患者の球あそびの研究は動静法とソシオグラムの合成で、平尾はこれに球の受けと投げの動作を加えることによって、対人交渉の解析に踏み込めるようにした[55]。浜田、平尾、臺による「球と人」[56]という映画――今ではビデオ化されている――は、われわれの協力の産物である。分裂病者と成人と子供の対比は患者グループの行動特性を鮮やかに示していて、行動パターンの固着（保続）、転換の困難、行動範囲の狭窄（認知と操作の障害）などを目でみる形で現していた。映画作りを通じて「独立企画」の映画人、森谷玄との交友が始まり、それはサルや自閉症の映画にまで長く続くことになった。映画人の目の付けどころは独特で、成程と思うことが多かった。当時、ある友人が「君はどうして簡単な行動ばかりをとり扱うのか」と聞いたけれども、神経学的な異常が動作の面に現れるのに対して、精神医学に見られる異常は粗大な行動面に現れることこそ意味が深いと言うべきではなかろうか。さらに行為といわれる目的行動にまで踏み込むには、当時、私はまだあまりに未熟であった。しかし生活臨床の経験は、分裂病者の行動の特性は対人的な志向行動ないしは予測行動の面にもっとも端的な形で現れることを教えた。

(2)マウスの実験。さて話は、前橋に赴任する前に戻る。モルモットに覚醒剤を慢性投与した時の行動変化に気がついてから、研究を進展させるには行動観測を数量化する必要があると考えて、縁日の夜店で時に見かけたマウスの車廻しを思い付いた。私はそれまで動物の行動に何の知識もなかったし、教えを乞う所も文献も知らなかったから、新宿のデパートのペット・コーナーに行って「お宅に車を廻すネズミはありますか?」と聞いた。店員は面喰らって「マウスはどれでも車を廻すのではないかしら」と言う。「確かにそうか?」「さあ、どうかしら」というようなやりとりの末に、とにかくマウスと玩具の車を買って帰ったが、全く恥ずかしいくらいの物知らずである。

前橋に落ち着いてから、車かごを手作りでこしらえ、車の回転数を計るカウンターを壊れた目覚し時計――時計屋で一個百円で買えた――を改造して作り、時間分布を記録するために衛生学教室から自記温度計の回転ドラムを貰ってきて、三つを連動して何セットか整えた。大学で工作するのは教授らしくなくて照れ臭いので、自宅の縁側で仕事を広げていたら、子供にまで父親が時計屋になったと笑われた。何しろ研究費は乏しいし、車廻しが研究になるかどうかも判らないので遠慮していたのである。後になって行動学の文献を読むようになってから、ネズミの車廻しは古典的な研究テーマの一つと判って、それならもっと堂々とやればよかったと後悔した。マウスが車を廻す度に時計の針がコチコチと刻むのを見るのは本当に楽しかった。これこそ生物時計だと独りで悦に入っていたが、残念なことには誰一人褒めてくれる人がいない。平尾までがディジタル・カウンターがあるのにと冷やかす始末である。しかし時計はアナログに限ると今でも思っている。

マウスにメトアンフェタミンを注射すると、車廻しの回転数が薬の用量依存的に上がる。用量がある程度以上になると、極期にはまとまった車廻し運動が減って滅裂な多動乱発、常同運動が主になる。[57]これが急性反応で、ランドラップAが「アンフェタミン常同症」と名付け、ヤンセンPAが「強迫かじり」と呼んだ現象である。車廻しが増えるだけの適量の一mg／kgを連日注射していくと、急性反応が三時間くらい続いた後、夜間の運動が日を追う毎に減少してくる。マウスは夜行性の動物であるのに、注射を三週間続けてから止めても、夜間の運動減少は持続し、回復に二月以上もかかるようになる。これが慢性反応で、私は自発性減退のモデルになると喜んでいた。

運動減少はすべて自発性減退によるとは言えないことは当然だから、車かごの中の走行速度を別の簡単な装置で測定して、それをもう一つの目安にして、他の条件による運動減少とくらべてみた。それは抗精神病薬のクロールプロマジン投与と甲状腺機能を低下させるチオユラシル投与の二条件である。走行速度は慢性覚醒剤投与では変化しないのに、クロールプロマジン投与では減少、チオユラシル投与では増加するから、メトアンフェタミンによる減動は自発性減退によるものとみて差し支えないことになった。

こんなことをやっている間に、世の中では行動薬理学が急速に発達してきた。そしてさまざまの運動計測法や刺激反応スケジュールも開発されてきた。動物の行動は研究者の視点や計測法によっていろいろ違った側面を現すもののようである。大分後の話になるが、群大行動研の薬理部門の田所作太郎教授[58]は、メトアンフェタミンによる急性反応としての運動増加は注射を重ねる度に増強されること、つまり過敏性（逆耐性）が成立することを見出している。私がそれに気付かなかったのは、田所が移所運動を振動として注射後数時間測っていたのに、私が車廻しで一日の全運動を測っていたためではなかろうか。また現在東北大にいる佐藤光源教授[59]はラットの急性反応の中の「アンフェタミン常同症」に注目して、それに逆耐性が成立することを明らかにした。

私は慢性反応の現象にとらわれていたので、急性反応の慢性化過程での変調（過敏化）に気付くのが遅れた。

平尾の「回廊法」は、マウスの時間と空間の分節的な使い方、つまり生活の在り方を測定する方法だったから、運動面だけでなく刺激に対する反応面も合せて見ることができた。覚醒剤を慢性に投与されたマウスは食べて寝て廊下をうろつくだけの存在になり、周りからの刺激に無反応になる。

行動レパートリーの減少、つまり常同症、自発性の低下、被刺激性の減退は、まとめて「自閉性行動異常[60]」と名付けられて、それは分裂病者に見られる行動特徴と対比できる現象ではないかと思われた。この状態がクロールプロマジンによって回復され、自発運動が増えることも注目すべき所見であった。上述のように、無処置のマウスではクロールプロマジン投与は運動減退を引き起こすものである。

慢性反応としての自閉性行動異常は実験された総てのマウスに必発の現象でなかったことが、この実験の進展を妨げた。私の扱ったマウスは群大の実験動物舎から貰ったddN系という系統であったが、自発性減退を作れたのは32／50に止まり、その理由は何故だか判らなかった。別の実験によれば、薬物の注射を単独飼育で行なうか、複数飼育で複数注射をするかによって、後者の条件の方が行動異常の成立を容易にすることが知られたので、飼育条件や注射条件、換言すれば「素性」が関係していることが推測された。また平尾のその後の実験によるとC57BやC3Hのような純系では自閉性行動異常は作れなかったというから、系統による生来性の「素質」も関係しているのかもしれない。このように行動異常の多元的な成立要因を分析することは難しい。なお個体差の問題は次のニホンザルによる実験にもっと明らかな形で現れてくる。

(3) ニホンザルの実験。実験がマウスの次にはラット、ウサギ、ネコと系統樹をあがってきて、サルに辿りついたのは、私が昭和四十一年（一九六六）東大に移ってからである。町山幸輝（現群馬大教授）がサルをやりましょうと言うので、飼育係の菊池稔と三人で、紹介状もなしに犬山のモンキー・センターを訪ねて「サルで覚醒剤中毒の実験をやりたいから、サルを分けて下さい、飼い方を教えて下さい」と頼んだ。センターのサルの研究者は皆若くて、自由な雰囲気をもっている人たちで、付き合いやすかった。もっとも「素人が簡単にやれるものではない、無理な話だ」と相手にしてくれない人もいれば、こまごまと親切に教えてくれた河合雅雄（後の京大教授）のような人もいた。

サルの野生棲息地のそばの宿屋に泊まって、一夜づけの勉強をしてから買い付けの契約をして帰った。少したってサルたちが飛行機で羽田にやってきた。

私たちはグループ飼育の条件の下で行動の変化を調べたかったので、まず京大流に個体識別、序列の同定、自然観察の勉強から始めた。メスが入ると対猿関係が複雑になるという素人考えで、若オスばかり十頭足らずのグループを作って、組が安定してから覚醒剤投与を始めた。実験の全経過の映像記録を「独立企画」の森谷玄たちが担当してくれた。彼ら映画人は我々以上に熱心で、一緒になってサル学の勉強をし、こま落としの長時間自動カメラを持ち込んだりした。

ニホンザルの場合には、覚醒剤の急性反応に個体差が著しい。多動になる興奮型が多い中に、逆にちぢこまってしまう抑制型もいる。ボスは興奮多動型で、ビリは抑制型である。慢性投与によって異常行動が現れるのはストレス状況の方が起こりやすいだろうと、サル知恵ならぬヒト知恵で考えたので、まずボス猿と序列最下位のサルに、メトアンフェタミン一～二mg／kgを毎日注射して様子を見ていたが、薬の急性効果としての多動が出るばかりで一向に慢性症状らしいものが現れない。薬の量を次々に増していったら、ボスが弱って倒れてしまった。ボスを失ったグループは不安定になって、ベース状態を取り戻すのに一～二カ月もかかる始末である。同じ失敗を二回も繰り返してから、ボスとビリは覚醒剤に対して抵抗力があるらしいとやっと判ってきた。

この研究は資金的にはエーザイ製薬会社の援助によってなされたものだが、慢性実験は上述のように計画通りに進まず、延々と一年経っても見通しがつかなかった。スポンサーに申し訳ないから、援助は急性実験だけで打ち切って下さいと申し入れをしたら、担当の鶴丸俊美に叱られてしまった。「貴方たちは慢性実験を目標に始めたのでしょう、研究者ならそれを続けなさい。会社のことは私たちに任せて、考えなくて宜しい」これには一言もなく、この激励は本当に有難かった。

そこで注射の相手を序列のNo.2と下位の興奮型に切り替えて実験を続けた。ある日のこと、町山が飛び込んできて「幻覚が出た」という。「どれどれ」とサル小屋に行ってみると、後に「のぞき」と名付けた奇妙な異常行動が現れていた。中毒サルは仲間の顔や身体の一部をさぐるようにじっと見つめたり、仲間の身体にさわったりする。自分の体や周囲の物体に対しても同じような行動が認められる。これは認知障害であるに違いない。中毒サルには、この症状が出る前から、運動減退や社会行動の変化、孤立、無関心が現れていたのに、それを特別な病状と認めるのにためらいがあった。それが「のぞき」という陽性症状が出たばかりに、それまであった陰性症状も含めて一つの症状群がまとめられた。これではまるで分裂病の診断にそっくりではないか。

中毒サルの離脱状態に食塩水を注射したら、薬投与と同じように「のぞき」が誘発されたことも驚きであった。非特異的なストレスによって慢性症状が再現されるのは、過敏状態が持続していることと、条件反射メカニズムの関与を物語るものである。

以後、仕事は順調に進み、「覚醒剤によるサルの分裂病モデル」という映画[61]と英文報告[62]が出来上がった。これは科学映画賞ものだと当て込んでいたところ、皮算用が外れてがっかりした。審査員の中にこれは科学でないと言われた方があったそうである。まことに私たちの仕事は科学の既成パラダイムには当てはまらないところがある。

モンキー・センターで開かれるプリマテス研究会でも発表したら、特別講演を頼まれた。二年前に素人あしらいにされたことを思うと、宮地伝三郎はじめ錚々たる専門家の前でしゃべれるのは破格の出世である。映画を見せた後、「こんな奇妙な行動をするサルを野外でごらんになった方がありますか」と聞いたら、誰もいない。しかし、流石にその道のプロの質問は鋭いものだった。「進化論的な意味を考えたか」というのである。その時にはつまって答えられなかったが、後でネズミ、ネコの経験をたどってみたら、認知障害はサルで初めてそれと判り、それがヒトの幻覚や思考障害につながることをたどれるように思われた。それはのちの切断症状群の論文に、照合障害の成立の過程として述べられている。

この映画はあちこちの外国の集会でも上映した。一九七〇年の秋に、レニングラードで分裂病のシンポジウムが開かれた時、映画を見せた後で「トップのサルには抵抗力があって、行動異常を起こしにくい」と言ったら、その晩のパーティで、陽気なグルジアのアカデミシャンが「臺は良いことを言ってくれた、彼のために乾杯しよう」と言ったので、皆はウォッカをあげて大笑いだった。この人が立津の鍍銀標本とよく似た病理所見を発表した人物である。

我々のサルの実験は大学紛争の最中、安田講堂の攻防の間にも続けられた。「この研究は紛争よりも長生きするよ」と言い合っていた通り、町山は二十年後に「あの映画は今も新しい」と誇りをもって言う。彼は、最近頼まれて、映画をビデオ化してカナダの学者に送ったそうである。

実験の間にはいろんな挿話もあった。その内の一つ、昭和四十三年（一九六八）八月二十二日四匹のサルが小屋の小窓を開けたとたんに逃げ出した。翌日の新聞[63]には、東大病院で「分裂症のサルが集団脱走、研究用いやがり？　一匹は行方不明」という見出しの下に面白可笑しく報じられていた。私は中毒サルは逃げるはずがないと思ったが、その通りで、逃げたのは対照に食塩水を注射されていた連中ばかりであった。ただ記者の早とちりで、「分裂症のサル」と言われたのには悪い気はしなかった。近くの上野動物園に応援を頼んで、外に逃げ出した一匹も民家の台所で捕まえて貰った。翌日、私は一升瓶を下げて動物園事務所にお礼に行き、嫌味を言われて引き下がってきた。

私が東大を辞めてから、中毒実験のサルの一部は埼玉大学に移された。彼等はそこで「うてなサル」と呼ばれていたという。ある精神病院のベテランの看護者は、実験については何も知らなかったのに、慢性症状が固定してしまった「J」というサルを見た時、思わず「分裂病のサルがいる」と言ったそうである。素直な目はサルの中にも「分裂病」を見る。嬉しいことを言ってくれるではないか。

さて実験の次の段階は、「多目的集団ケージ」である。これは昔の松沢病院のロの字型の病棟を模したもので、大小二つの部屋を二階作りの廊下でつないであり、ボスが廊下の一つに陣取っていても、他のサルの行動空間が狭くならないので、集団行動の観察に適している。また廊下を四つの区画に分けて、それを個体用の課題実験に当てることができる。ちょうどその頃、文学部の動物心理の助手諸君が大学紛争で研究室から追い出されて精神科に避難して来たので、このケージを使って共同研究を始めた。

「サルの行動異常」は我々人間が見てそれと判定しているので、サル仲間ではどのように受け取られているかは判らない。サルの社会的信号は仲間の行動にもっとも敏感に反映されるはずだという考えから、群の各メンバーの示すグルーミング、遊び、攻撃、逃げ、その他の行動の頻度および対象をソシオグラムを作ってしらべた。そして中毒動物では、自発性の減退、社会行動の減少、社会的信号の授受の低下が認められ、また正常動物の中毒動物に対する行動は中毒動物の行動異常のきわめて有効な指標となることが明らかにされた。この報告は二つの国際集会[64、65]で発表された。個体実験は、中毒サルの過敏状態を行動実験の上で立証しようとしたものだが、途中で実験環境の悪化のために止めなければならなかったのは残念であった。

VII 「人体実験」問題

昭和四十六年（一九七一）三月二十五日、私が犬山の霊長研の学会に出席していた時、朝日新聞の大熊由起子記者から電話があった。彼女には面識があったが「以前、ロボトミー手術の時に脳の組織を取って実験したか」という。「それはそうだが、どうかしたのか」と答えながら、彼女の非難がましい口調を不思議に思っていた。これがその後二年にわたって続く「臺人体実験」問題の発端である。

後で聞いたところによると、石川清(66)（当時東大講師）は、三月十七日に、精神神経学会理事長保崎秀夫に対して、臺の論文を生体実験と判断するか、このような「実験」が行なわれ、論文として学会誌に掲載された責任は、誰がどのようにしてとるかなど、五項目の質問と要求を提出すると共に、「前理事長臺弘氏を全学会員に告発する」という文書の公表を求めた。また二十四日にはマスコミに告発文を流し、二十七日の朝日新聞はこれを報道した。学会は委員会を作って対応し、論議は理事会、評議員会、総会の場で延々と続けられたが、そこには最初から最後まで激しい意見の対立があった。

しかし昭和四十八年（一九七三）四月二十八日に、名古屋の精神神経学会総会で、吉田哲雄（当時松沢病院）による手術死の「新事実」（後述）の提示によって、圧倒的多数の会員が臺実験を容認しえないものと断ずるようになり、患者の人権の軽視を学会として反省することを決議した。それには「臺実験は医学実験として容認しえない」とか、「二名の死亡者については、皮質採取がなければ死に至らなかった可能性が強い」とか断定していた。

私は、石川の告発が実験研究についての無知と臺に対するいわれなき誹謗によることを終始主張しており[67,68]、この問題に一応の決着をつけたかの如き「学会決議」にも強く反対してきた。その反論を細部にわたってここで繰り返すのは意味があることとは思わない。ただインフォームド・コンセントについては、現在の通念に照らせば私の手落ちがあったことは間違いないし、無害の立証が事前に必要であるとする告発には臺の反論は答えていない。実験が有害ではなかったという私の主張は、無害であるという予測が確かめられたことを意味していて、元来無理な告発とはすれ違ったものである。

後になって故江副勉（一九七一年七月九日死去）の遺品の中に、私たちの実験ノートが見つけられて私に届けられたが、それによると上記の死亡者の手術は、論文報告の後に行なわれたものであるばかりでなく、その日には組織代謝実験は行なわれていないことが明らかになった。何と言うことであろう。告発者は架空の脳組織採取について私を非難したのであった。私が、その場で、告発の事実無根を指摘して充分に反論できなかった理由は、二十年前のあやふやな記憶を支える資料が手許になかったためである。当時、松沢の医局は造反派によって占められていて、私が資料を求めることは不可能だった。ただ私がこの「決議」の後にも学会を退会せず、会員として止まっているのは、会員の良識がこの決議を取消す日がいつかあることを信じている表明である。

また吉田による「新事実」なるものが、如何に根拠のない虚構であったかを示す資料が南雲与志郎（当時世田谷リハビリセンター、松沢病院）によって作られていることを知ったので、その公表を強く望んでいた。この資料は、もし当時の会員に知らされていたならば、あのような「決議」は成立しなかったに違いないものである。

現在の読者は、実証的な根拠もなしに、学会ともあろうものがこのような決議をしたことを不可解とするであろう。当時は大学紛争とからんで、理性的な判断を妨げる感情的雰囲気が学会を支配しており、紅衛兵の「造反有理」を是とし「世俗に媚びる」風潮がみなぎっていた時代であったことを述べる必要がある。とはいえ、この出来事は我が国の精神医学界に内在する弱点の現れであって、まことに情けない話であった。当の会場では、「臺を吊るし上げる」発言はどれも研究の実態とは遠く離れた別世界の物語のように聞こえたから、渦中の人である私には自分がドラマに登場して敵役を演じているかのような非現実感が強かった。

南雲与志郎は、名古屋学会の一週間後、昭和四十八年（一九七三）五月二十四日に精神神経学会理事長平井富雄に下記の手紙を送り、公表と調査研究を求めた。しかしそれはいまだに公表されていない。この度、私は自分の研究史を書くに当たって、この重要な手紙の公開を南雲に依頼したところ、こころよく許可されたのでその全文をここに転載する次第である。

一九七三年五月二十四日
南雲与志郎

精神神経学会理事長殿

〈いわゆる臺実験問題は第七十回総会において、一応の終止符が打たれました。患者の同意を得ることなく、脳小片を摘出した行為は、患者を無視したその行為の事実の故に、糾弾されるべきであるという主張が認められたわけであります。本来この事実は原論文に記載されている事実以外のものではなく、その非を認めるのに、その事実以上の調査や被害の実証など不要であるという方針が臺委員会でとられてきたと聞いております。一方臺氏は同意の点では非を認めつつも、広瀬氏が述べるごとく「脳小片摘出は私の行なう治療を目的とした手術範囲内のことと理解」して、その侵襲が手術によるものの域を越えない程度であるならば、脳小片を研究の目的に利用するのは許され

るべきであると主張しました。〉

〈行為そのものの絶対的な倫理的断罪の主張と被害の程度と研究の必要性との現実的バランスの判断の上に立った主張とは、結局嚙み合わぬまま、二十八日夕刻に吉田評議員から提出された二名の死亡例が被害についての決定的な印象を与え、票決がなされました。そして二十九日の理事会では「提示された二名については、ロボトミーが同時に行なわれたとはいえ、皮質採取がなければ死にいたらなかった可能性が強い」、「二名の死亡例は臺氏の人体実験の手技が、ロボトミー以外の強い侵害を加えることを明らかにしている」という文章を含む見解を採択しました。私はその判断の根拠に疑問をもち意見を保留しましたが、帰京して長年私が所属していた松沢病院の病理研究室に保存されているロボトミー手術台帳および剖見記録を調べ、次の事実を確かめました。〉

〈第一に、ロボトミー手術（昭和二十二年〜三十四年、総数四百五例）による直接死亡例は十例であることは広瀬氏によって報告されておりますが、その一覧表は**表1**のごとくであります。学会で報告された二例はその中に含まれております。そのうち剖見しえたものは三例で、学会で提示された二例のうち、九日生存例は剖見されております。〉

〈以下脳解剖記録を転写します。（**表1**№7。剖見番号一〇八五）〉

〈「脳重千三百g、全脳表面に subpiale Blutung. 特に右前頭葉、両側・頭頂・後頭部にかけて著しい。小脳の表面にも及んでいる。基底面ではそれほど目立たないが、後頭頭蓋窩に応ずる部分は

術　　式	麻　酔	脳小片摘出	術後生存時間	死亡診断名
Standard Lobotomy	不明	(－)	14時間（推）	脳出血
Standard Lobotomy	局麻	(－)	47時間（推）	脳出血
Standard Lobotomy	不明	(－)	31時間（推）	脳出血
Standard Lobotomy	局麻	左側のみ	22時間	脳出血
Standard Lobotomy (2%モリオドール注入)	局麻	(－)	10時間（推）	痙攣重積状態
Standard Lobotomy	全麻	両側	25時間	脳出血
Standard Lobotomy	局麻	両側	9日	脳出血
Orbital Leucotomy	局麻	(－)	27時間	脳出血
Standard Lobotomy		(－)	32時間（推）	脳出血
Radical Lobotomy	全麻	(－)	9日	脳出血

No. 10：左は Temporalpol の近くまで，右は Tuber cinereum の近くまで切截が

中等度である。中脳水道、第四脳室には出血はみられない。前頭断・lobotomy を行なった pars triangularis を通る前頭断の切面では、右白質は全く凝血で満たされている。左もかなり出血が認められる。右の出血による実質欠損は側脳室の直前まで続いて、多少の凝血が右側脳室中に入っている。このため全脳実質は左に向かって押されている。付図一葉（略）。〉

〈以上の記載からみて「見解」で述べる「皮質採取がなければ死にいたらなかった可能性が強い」という断定は到底認めがたいと考えます。死因に結びつくものはクモ膜下出血と右前頭白質内の強い出血の二点ですが、クモ膜下出血は右前頭のみならず両側の頭頂・後頭部および小脳までもふくむ広汎なものであり、脳小片摘出部の出血が拡散したとは考えられず、むしろ二

表1　昭和22年～34年，松沢病院におけるロボトミー手術直後の死亡例

No	ロボトミー番号	剖見番号	氏名	性	年齢	病　名
1	7		K.A.	♀	47歳	分裂病
2	33		S.K.	♀	65	退行期うつ病
3	39		S.K.	♂	18	分裂病
4	62		K.R.	♂	25	分裂病
5	78		T.T.	♂	20	精神病質
6	193		A.N.	♂	20	分裂病
7	239	1085	T.K.	♂	21	分裂病
8	245		T.T.	♀	55	パラフレニー
9	254	1093	H.G.	♂	20	精神病質
10	369	1203	S.H.	♂	69	精神病質

＊評議員会に提出された症例

剖見脳所見　No. 7：本文に別記。No. 9：両側脳室内に凝血が見えている。
及んでいる。

次性出血の可能性が強いと思います。一次的に死因となるものは手術によって生じたと思われる右前頭白質内の強い圧力を伴う出血でありま す。従ってこの例は手術死亡例と考えるのが妥当でありましょう。ついでながら学会に提示されたもう一例は臨床経過からみて、他の多くの死亡例と同様脳室内出血と推定されます。〉

〈次に臺実験の手技によっておこる脳実質の欠損の程度であります。これは被害の程度を端的に肉眼的に示してくれるものですが、吉田評議員による標本提示と説明は、ロボトミーのみの刺入口は針ほどの傷であり、実験を行なった場合はかなりの皮質の欠損をきたすというものでした。私自身が脳解剖した記憶でも、ロボトミー創はかなり大きいものがあるので、試みに現在までに死亡し剖見されたロボトミー手術患

式	脳小片摘出	剖　見　記　載
Lobotomy	(−)	左右とも粟粒大
Lobotomy	(−)	左うずら卵大，物質欠損，右帽針頭大
Leucotomy	(−)	左拇指頭大，右は外傷のため不明
Leucotomy	(−)	左米粒大，右小指頭大
Lobotomy	(−)	ロボトミーの穴とのみ記載
Lobotomy	(−)	左右とも10×5㎜，深さ10㎜　の物質欠損
Lobotomy	(−)	左右とも示指頭大
Lobotomy	(−)	日左右とも鶏卵大
ventromedial U.	(−)	左10×3㎜，右12×12㎜
Lobotomy	右のみ	左右ともロボトミー創とのみ記載
Lobotomy	両側	〃
Leucotomy	左のみ	左右とも「小さなロボトミーのあと」と記載
Leucotomy	両側	左小指頭大，右鶏卵大
Transorbital	(−)	左右とも大豆大
Leucotomy	両側	左14×14㎜，右10×10㎜，深さ各5～7㎜
Transorbital	(−)	左帽針頭大，右6～7㎜の皮質崩壊
Leucotomy	左のみ	左は不正円形（左右とも黒点で図示）
Lobotomy	(−)	
Lobotomy	両側	左右とも拇指頭大
Leucotomy	〃	左拇指頭大，右小指頭大
Leucotomy	右のみ	左右とも小指頭大
Leucotomy	両側	左豌豆大，右拇指頭大
Lobotomy	右のみ	左右とも経2～3㎜
Leucotomy	両側	左右とも小指頭大

表2 剖見例に見られるロボトミー刺入口の物質欠損の比較

No.	ロボトミー番号	剖見番号	術後生存年数	術
1	34	1519	24年11カ月	Standard
2	39	1396	19年2カ月	Standard
3	214	1115	1年6カ月	Orbital
4	222	1199	7年3カ月	Orbital
5	236	1153	3年2カ月	Standard
6	346	1436	14年3カ月	Standard
7	347	1209	2年7カ月	Standard
8	369	1203	9日	Radical
9	400	1316	3年4カ月	Orbito-
10	61	1365	16年10カ月	Standard
11	74	1357	16年5カ月	Standard
12	124	1228	9年	Orbital
13	163	1460	19年9カ月	I
				II（再）
14	172	1492	21年5カ月	I Orbital
				II（再）
15	195	1472	20年4カ月	I I. Orbital
				II（再）Standard
16	277	1133	10カ月	Radical
17	301	1154	10カ月	Orbital
18	304	1156	11カ月	Orbital
19	305	1235	5年8カ月	Oribital
20	316	1248	6年3カ月	Standard
21	320	1182	2年	Orbital

者二十一名の脳の刺入口の実質欠損の程度を表2にまとめてみました。No.9までは小片摘出を行なわなかった例でありますが、明らかにかなりの物質欠損をきたすのが普通であります。その理由は止血のための吸引操作や術後の凝血による圧迫壊死などが考えられますが、いずれにせよロボトミー手術そのものの影響は大きいもので、広瀬氏が「脳小片の摘出は手術の範囲内のこと」といわれたのは充分に経験的な根拠のある表現であることを知ったのであります。〉

〈臺委員会において被害の医学的事実を調査しようと立津委員が提案された時、「不毛な実証主義」という罵声をあびたという噂を、今あらためて想起します。精神医学に不毛をもたらす者は誰でしょうか。もしも精神神経学会に尚科学的良心が生きているならば、臺問題を単に倫理的断罪に終わらせることなく、ロボトミーおよび脳小片摘出の影響を臨床病理学的に徹底的に調査し公表する道義的責任があると考えます。私が知りえた資料を理事長が会員諸兄姉に公表し、今後の調査研究の糸口をつくる労を取っていただければ幸いに存じます。〉

VIII 行動異常と神経化学との関連

脳組織の解糖減少の所見は行動研究の道を拓いたものであったけれども、行動異常の基礎となる機能変化と神経化学的所見との関連は不明のままに残されていた。解糖減少を他の方法によって作ったならば、行動面にどのような変化が現れるかを調べようとして、当時抗癌剤の一候補であった2DG (2-deoxyglucose) がヘキソキナーゼ抑制剤であることに着目して、マウスに投与してみたことがあった。調べた範囲では行動異常を作ることはできず、乳酸生成の減少も定量がうまくいかなかったので、この実験は止めなければならなかった。後になって、ソコロフLM(69)が放射性の2DGを用いて局所糖消費をオートラジオグラフで見事に示し、また続いて生体でPETによる造画が成功したのを知って、こういう活用の仕方があったのかと感心した始末であった。

慢性覚醒剤中毒のマウスには自発性減退を示すものとしないものとがあることを上に述べたが、

その両群には解糖減少の差があるかどうかを調べようとしてこれも行き詰まった。というのはマウスでは解糖減少の所見を再現できなかったからである。これがどういう理由かは判らない。解糖や呼吸のような基礎的なエネルギー代謝は機能との関連が間接的であるから、より機能的な物質との関連を求めるべきであろうと考えられた。そこでアンモニア、アセチルコリン、セロトニンなどの変動を行動の変化に沿って追跡することが企てられた。[70,71] ただしこうしたやり方では、対応があったとしても因果関係を示すものにはならないから、現象論から抜け出すことはむずかしい。

神経活性物質の変動はトポグラフィーを抜きにしては機能的な意味を失うので、船渡川誠一郎[72]はネコの覚醒剤中毒について、行動評価と並行して脳各部位のセロトニン量の増減を調べた。その中で、行動の変化に拘らず異常値を維持している扁桃核の特性が注目され、慢性異常の存続あるいは再発準備性に意味を持つのではないかと推論された。ここに分裂病者の死後の剖検脳について、部位別に化学的な検索が必要なことが具体的な課題となってきた。この頃にはドーパミンの機能的な意味が注目されてきたけれども、前橋の研究室の貧しい装備と技術では手が届かなかった。

私の慢性覚醒剤中毒の研究は、松沢病院から群馬大学を通じて延々と続けられたにも拘らず、この問題に参加してくれる国内外の研究者は少なかった。ある時、神経化学会の席で、奇知にあふれる佐野勇は「臺の病気は〈慢性覚醒剤中毒研究中毒〉だ」と毒舌を吐いて皆を笑わせたことがあった。それは私どもの研究が多岐に広がって締りがつかないことにも関係があった。というのは、慢性反応としての「自閉性行動障害」に重点をおく私たちの研究は、その成立要件が多元的であるために、一本筋に因果関係を追及するのが難しかったためもあろう。佐藤光源が大量投与時の急性反応にみられる「アンフェタミン常同症」に的をしぼって、それが少量反復投与で誘発されるようになることを示し、これを「逆耐性」または過敏症と名付けてからは、原因追及の論理が明確になって、覚醒剤中毒の動物実験は各地の研究者によって活発に取り上げられるテーマとなった。時には佐藤の「逆耐性」は臺の「履歴現象」と同義であるかのように受け取られたこともある。しかし「逆耐性」は薬理作用レベルの概念で、ラットの常同症とサルの「のぞき」とヒトの幻覚妄想のような陽性症状と再発準備性には通底するけれども、「履歴現象」は行動レベルの概念であって、それには過敏症の成立と並んでもう一つの側面である自発性減退、無関心などの陰性症状の発現が含まれている。覚醒剤中毒と分裂病の慢性化過程の解明には、再発準備性と共に陰性症状の成立が問われている。「履歴現象」は初期条件の上に成り立つ経過過程の特徴であって、不安定系の属性であり、「逆耐性」のような分岐点における機能特性とは区別されなければならない。

私が分裂病者の剖検脳を集め出したのは、昭和四十一年（一九六六）に東大に転勤する頃であった。当時は遺体の低温保存の設備が行き渡っていない時代だったので、死後脳で定量できる物質は安定性の確認されるものに限られていた。また合併症のないもの、服薬歴のないものが望ましいので、自殺者の脳は研究の上で意味が大きい。脳の入手を方々の病院に頼んで歩いたら、臺は患者の自殺を奨励している、研究至上主義者であると誹謗する人がいた。当時は私の意図が一々このように曲解されるので迷惑なことであった。一方、ある母親のように、独り息子の自殺の後、病気の正体を明らかにするために役立てて欲しいと、剖検と脳の提供を承諾して下さった方もあった。この例を含めて、五症例のモノアミン酸化酵素活性（MAO-A）の脳内分布が報告されたのは一九六八年であった。機能的に律速反応と考えられるチロシン、トリプトファンの水酸化酵素活性の定量にとりかかった頃、造反グループに研究室が占拠されて続行が不可能になった。国際精神医学総会、WPAから分裂病の脳の化学的トポグラフィーの講演を頼まれたのにも、辞退しなければならなかったのは残念であった。その後、この方面の研究は東京医科歯科大教授の融道男によって発展され、貴重な成果が得られているのは心強いことである。

IX. 分裂病の長期転帰

昭和五十三年（一九七八）の暮、生活臨床同人の忘年会が伊香保であって、私も招待された。その席で、再発予防五カ年計画の患者の二十年転帰の調査をやろうと提案したところ、中沢正夫たち群大の現役メンバーもそれを目論んでいたところなので、早速取り掛かることになった。この患者たちの転帰調査は、二年目江熊、五年目臺、十年目湯浅によって報告され、資料はカードに蓄積されていた。今度は四回目の追跡調査になる。

それまでは同人が集まると馴染みの患者のうわさ話に花が咲いて、誰さんはどうしている、彼さんはどこにいるというような情報がとり交わされていたものだが、こういった情報はとかく片寄りがちで話題に上らない人も多かった。その全体像を摑まなければ長期転帰を知ることにはならない。古い患者の消息を調べるのは古い同人にとっては懐かしい思い出をたどることにはなっても、新しい第三世代の同人、伊勢田堯、宮真人、小川一夫、渡会昭夫たちにとっては当初は馴染みにくい探索であったようである。それでも若い同人は、病院、診療所、保健関係のつてを辿って情報を集め始めたら、調査の大きな意味が明らかになってきた。家人、友人、本人（全例の八〇％）との接触による情報は基礎的な価値を持っている。中には同人が遠く沖縄まで訪問に行った症例もある。私が、前橋と東京で、三十年間診療を受け持ってきた人も入っている。彼は就職を定年まで勤め上げて年金生活に入ったら、「幻聴が聞こえなくなりましたよ」という。嬉しい話だが、いつまで続くものやら心許ない。

このような調査の価値は脱落例を少なくすることにかかっている。従ってアンケート調査のような方法は不向きである。病状の悪い人は医療とのつながりが続いていることが多いから把握しやすいが、回復して医療から離れた人は却って調査から脱落しやすい。幸い群馬県は人口の流動が著しくないし、地域精神保健体制が根付いているので、二年、三年と時間をかけて情報を集めているうちに、回復者の情報も増えてきた。

こうして調査が締め切られた一九八四年までに、百四十人の患者のうち百三十人（九十三％）の現状が把握された[44, 74]。そのうち死亡者は二十五人、さらにそのうち十四人！が自殺である。これまでの三調査では、長期転帰は三つの尺度で測られていた。生活（適応）尺度、症状尺度、変動尺度である。生活尺度は長期経過を継続して追うのに適しており、信頼性も高く、毎回江熊の五段階法で測られてきた。症状尺度は調査時前の五年間の安定を目安にブロイラーMによる「治癒から重度慢性までの終末状態」の四段階判別を用いた。変動尺度は初期の二度の調査と違って用いられなかった。というのは**変動率**は発病後（≒調査開始後）十年間はリニアーに減少してから屈曲して、以後低いレベルで安定するので、二十年後には意味を失うからである。つまり再発予防活動の主な時期は初めの十年間に向けられていて、それ以後にはリハビリに重点が移ることになる。さらに二十年後には入院者に対する福祉的な対応が重要になる。出発時点の目標だった再発予防のための努力が、病気の自然史を変えることができたかと聞かれれば、残念ながら効果的だったとは言いにくい。もっとも再発そのものは軽く短く経過させることができたと言えるだろう。

生存百五人は平均で発病後二十四年にして五十歳になり、生活尺度で自立と半自立を合わせると五五％、一方入院は三一％、中間が一四％であった。これは内外の長期転帰の文献とくらべると少し優れている。初期の十年間、治療の主体となった中間変動群の人たちは、入院と外来で診療を続けながらも再発と回復を重ねてきた経過の間に、自立と入院の両極に分かれていく。私たちはこの分極を「**鋏状現象**」と呼んだ。それは変動率とは違って、二十年の経過を通じて屈曲点なしに進行する現象である。私見によれば、統計事象としての「鋏状現象」は、不安定系である分裂病状態に絶えず内在する分岐過程の積算を表すものである。個人のレベルについて言えば、中間の変動域に属する人はもちろんのこと、一応安定して見える自立者や入院者の中にも生活の他極に転化または回復する可能性を孕んでいる人がいる。その分岐点ではささやかな応力、ハプニング状況が当人のその後の軌跡を大きく左右することになる。この可能性を予見して、適時に適切な治療的介入や助言、環境調整の援助を行なうことが、我々治療者に求められているのである。精神病理的な症状尺度で見ると、治癒が三一%、軽快が四六%、未治が二三%であって、ここには鋏状現象が認められない。それは精神病理が必ずしも当人の生活の在り方を決めるものではないことを物語っている。

対象者が五十歳になる頃、生活が自立か入院の形で一応の安定に到達することは、「不安定病」あるいは「反応型」としての分裂病の自然史にとって深い意味をもつ出来事のように思われる。それは分裂病の診断が四十五歳以後の発病の場合に、遅発性として特別扱いされ、あるいは妄想病と診断されて、分裂病とは見なされないこととも関係している。それはもちろん医療と福祉の在り方も関与することではある。

生存例の三割は現在では医療を離れている。その大部分は自立者であるが、自立者の六割はなお医療につながっている。二十年たつ間に対象者は五十歳に近づき、両親は失われるか片親(主に母)となることが多く、健在でも七十〜八十歳になって世代交替が起こっている。この間には家族や社会の変貌も著しく、患者の支持も変わってくる。生活の分岐点に当って、回復への道を選びとるには、当人の準備、待機の姿勢はもちろんのこと、家族や知人の支援、社会における医療と福祉の支持が得られるかどうかが大きく作用する。生活尺度はこのように多次元的な要因の総合された結果を示すことになる。

理解ある配偶者やふところの深い職場に恵まれて、穏やかな中年期を過ごす人がある反面に、孤独の中に悪戦苦闘して病状を再発し病院に舞い戻る人もいる。筆者は、発病の十年以後は「運」の役割が大きくなると言ったことがあり、中井久夫も、長期転帰は生活の中に起こる「ハプニング」に左右されることが多いと言う。誤解のないように附言するならば、医療者は、予後をいたずらに「運」にまかす受動的姿勢をとることなく、「運」を目論見に取り込んだ上で、治療やリハビリに積極的に活用することが必要であろう。もともとオプションの乏しい患者や回復者の生活に、オプションを増やして当人の選択の機会を提供するのはリハビリの大切な仕事である。待機とは何もしないことではなく、時を味方につけようとする身構えを保つことである。まことにパストゥールも言ったように「偶然は用意のある人しか助けない」。

X. 地域における精神保健――外来治療について

昭和四十九年（一九七四）に大学を退職してからの私は、久しぶりにまた社会の中で泳ぐようになった。外来診療を中心に、必要に応じて出て歩くという生活は、苦労もまた悪くないという気楽な日常になった。(77) その頃には、分裂病の治療に当たって、自分のできることとできないことが一応判ってきて、それではどうしたら良いかという当面の暫定的な指針が立てられるようになった。それは分裂病の治癒とは何か、または治療のめざす目標は何かという課題に対して、終局的な解答を与えるものではないけれども、現実に根ざした具体的な対処の仕方と治療の方針を示すものであった。ゆとりがあると言えば聞こえが良いが、年寄りのうぬぼれに近いものもあると自戒している。保健婦と一緒に初めての患者を家庭訪問した時に、翌日まで体が痛んだほどのひどい目に遭って、何の因果でこんな思いをするのかと嘆いたこともあるから、大きな口はきけない。

現在の私見によれば、分裂病者の治療で基本方針となるのは、患者、回復者の生活を守り、生きるに値する人生を送ることができるように、本人を支えることにあると思われる。目安としては症状尺度よりも生活尺度を優先することになる。治療者は患者に「幸福の黄色い旗」を渡す役目を負っているわけではない。患者が自分で病気から抜けだし、新しい人生の可能性を見つけるように助けるだけである。私たちは今や漸く「分裂病なんか怖くない」と言えるようになったが、「怖くはないが実に手ごわい」と付け加えるのも忘れない。患者と治療者の間にこのような相互理解が成り立つ時には、病名の告知というデリケートな問題も治療的な意味を持つようになる。「私の病名は何ですか」と聞かれた時に、「前には分裂みたいだったようですね」とか「広い意味では分裂的でしたね」などと主として過去形で話して、自分の弱点を病気として扱う姿勢をはっきりさせ、それに対する今後の対応策を患者と共に立てるようにしている。

私は診療所で外来診療を続けながら、患者の生活を治療的に整える援助をしようとしたが、言うまでもなくそれは医者個人の手に余る仕事である。そこで、協力できる相手なら誰とでも手をつなごうとした。(78) 在宅の生活を支えるためには、家族はもちろんのこと、保健所の保健婦や福祉事務所のケースワーカーの助力が必要であり、保健所の精神衛生相談やデイ・ケアは大切な拠点になった。憩いと仕事と仲間の得られる共同作業所には、都内の施設までお願いして利用させてもらった。地元の新座には当初は作業所がなかったので、それを作るために家族会や地域の市民との協力が必要になった。初めは頼りげなく思えた家族会も、目標が定まると生き生きと動き出すことが判ってきて嬉しかった。デイ・ケアや作業所の卒業生などで就労を望む人たちには、職親工場の職員や就労関係のカウンセラーの援助を求めることもあった。都の障害者職業センターや職能訓練工場の「創造印刷」でアドバイザーとして働いた数年間の経験は、医者の私にとっても貴重な訓練になった。

こうして外来診療は、医者と患者だけで行なう狭い医療活動ではなく、地域精神保健の重要な拠点であり、コメディカルの同僚と共に治療への導入からアフタ・ケアまでが地域の中で生かされてこそ、家人や市民との協力を維持することができるのだと実感するようになった。

しかしその実践を阻む壁は、本人の生活障害（暮らし下手、生きづらさ）の在り方はもとよりのこと、それと共に我が国の精神保健の現状の貧しさであることを知った。法律や行政に対する意見はここでは述べないが、一番の問題は当事者の認識である。ある保健婦がこんな記事がありますと『地域保健』[79]という雑誌を見せてくれたことがある。それには中堅厚生官僚による覆面座談会なる記事が載っていて、「お節介や方法論のないものに手を出すな」という見出しのもとで、出席者たちはこんなことを言っていた。「ノウハウがなければできない、受け皿もなしにやれと言っても無理だ、デイ・ケアとかナイト・ケアとか、作業所とか、全部揃って最後に在宅なんですよ」とか「精神なんか典型的ですよ、背後基地はない、技術はない、やったところで時間がかかるばかりですよ」と。私は保健婦と一緒に「困った連中だね」と苦笑したが、現場にいる私たちにとって、「在宅」とは最後でなくて最初に困っている人たちに出会う所で、治療の仕上げもそこでなされる場所である。受け皿がなければ作る努力をし、ノウハウはその土地に相応しいやり方をお互いに生み出す他はない。こうしたボトム・アップ方式が地域精神保健の王道であるだろう。決してトップ・ダウンに厚生省から指示されてすることではない。

覆面中堅官僚の諸氏に言ってやりたい。治療の方法論としては、我々は二つの重要な仮説をもっている。それはまず横断的な短い時間幅でみる時、「**脆弱性—ストレス・モデル**[80]」と「**対処—力量・モデル**」である。前者は主として分裂病の陽性症状を理解するのに適していて、生来性にまたは病気の履歴によって後天的に作られた脆弱性にストレス状況が加わることによって、症状や病的エピソードが現れるとする仮説である。後者の「対処—力量・モデル」はリバーマンRP[85]から借りたもので、主として陰性症状や生活障害を理解するのに適している。本人の生活上に起こる適応困難が問題になっている場面で、状況の課題に対処するやり方、手口、ストラテジーをどれだけこなせるかという力量が問われているのである。

さて病的な破綻は生活の適応を狭めるし、適応の障害はストレスとなって破綻をひきおこすから、分裂病の治療に当たっては、これら四つの要件の相互関係を考慮しながら対応を立てなければならない。

分裂病は慢性病の一つであるから、その長い時間幅の間に、治療の重点の置き方には変化がある。

湯浅修一[81]にならって、縦断的に四段階の治療計画を立てると、**前駆期**と**急性活動期（再発を含む）**と**慢性期**と**後遺期（終末状態）**に分けられる。外来では、発病危険兆候に注意することによって、発病の第一予防に取り組むことができる。遺伝負因のある高危険者についてのハイ・リスク・スタディーはこれまでに多くの知見を提供してくれた。岡崎祐士[82]たちによる病前の行動評価を参考にすれば、高危険児の発病予防にも挑戦できる。初期分裂病に対する関心は、近頃中安信夫[83]によって改めて高められたが、初期症状を鋭敏に捉えて治療に取り組むことは、病名をつけること以上に大切である。まことに診断は治療の侍女であって主人ではない。

病気の活動期には、脆弱性―ストレスの危機処理が重点となり、湯浅の言う「手当」と「養生」という言葉が相応しいような治療が行なわれる。慢性期を過ぎて十年も経つと不安定状態は鎮静してきて後遺期に入り、対処―力量の適応向上に重点が移って、社会復帰活動に力が注がれる。二十年経てば医・職・住の福祉的な対応が求められるようになることは、前節の長期転帰について述べた通りである。

さて精神保健にどんな技術があるのかと聞かれたら、私の答えは至極平凡で**薬物療法**と**精神療法**と**生活療法**[84]の三つをあげるだろう。

外来で薬を処方する場合には、コンプライアンスが成立していなければ無意味であって、薬を飲むことに患者自身が責任を持つように指導する必要がある。副作用が強いと簡単に捨てられてしまうから、これには細かな注意が要る。外来はまたデポ剤の価値が初めて明らかになるところであって、我が国でこれが広まらなかったのは、入院中心主義の所為であろう。一見矛盾するようだが、長期維持療法やデポ剤でも、ただ長くする方針はとらない。適時、適薬、適量の方針が大切である。私は薬によって幻覚や妄想を取り去ろうとするのはもともと無理だと思っている。取れたように見えるのは本人が問題にしなくなっただけで、聞いてみれば妄想はちゃんと残っていることが多い。私はこの効果をテレビのチャンネルの転換にたとえていて、妄想チャンネルから現実チャンネルへの切り替えが薬でやりやすくなったのだ、あるいは分岐点に効くのだと理解している。それにもう一つ、薬を減らすことができるのは、同時に行なわれた生活療法のお蔭で、ストレスが減ったと見えたら減量を始めても大丈夫である。ただしある限度以下に減らすと再燃の危険が生ずることがある。逆に生活療法がうまくできにくい時、あるいは高EE家族のように環境が治療的に整えられない時に、維持療法やデポ剤の価値が現れる。

外来で生活療法を行なうには、デイケアや生活技能訓練（SST）などを別にすれば、家族ぐるみで生活の仕方を工夫するとか、バック・アップのいろいろな施設をうまく利用するとか、いろいろに知恵を絞る。そこでの中軸は広い意味の生活相談となる。私はもともと庇護策よりも積極策が好きなたちなので、患者から「先生は厳しいな」とか「可能性を伸ばそうとして下さるのは判りますが、失敗の危険率も見込んで下さい」と言われたことがある。若い同僚から臺先生の冒険主義と呼ばれたこともある。ここでは生活障害の解決策を患者に授けるのではなく、問題を整理して、二人で打開策を探るという方針を守っている。こうなれば精神療法との区別はつけにくい。

精神療法は、私の意見では、その最も広い意味において、治療者が患者、相談者に対して、その感じ方、考え方、行ない方の可能性を広げることを目指している。お互いが判り合おうとする時には、両者は話の枠組みを揃えなければならないが、そうするとそれまで気付かれなかった道が目の前に拓けてくる。それは不安な心に安らぎをもたらし、乱れた考えに纏まりを与え、行き詰まりを切り開く働きを促す。個人、家族、グループを問わず、対人関係の枠組みの中で、言葉と空想（イマジネーション）を通じて、心の自由を拡大しようとしているのである。ある患者は「心がしばられているから、自由がきかないのよ」と嘆き、他の患者は「記憶の容れ物の中を、あっちに入れたりこっちに入れたりしていると、昔の辛い思いに皆つながってしまう」と心のとらわれを訴えていた。このように患者は自由を渇望しているのである。

精神療法が心の自由を拡大しようとするものであるならば、生活療法は、心の働きに不自由の制限があることを治療者も患者も相互に受容した上で、その中で生きる道の選択の自由を摑もうとする工夫である。私は、主体性の自由とは制限の中での選択であると考えているので、生活療法の意義を特に強調したいと考える。自分には何もできないと絶望している人に、たとえ小さなことであっても、何事かができることを体得するように導くことは、自信を育てることになる。口で教えられ、頭で判っていても、実際に体験しないと自信は身には付かないものである。生活療法とは、生活経験の蓄積の上でそれを活用することを自分で学ぶことと言える。まことに経験は最良の教師である。また一方で生活療法への導きと仕上げには、薬物や精神療法が必要である。生活療法は薬の必要量を減らすことは前に述べた。生活療法の中で精神療法が初めて進展することもある。

薬物療法は、病気によって起こったチャンネル転換の故障、つまり心の不自由を減らすものだと言えば、分裂病に必要な三つの治療の共通の目標は「患者に自由を」というスローガンの下に一つになる。

私が「精神病は不自由病である」と言い出したのは、昭和五十八年（一九八三）六月に岩手医大精神科の五十周年講演で、「分裂病物語」を話した時に始まる。その時、同大学解剖の川村光毅教授は「自由のような多義的な言葉は誤解を招きやすいから気を付けなさい」と注意してくれた。そこで、自由論を振り回すのを暫く控えていた。ところが「添え木療法」の新海安彦と分裂病治療についての年末公開対談をした時に（一九八六年十二月）、両人の立場と対立点をはっきりさせなければならなくなって、「薬は不自由を減らすもの、精神療法や生活療法は自由を伸ばすもの」と言ったら、新海が「それで手が打てる、我々の話は示談ということにしよう」と答えたので、聴衆は大笑いであった。しかし私にとって、自由は言葉の綾や笑いごとでなく「これは重要な鍵概念だ」と悟ったのである。それでまた自由論を話したり書いたりするようになった。「自由を失う病」については、別に述べる機会があるであろう。

文献

(1)斉藤茂太：精神科医三代、中公新書、昭和四十六。
(2)島崎敏樹：人格の病、みすず書房、一九七六。
(3)石川信義：心病める人たち、岩波新書、一九九〇。
(4)呉秀三ほか：私宅監置の実況（再版）、創造出版、一九一八／一九七三。
(5)林　道倫：林道倫先生をたずねて（一、二）、精神医学 12：二二〇、三二八、一九七〇。
(6)臺　弘：ナルコレプシーの幻覚について、精神経誌 43：三七三、一九三九。
(7)島崎敏樹：感情の世界、岩波新書、一九五二。
(8)島崎敏樹：心で見る世界、岩波新書、一九六〇。
(9)Gjessing R : Beitrage zur Kenntnis der Pathophysiogie des katatonen Stupors. Arch. f. Psychiatr. 96 : 319, 1932. ……Erregung. 104 : 355, 1935.
(10)Scheid KF : Febrile Episoden bei schizophrenen Psychosen. G. Thieme, 1937.
(11)Jahn D u. Greving H : Untersuchungen uber die korperlichen Storungen bei katatonen Stuporen und der todlichen Katatonie. Arch. f. Psychiatr. 105 : 105, 1986.

(12)臺　弘：文献抜粋、精神経誌 44：六六〇、一九四〇。
(13)臺　弘：フェニル焦性葡萄酸性精神薄弱について、精神経誌 53：三五六、一九五一。
(14)内村祐之ほか：戦時下の精神病院統計、精神経誌 44：八三四、一九四〇。
(15)立津政順：戦争中の松沢病院入院患者死亡率、精神経誌 60：五九六、一九五八。
(16)元吉　功：戦中・戦後の精神病院の歩み、精神医学 14：六九〇、一九七二。
(17)フォン・ベルタランフィ（長野　敬訳）：一般システム理論、みすず書房、一九七三。
(18)増田はる子：ともに生きる歳月、Nova 出版、一九九一。
(19)江副　勉、臺　弘：戦後十二年間の松沢病院のあゆみ、精神経誌 60：九九一、一九五八。
(20)Kety SS & Schmidt CF: The nitrous oxide method for the quantitative determination of cerebral blood flow in man: Theory, procedure and normal values. J. Clin. Invest. 27 : 476, 1948.
(21)林　道倫：精神分裂病の研究、精神経誌 51：一九三、一九五〇。
(22)Baldwin: Dynamic Aspect of Biochemistry.
(23)臺　弘、江副　勉：分裂病者脳組織の含水炭素代謝の研究、精神経誌 52：二一六、一九五一。
(24)立津政順：分裂病脳にみられる特異な組織病理像、精神経誌 62：一五〇六、一九六〇。
(25)McIlwain H: Biochemistry and the Central Nervous System. Churchil, 1966.
(26)Senitz D & Winkelman E: Uber morphologische Befunde in der orbitofrontalen Rinde bei Menschen mit schizophrenen Psychose. Psychiatrie, Neurologie und Medizinische Psychologie 33 : 1, 1981.
(27)Zhuravashvili: Becth. AMH CCCP. 5, 1971.

(28)臺　弘、江副　勉　加藤伸勝：覚醒剤中毒の生化学的研究、精神経誌 57：一一五、一九五五。
(29)Utena H, Ezoe T, Kato, N & Hada H : Effect of chronic administration of methamphetamine on enzymic patterns in brain tissue. J. Neurochem. 4 : 161, 1959.
(30)臺　弘：分裂病研究の為の脳の生化学、最新医学 14：一三二七、一九五九。
(31)Utena H : A special type of model psychosis. Brain and Nerve 13 : 25, 1961.
(32)臺　弘：精神分裂病の身体的治療の限界と作業療法、最新医学 10：一九一五、一九五五。再録 病院精神医学 7：一七三、一九六六。
(33)臺　弘：覚醒剤中毒の再燃現象、覚せい剤・有機溶剤中毒 MOOK 3、七〇、一九八二。
(34)Courvoisier D et al : Proprietes pharmacodynamiques du 4.560 RP. Arch. Int. Pharmacodyn. 92 : 305, 1953.
(35)Janssen PAJ et al : Is it possible to predict the clinical effects of neuroleptic drugs from animal data ? Arzneimittelforschung 15 : 104, 1196, 1965.
(36)Randrup A & Munkvad I : Stereotyped activities produced by amphetamine in several animal species and man. Psychopharmacologia 11 : 300, 1967.
(37)Snyder SH（加藤信ほか訳）：狂気と脳、海鳴社、一九七六。
(38)臺　弘：生活療法の復権、精神医学 26：八〇三、一九八四。再録77 一三五頁。
(39)臺　弘編：分裂病の生活臨床—座談会、創造出版、二五四、一九七八。
(40)臺　弘：転換期に立つ精神分裂病の治療、北関東医学 15：一、一九六五。
(41)江熊要一：分裂病寛解者の社会的適応の破綻をいかに防止するか、精神経誌 64：九二一、一九六二。

再録39、八頁。
(42)臺　弘：再録39、一六頁。
(43)湯浅修一、国友貞夫、丸山甫ほか：分裂病者の社会的条件と適応状況、地域精神医学　4：一、一九六八。再録39、一三五頁。
(44)Ogawa K, Miya M, Watari A et al : A long-term follw-up study of schizophrenia in Japan. Brit J. Psychiatr. 151 : 758, 1987.
(45)臺　弘：履歴現象と機能的切断症状群、精神医学　21：四五三、一九七九。再録77、一頁。
(46)中村雄二郎：臨床の知とは何か、岩波新書、一九九二。
(47)加藤友之、田島　昭、湯浅修一、江熊要一：精神分裂病者の社会生活における特性（生活臨床　第一報）精神経誌　68：一〇七六、一九六六。再録39、二八頁。
(48)田島　昭、加藤友之、湯浅修一、江熊要一：社会生活の中での分裂病者に対する働きかけ（生活臨床　第二報）精神経誌　69：三二三、一九六七。再録39、四四頁。
(49)安藤克巳、安藤晴延、小島卓也編：眼とこころ、創造出版、二二三頁、一九九一。
(50)平尾武久：行動の実験医学的分析一、二、綜合臨牀　22：二一一、四六八、一九七三。
(51)平尾武久、臺　弘：講堂における座席の成立、精神経誌　66：九八七、一九六四。
(52)深沢文彦、西形雄次郎：慢性分裂病者の行動特性、精神経誌　67：一一九七、一九六五。
(53)菱山珠夫、越沼重雄：集団歩行時の縦並びと横並び、精神医学　10：七三七、一九六八。再録39、八七頁。
(54)平尾武久、臺　弘：確率過程としての行動、自然七二頁、(2)、一九六八。

(55)浜田　晋：分裂病者と遊び—とくに球遊びについて、精神経誌 69：一三七一、一九六七。
(56)「球と人」16ミリ映画、独立企画、エーザイ。
(57)臺　弘、平尾武久：分裂病者とヒロポン中毒マウスの行動、自然 二二頁、⑾、一九六七。
(58)田所作太郎：行動薬理学の実践、三二頁　自発運動の測定、星和書店、一九九一。
(59)佐藤光源：慢性覚醒剤中毒の再燃現象、神経精神薬理 2：二四九、一九八〇。
(60)臺　弘、平尾武久：行動系列の異常とその構成、脳と神経 16：三二、一九六四。
(61)臺　弘、町山幸輝：精神分裂病のモデル、分裂病の生物学的研究、臺・井上編 五八頁　東大出版、一九七三。慢性覚醒剤中毒のサル（16ミリ映画）エーザイ。
(62)Machiyama Y, Utena, H & Kikuchi M : Behavioral disorders in Japanese monkeys produced by the long-term administration of methamphetamine. Proc. Jap. Acad. 46 : 124, 1970.
(63)読売新聞、昭和四十三年八月二十三日所載。
(64)Utena H, Machiyama Y, Hsu SC et al : A monkey model for schizophrenia produced by methamphetamine. Contemporary Primatology 5th Int. Congr. Primat., Nagoya 1974, 502 (Karger, Basel 1975).
(65)Machiyama Y, Hsu SC, Utena H et al : Aberrant social behavior induced in monkeys by the chronic methamphetamine administration as model for schizophrenia. Biological Mechanisms of schizophrenia and schizophrenia-like psychosis, edts : Mitsuda H, Fukuda T. p.97, Igaku Shoin, Tokyo, 1974.
(66)石川　清：質問書、前理事長台弘氏を全学会員に告発する、精神経誌 73：二四四、一九七一。臺弘：石川清氏の告発についての所感、精神経誌 73：二四五、一九七一。

(67)精神神経学会理事会見解：精神経誌 75：三八九、一九七三。「石川清氏より台氏批判問題委員会」報告書：精神経誌 75：八四八、一九七三。小沢勲ほか：「特集　精神医療と人体実験」第七十回日本精神神経学会総会決議　一〇八頁、精神医療 3：二、一九七三。

(68)臺　弘：「人体実験問題」の意味するもの、東京大学新聞 No. 2065. 一九七三年六月二十五日。臺　弘：「人体実験死亡者」の虚構と真実、鉄門だより 昭和四十八年七月所載。

(69) Sokoloff LM et al: The $_{14}$C deoxyglucose method for the measurement of local cerebral glucose utilisation. J. Neurochem. 28 : 897, 1977.

(70)Utena H : Behavioral aberration in methamphetamine-intoxicated animals and chemical correlates in the brain. Progress in Brain Research Vol. 21B p.192, 1966.

(71)臺　弘：行動異常と脳内物質の変動、綜合医学 18：三五九、一九六一。

(72)船渡川誠一郎：メトアンフェタミンによるネコの行動変化と脳内セロトニンの部位的分布変動、精神経誌 66：七四三、一九六四。

(73)Utena H, Kanamura H, Suda S et al : Studies on the regional distribution of the monoamine oxidase activity in the brains of scnizophrenic patients. Proc. J. Acad. 44 : 1078, 1968.

(74)宮　真人、渡会昭夫、小川一夫ほか：精神分裂病者の長期社会適応経過、精神経誌 86：七三六、一九八四。

(75)臺　弘：残遺型分裂病—外来例、臨床精神医学 15：九一一、一九八六。再録78、一二八頁。

(76)中井久夫：分裂病患者の回復過程と社会復帰について、精神経誌 86：九五六、一九八五。

(77)臺　弘：分裂病の治療覚書、創造出版、一九九一。
(78)臺　弘：一老医のコネクション、精神科治療学 5：一一八九、一九九〇。再録77、二一五頁。
(79)覆面座談会：地域保健、八頁、(8)、一九八九。
(80)臺　弘：履歴現象と機能的分離―その後の十年―。精神医学 30：二四七、一九八八。再録77、二五頁。
(81)湯浅修一：分裂病者の長期経過（その二）、分裂病の精神病理 16：土居編、東大出版、一九八七。
(82)岡崎祐士：分裂病の発病前および発病後の行動特徴、精神科治療学 5：一二二九、一九九〇。
(83)中安信夫：分裂病症候学、星和書店、一九九一。
(84)臺　弘：三つの治療法、精神科治療学 5：一五七三、一九九〇。再録77、二四二頁。
(85)Liberman RP ほか著、池淵恵美監訳：精神障害者の生活技能訓練のガイドブック、医学書院、一九九二。

増補　「大正の子供の物語」、他

臺弘先生の精神医学　一九九三〜二〇一四年

齋藤　治

読者は、著者が本書の扉に掲げたイギリスの女流詩人の童謡をもう一度読み返していただきたい。「誰が風を見たでしょう」――目には見えない風も、木の葉のざわめきに見ることができるように、見えない「心」の異常を、誰もが容易に見ることができるようになることを願って止まなかった臺弘先生。客観的で公的な実験と観察を拠り所とする「経験論」の国に生まれた童謡は、誠意溢れる好奇心と探究心で百年の生涯を貫き通した精神医学者のモットーとして真に相応しいものです。

「統合失調症を、『生きていること』にからむ多次元的な現象として理解するために、時と状況に応じて『脳から行動まで』、『動物から人間まで』、ミクロからマクロに及ぶ生物のシステム」（本書二六三頁）を、巨歩をもって渉猟し得た知性の持ち主は、一九一三年（大正二年）から二〇一四年（平成二十六年）まで、世界が激動した百年間を生き抜いたのです。正しく「時代の子」でありながら、長い年月を最期まで強靱な意志を貫き、統合失調症をはじめとする精神障害者の「生き方way of living」の工夫と「生活の価値quality of life」を高めるための医療と医学に一生を捧げた不世出の天才が、わが国に現れ、去って行きました。

その自伝である本書の初版が刊行されたのは、一九九三年十一月二十七日著者の満八十歳の誕生日前日のことでした。その後、二〇一四年四月十六日満百歳でその生涯を閉じるまでの二十年間は、およそ余生という表現が当たらないものとなりました。戦地から帰還、六十歳で教授職を退官されるまでの三十年間は、精神病の動物モデルという現代精神医学の生物学的研究を先駆けし、続く二十年間は外来診療と地域精神保健活動に熱心に取り組む中、精神科医療に求められるニーズを見極めてお迎えになった満八十歳でした。それからの二十年間は天寿の表現こそ相応しく、公務を離れ、より自由になった長寿の天才は、坂本医院の診察室に、李白の「天地者万物之逆旅、光陰者百代之過客（天地ハ万物ノ逆旅ナリ、光陰ハ百代ノ過客ナリ）」の詩を掲げ、しっかりとした足取りを最期まで根気よく運ぶことで、失望や落胆とは無縁な、未来へとつながる精神医学の道を歩み続けました。本書が増補版を必要としたのはその記録を残すためでもあります。

この増補版には、論文二篇が厳選、収載されています。

『精神科医の仕事と私の人生』（二〇一二）は、二〇一一年十月開催の第一〇七回日本精神神経学会学術総会における特別講演として、百年間の揺ぎ無い人生を振り返り、卓抜したお仕事の数々を要約されたものです。

もう一篇の『生活療法の基礎理念とその思想史』（二〇〇六）は、わが国独自の診療実践に育まれた生活療法が、「世界共通な理論的基盤を持つ治療法」であり、二宮尊徳がその開祖であることを、詳細な系譜で詳らかにした独創的・発見的論考です。余人には到底成し得ぬ貴重なご研究であり、臺弘先生が精魂込めて提唱、普及に努めてきた「生活療法」の理論的集大成として、国内・外に広く知られるべきものです。

「臺式簡易客観的精神指標」（註1）――研究の歩み

一九九三年十一月に満八十歳を迎えた臺弘先生が着手された「臺式簡易客観的精神指標」研究の第一報、「反応時間とストレス応答による慢性分裂病の機能的亜型分類」は、一九九六年の『精神医学』誌に発表されました。物差しと血圧計を用いた研究が、統合失調症患者五十七名と正常者四十一名を対象に、先生お独りの手で実施され、論文が受理されるまで二年と掛かりませんでした。これに紙と鉛筆を用いた乱数生成度の計測を加え、「知・情・意」に関わる精神機能計測のための定量的三指標が整い、一〇分間の「精神機能地図の三角測量」をまとめた第二報は翌一九九七年に発表され、研究は加速されました。さらに、「知・情・意」の要素還元・定量的指標では捕捉困難であった幻覚・妄想など陽性症状に関わる表象系（「想」）の機能指標を求めて、バウム描画を全体総合・定性的指標として加えるパラダイムシフトを敢行、所要時間十五分間、脳の各々異なるサブシステムに支えられた四指標からなる研究法を完成、第三報が発表されたのは二〇〇一年でした。その後、研究の総括的論文が二〇〇九年の『精神医学』誌に掲載されるまでの十五年間、先生ご自身による研究が続けられました。集積された資料は、統合失調症群一〇一名、気分障害群六十二名、神経症群四十三名、対照群六十四名の計二七〇名を対象とし、経過に沿った複数回（二～十三回、一～十二年）の貴重な縦断的成績を含み、延五〇〇件を超えるものとなりました。それらの資料の一つ一つは、先生自らが、多くの人々の人生の種々相に真心込めて関わってこられた道のりの里程標そのものとも云えましょう。

こうして築かれた豊富な資料から、臺先生の簡易客観指標研究は、遂に、従来の精神医学が依拠してきた記述的症状論による診断体系からは独立に、機能障害論に基づく精神障害の集合概念が存立し得ることを証明しました。すなわち、精神機能障害度を計測することで、「脳の故障である『精神病』」と「心の変容である『神経症』」が統計学的に判別され、世界の精神医学がこれまで明示できなかった「精神病」の客観的根拠を数値で示すことにはじめて成功したのです。同時に、簡易指標による診断は、「一般人が全く精神病理学の知識なしに精神病を判別できること」、換言すれば、「常識判断で精神病が成立すること」に客観的な根拠を提供することにもなりました。それは、日常臨床のための精神医学の使命とは、常識を覆すことではなく、常識の妥当性を検証することで、精神障害の克服と偏見打破に道を開くことにあるとするかねてよりの信念に導かれたものであり、「こころの『病気』の場合にも、それがからだ（脳）の病気のあらわれであると認められる場合に限って、精神『病』という言葉を使う」という『精神病の疾患概念』についての自説を自ら検証するお仕事となりました。

臺先生の簡易客観指標は、丹羽真一先生によって“UBOM（Utena's Brief Objective Measures of 4 Axes for Psychic Function and Energy）”と略称され、二〇〇七年、その理解と普及のためにＮＰＯ法人「ＵＢＯＭ研究会」が組織されました。

簡易客観指標研究を生んだ精神医学の思想

「簡易客観指標」の研究を生んだ「精神医学の思想」とはいかなるものか。臺先生は、「精神科の日常臨床でも、患者と治療者が分かり合える言葉（コトバ）で話すために、種々の検査成績を参照しながら進む身体諸科と同様に、精神機能の簡易で客観的な指標の実用化が必要です」と説明されています。通常、臨床検査には、大がかりな器械を使用し、精緻な計測をすることが不可欠と考えられがちです。しかし、とかく自分の病気に対する認識が不十分なもとでの精神科日常臨床に、

「簡易」で親しみ易く、それでいて「客観的」な、質の高い診断的手続きがあることを私たちは学ぶことになりました。

その診断の極意とは……。臺先生によれば、まず、簡易指標を吟味選択することで「知・情・意・想」のツボを探り当て、次に「病気をみつける」には、他人からの「非言語的な問いかけ＝働きかけ」に応ずる「反応の仕方」に注目することにある、とのことです。特に、働きかけ―反応の行動観測には、至近距離で行う簡易検査はむしろ強みともなります。この〈対象に対する能動的働きかけとその反応に着目する〉という診断の極意の起源は、「……能動的な心構えと活動への姿勢がある時に、人はこれほどにも平静に生きられるものだと悟った……」という戦争体験に遡るものです（本書一一三頁）。以来、先生は、対象世界に対する能動的認識を認識方法の鍵とすることで、精神に関わる臨床と研究における「感情的なロマン派思想と理知的な科学思想」の交錯する中、客観性と実証性を重んずる「精神医学の思想」を堅持することができたのではないでしょうか。

症状論と機能論の統合

一九七九年、臺先生は、『精神医学』誌の創刊二十周年記念号に、「履歴現象と機能的離断に関する仮説 functional disconnection theory」を発表し、統合失調症の横断的病像と縦断的経過、症状と精神機能の統合に関する理論化を図り、その成功は〈機能論〉を臺理論の中核として定着させることになりました。論文発表の折に、内村祐之先生は「自分の後継者がこのような学説を発表したことは嬉しい」と大層お褒めになられたとのことです（本書二三三頁）。「精神病と神経症の構造論の展望」を副題とする『精神医学の基本問題』（一九七二）を著し、〈精神医学的神経学〉の意義を主張し続けた恩師は、精神病を症状よりも脳機能論的に理解しようとしたC・ウェルニッケのかつての試みを八十年の時を置いて発展させた臺先生の論考が、精神医学史上格別の意味を持つことを誰よりも理解されたに違いありません。

メビウスの輪に現れる遷移過程と瞬間意識仮説

精神医学における症状論と機能論の統合に関する理論化の試みから二十余年後、簡易客観指標研究はその実践版として誕生しました。その際、計測にこだわり続け、ボトムアップ方式で選定した要素還元・定量的な精神生理三指標（「知・情・意」）に対し、幻覚・妄想や自我障害など表象系の機能障害を抽出するために、研究論理を転換し、トップダウン方式で全体総合・定性的な表象機能指標（「想」）として描画法を追加採用したことは見事な謎解きへと発展しました。

そのバウム画で陽性異型画として分類された「つつぬけ画」は、「メビウス現象」（山中康裕の命名）として注目されました。「メビウスの輪（紙の帯を半回転＝一八〇度ひねり、両端を貼り合わせるとできる輪）」では、その帯の上を周回すれば、〈表〉から〈裏〉、〈裏〉から〈表〉へと、常識では非連続と見做される二つのカテゴリー間を、連続的・ディメンジョナルに進むことが可能なために、カテゴリー間の境界は存在しなくなります。したがって、仮に妄想と現実の間をメビウスの帯上を進むように往き来するとすれば、境界を越えたと意識することも無く、妄想と現実は連続の「真実」として自覚されることになります。そこには、妄想の訂正を許さない病識欠如が生まれても不思議は無いのです。

臺先生と筆者は、妄想と現実、自己と他者の判別と融合という精神医学の重要課題を検討するために、「メビウスの輪」で生ずる内・外、表・裏の境界消失という理論モデルを、精神生理学的実験に移そうと、R・エフロンの色覚融合実験を計画しました。赤と緑の閃光を接続照射する実験で、その照射時間を次第に短縮し、六〇～三〇ミリ秒の瞬間域に入ると、赤でも緑でもない、光源としては実在しない黄が現れる色覚融合が生じます。すなわち、「メビウスの輪」の理論モデルで表現される内・外、表・裏の判別と融合は、色覚融合実験を通じて、赤と緑の異なる二色（事実）とそれらの遷移過程として生ずる黄（真実）というゲシュタルト表現として実体化されることになります。統合失調症患者五十一名と健常者五十五名を対象とした実験の結果、統合失調症における色覚融合に見られた遷移過程の偏移と症状との相関は、現実から妄想への移行が「瞬間意識」内に現れる「連続」である可能性を示唆するものでした。実験的事実から時間的単位として抽出された「瞬間意識」の概念は、意識の下位構造を「時間的無意識」として今後の神経科学的アプローチに開放するものともなりました。

簡易客観指標研究の目指す先は

統合失調症の治癒可能性の検証を目指して、病気から障害性へ、症状から機能障害へ、実証的な根拠を得るために進められた簡易客観指標研究には、紙と鉛筆と物差しと血圧計という診察室なら常置される簡易な道具立ての中に、脳という「局所」に留まらず、人間の心身を丸ごと捉えようとする自由かつしなやかで壮大な意図が込められています。それは、「生き辛さ」や「暮らし下手」で苦労する人々との対話を通じて、当人のもつ生活の可能性を社会の中で発揮することを阻んでいる事柄への共通理解を助け、その「自己実現」に向けた共同作業に参加する治療者を助けるものでもあります。

最近、自閉症スペクトラム障害と診断される〈大人の発達障害者たち〉が、「生き辛さ」や「暮らし下手」を主訴に外来を受診することが少なくありません。そこでは、治療導入のための病識欠如との対決が不要となる一方で、今度は治療者から、「発達障害は薬で治らないから」と相手にされないことも多いと聞きます。薬物療法が今日のように発展する以前、かつてはその診断が不治の病の宣告を意味した統合失調症の長く険しかった道のりを繰り返したくはないものです。薬物療法や精神療法では歯が立たない時でも、患者の自己実現に対する助力は欠かせません。そのためにも、「疾病を中心に置く薬物療法や精神療法の要素還元的治療」と共に、「生き方（ＷＯＬ）や生活の価値（ＱＯＬ）のための総合的治療である生活療法」を深く学ぶことが今後益々重要となっていくでしょう。

百歳を迎えられた臺先生は、夢と現実が連続でつながる様が見て取れる「メビウスの輪」を自作、診察に持ち込むことで、患者が独力で自他融合からの自力脱出を図れないものか、新たな治療法への挑戦をお始めになりました。「生き辛さ」や「暮らし下手」で苦労している人々に、「人生の生き方」の手助けを使命とした「自由職人」（二〇〇六）は最期までその手を休めようとはしませんでした。

彼は道をさし示し
自ら、その道を行けり（註2）

二〇一四年四月十六日、臺弘先生は更なる未来を目指し、独り颯爽と旅立たれました。同年夏、書庫の整理のお手伝いにお邪魔した折、先生のお姿のない書斎の書棚には、著名な方たちへの追悼手稿が納められた引出しがありました。その中に、内村祐之先生への追悼原稿があり、これには、「履歴現象と機能的切断症候群」論文の手書き原稿がクリップ止めされ、大切にしまわれていました。「いくつになっても先生に褒められることはうれしい」（本書二三三頁）。純粋で高潔な百年の人生を歩み切った先生の素顔の温もりに触れるようでした。

幸いにも、この増補版には、臺弘先生の「大正の子供の物語」（二〇一〇、未発表原稿）が、御長女坂本史子先生ご執筆の「『大正の子供の物語』余話―松沢幼ものがたり」と共に収められることになりました。「大人になってからのあなたを支えるのは、子ども時代のあなたです」（石井桃子）のフレーズに導かれたとおっしゃる精神科医二代の〈幼ものがたり〉です。御長女から、「父は〈勁い（つよい）〉人でした、『疾風知勁草（疾風勁草ヲ知ル）』（『後漢書』）の如くです」とのお話を伺いました。疾風の中を歩み続ける先生のお姿に、一体、風は何を見たのでしょう。

（二〇一五年二月）

（註1）臺弘先生ご自身は、この検査法を「簡易精神生理テスト」、「簡易精神機能テスト」、あるいは「簡易客観指標」と呼んでおられた。丹羽真一先生が、その普及のために、「臺式」を冠して、「臺式

簡易客観的精神指標（Utena's Brief Objective Measures of 4 Axes for Psychic Function and Energy, UBOM)」とした。

（註2）ドイツのマックス・プランク協会の前身カイザー・ウィルヘルム協会の初代総裁アドルフ・フォン・ハルナックの言葉である。臺弘先生が師として敬慕された内村祐之先生が、恩師ワルター・スピールマイヤーがクレペリン創立のドイツ精神医学研究所落成式での挨拶の冒頭に引用した言葉として、その著書『わが歩みし精神医学の道』（一〇二頁）に紹介している。

文献

・臺　弘：精神医学の思想：医療の方法を求めて、初版、筑摩書房、一九七二、改訂第三版、創造出版、二〇〇六。
・臺　弘、三宅由子：慢性分裂病の機能的亜型分類―反応時間とストレス応答による、精神医学 38：一二七、一九九六。
・臺　弘、三宅由子：日常臨床のための簡易精神生理テスト―特に精神分裂病について、精神医学 39：八〇一、一九九七。
・臺　弘、齋藤　治、三宅由子：日常臨床のための簡易精神機能テスト（第3報）―分裂病者のバウム・テスト、精神医学 43：七三七、二〇〇一。
・臺　弘、齋藤　治：統合失調症患者診療の目標―自由と病気と生活、新世紀の精神科医療　第一巻　統合失調症の診療学、中山書店、三―一四、二〇〇二。
・臺　弘：生活療法の開祖：二宮尊徳、精神科治療学 21：一二四九、二〇〇六。
・臺　弘：生活療法の基礎理念とその思想史、精神医学 48：一二三七、二〇〇六。
・臺　弘、三宅由子、齋藤　治、丹羽真一：精神機能のための簡易客観指標、精神医学 51：一一七三、二〇〇九。
・臺　弘：精神科医の仕事と私の人生、精神医学 54：三六九、二〇一二。
・齋藤　治：臺弘先生の統合失調症研究：その生涯と研究の歩み、こころの科学 180号、二〇一五。
・内村祐之：わが歩みし精神医学の道、みすず書房、一九六八。
・内村祐之：精神医学の基本問題：精神病と神経症の構造論の展望、初版、医学書院、一九七二、復刻版、解題　臺　弘、創造出版、二〇〇九。

講演

・第22回日本生物学的精神医学会、東京、二〇〇〇年四月一日「精神医学における機能的視点とその臨床的意義」
・日本精神病理学会第二十三回大会、招待講演、東京、二〇〇〇年九月二十九日「脳とこころは『ことば』〈カタチ〉で出会う」

・第一〇七回日本精神神経学会学術総会、特別講演、東京、二〇一一年十月二十六日「精神科医の仕事と私の人生」

精神科医の仕事と私の人生

臺　弘

まえおき

私にとって精神科医の仕事というのは診療・研究・リハビリテーションに関わる全部で、自分の人生そのものと深く結ばれています。私は大正二（一九一三）年の生まれで、九十八年の生涯は度重なる大震災、世界大戦を含む日本の艱難と社会変動の時代でした。それでも小学校は大正民主主義の世界で、東京の山の手で先生も生徒も自由教育の中でのびのびと暮らしましたが、昭和に入って中学に上がると状況は一変して、世界不況・不景気・失業の時代となり、治安維持法による自由の圧迫や国体の強調が高まって、満州（中国東北部）への侵略が始まりました。昭和八（一九三三）年二月の夜、左翼作家の小林多喜二が六本木署の取調べの際に死んだというラジオ報道を聞いた時の衝撃は忘れられません。警察による殺人は度重なるのにうやむやに葬られるとは、日本は法治国家の名に値しないのかと十九歳の若者は歯ぎしりする思いでした。

私は医学部四年で専門を決める時になっても、何をしてよいかわかりませんでした。その夏休みに都立松沢病院を見学に行って、沢山の患者が病室にうずくまり、廊下をさまよう姿を見て、精神病とは一体なんだろう、医者は何もできないのかと嘆息しました。時は戦争初期の暗い谷間で、自分の将来は「坂の上の雲」どころか「坂の下の物陰」に潜むことしかないと思われていたのです。

新米の精神科医の経験

昭和十二（一九三七）年に東京大学医学部附属病院精神科に入局した同級生は、猪瀬正、島崎敏樹、江副勉と私の四人で、一年上に西丸四方さんと笠松章さん、二年上に群馬大学の初代教授となった稲見好寿さん、医局長は井村恒郎さんでした。講師は後に松沢病院院長となられた林暲先生、教授はその前年に北海道大学から転任された内村祐之先生でしたから、今から思っても素晴らしい環境に入ったものです。その他、多士済々で、そこでの患者との新しい出会い、朝から晩まで続く忙しい仕事、それは全く生まれて初めての思いで、逃避的姿勢などの甘えは吹き飛んでしまいました。

私の直接の指導医は稲見さんで、当時はインシュリン・ショック療法が行われた時代だったので、ショック場面につき切りで対応し、血糖定量もしなければなりませんでした。精神科の小さな化学室は林先生が作られたもので、窒素定量のキエルダール法のドラフトと、髄液の蛋白定量のための比色計などがあっただけでした。当時、病院の中央検査室に依頼できたのは免疫学的な検体が主で、髄液の蛋白量などは精神科化学室の仕事でした。こうして私はいつの間にか化学室係のような格好になってしまいました。

いうまでもなく精神科臨床の本番は患者との面接です。新米医者は患者と普通に対応しているつもりでも、そこでは自分にかなりの欠陥があることを自覚させられました。教授回診の際に、受け持ち患者が私に話したこともない被害妄想を教授には打ち明けたのには閉口して、教授の勘と対応の秘訣はどこにあるのかと嘆息しました。同級の島崎君の病状記述が精細で見事なことには、これも天性と納得するほかありませんでした。その後に結婚した私の妻は、松沢病院の公舎で「あなたのように人の気持ちのわからない人に、よく精神科のお医者が勤まるわね」と言ったことがありますが、「そんな男と結婚する女もいるから、何とかなるだろうよ」と笑ったものでした。ただしこの欠点は精神科医にとって由々しい意味を持ちますから、後年の私は対人感性を自分なりに育てる工夫をするとともに、患者の生活の仕方や実験条件下の反応・テストなどに依存することになったのです。

後になって土居健郎君は私の実験好きをよくからかうので、彼に自閉症児を甘えさせる実験を勧めたのですが、残念ながら引き受けてはくれませんでした。

昭和十四（一九三九）年の夏に当時松沢病院にいた私と島崎君が交代することになって、医局で談じ合いました。彼は「僕は精神病理学をやる」と言うので、「それは何をするんだ」と聞いたら、患者の感受性について論じたので、私はつい「俺は化学をやる」と言ってしまいました。二人の話を関連させる糸は「心的エネルギーの低下」とされた統合失調症の慢性症状で、それは「心」と「エネルギー」の両端から両者をつなぐ機能だったのです。ただし当時の私にはまだエネルギーと組織代謝という認識は浅いものでした。

私は精神科の助手を年末に辞職して生化学教室の研究生となり、基礎的な技術の訓練を始めました。それは兵役への召集によって一年半で終わり、昭和十六（一九四一）年夏に独立自動車隊の軍医となって戦地で四年余りを過ごし、昭和二十（一九四五）年末に敗戦の故国に帰りました。芝浦の埠頭を出発した時に、二百五十人いた中隊の仲間のうち、戦後に帰国できたのは、捕虜になった者を含めても三十人足らずで、私は九死に一生を得たのでした。それは偶然がいくつも重なって起こったことで、私の身代わりとなってニューギニアで亡くなられた軍医もいました。

私はパラオ島での爆撃で戦死や負傷の戦友の多発に忙殺された日々の後に、自分が日頃の不安や恐怖の感情を全く忘れて働いたことに気づきました。そして能動的な心構えと活動への姿勢がある時に、人はこれほどにも平静に生きられるものかと悟ったのでした。

戦後の松沢病院

戦争で荒廃した松沢病院に復帰した私は、職場の民主化の先鋒で初代の組合長になった江副君を支えて、患者の人権回復や治療活動に努力しましたが、一方、化学検査室の再建では私が主導で江副君は協力をしたので、二人は合わせて一人前とからかわれました。戦争中に海外でなされた生化学の進歩は素晴らしいものでした。脳の組織呼吸を知らなければ心的エネルギーは語れないと考えた私は、化学室のワールブルグ呼吸計を用いて、好気性解糖と呼吸比の測定の組織代謝実験を動物で始めました。統合失調症患者の無為、自閉の状態を、化学の言葉で語ることは年来の宿題だったのです。

臺、江副の研究（一九五一）で慢性患者の成績が好気性解糖について有意の低下を示したのは重要な所見でしたが、その意味は放射性Xeによる Ingvar DH（一九七四）の画期的研究で前頭葉の脳血流減少が明らかになるまでは理解されがたいことだったのです。ただし私たちの研究は今日の基準に基づいて振り返ると、インフォームド・コンセントが不十分なことで、後に学会で批判を受けることになりました。

この件については改めて述べることを差し控えますが、問題の経緯や私の意見は一九九三年の自伝『誰が風を見たか』[11]に詳しく述べましたので、ご一読いただければ幸いです。文献には私の著書三冊[10・12]も掲げてあります。

一方この研究の対象例の中に二例の覚醒剤慢性中毒者がいて、解糖の低下を示したことは予想外の所見でした。これは覚醒剤中毒の動物実験を精神病との関連に応用するという重要な発想に結びつきました。この研究は私が途中で肺結核のために入院したので、江副君を主にして加藤伸勝、葉田裕君らの新人とともになされ、予想した成績が得られました。その結果は昭和三十（一九五五）年に発表され、それは神経研究所の内村賞と、学会の森村賞をいただく光栄を得ました。

作業療法と遊び治療

私どもの実験的研究は患者の生活行動の回復と平行してなされました。松沢病院には作業療法の伝統があり、私は作業医長の菅修先生の指導を受けました。ここでは私にとって印象深かった一人の娘さんについての経験をお話しましょう。

ある朝、病棟で患者と冗談話をしていたら、後ろで笑う小声がしたので振り向くと、無為・無言の欠陥状態とされていたMちゃんでした。驚いて呼びかけたら反応はありません。そこで看護婦さんたちに「Mちゃんには見込みがある、まず簡単な手伝いや遊びにつれ出して欲しい」と頼みました。それは次々に広がって、看護婦さんは院外に買物に行く時まで彼女を連れて歩きました。そして彼女はなんと四年後に退院できたのです。もっともそれには新しい抗精神病薬クロルプロマジンの導入もからんでいます。

「遊び療法」の結果を昭和二十八（一九五三）年の千葉で行われた関東地方会で報告したら、私を化学屋と思っていた方から変人扱いをされましたが、座長の三浦岱栄教授のように、これこそは科学だと応援して下さった方もあって嬉しいことでした。

再発防止五カ年計画と生活臨床

私は、昭和三十二（一九五七）年に群馬大学の稲見好寿教授の急逝に伴って、その後任として前橋に赴任しました。翌年正月に、大学病院に多い初発の統合失調症の患者に対して生活療法と薬物療法を行い、退院してからも通院で自立支援を続けたら、再発を予防できないか、それには病室の看護を完全開放にする必要があると考えました。それを医局と看護婦会で相談したら賛成されましたので、婦長には国立武蔵療養所から大塚マスさんを、助教授には佐久病院から江熊要一君を迎えて、「再発予防五カ年計画」が出発しました。ただしこの看板は三年目には無理なことだとわかり、「予後改善計画」と変えられました。それでも完全開放看護は三年で実現させることができました。

この間に江熊君を中心とするグループから「生活臨床」[6,7]の考え方が生まれました。彼は天性の精神療法家で、その鋭敏な感性と卓越した対応には皆が敬服しましたが、それはあくまでも生活に根ざしたもので、今なら認知・行動療法、私なら生活療法と呼ぶものです。湯浅修一君は豊かな理論家で、長期の状況に対応する患者の姿勢が能動的か受動的かを判別することや、短期の行動を特徴づけるこだわりの対象（色・金・名誉・身体など）への着目は現場での活用に役立ちました。一方、群馬大学の特色は脳研究所として行動科学部門を持つことで、その平尾武久教授は東京大学医学部脳研の生理にいた頃から精神科仲間との交流が深く、臨床と動物実験はその底辺ではつながるものだとする見解を私たちに伝えたのでした。

長期転帰の追求の課題は五年、十年、二十年と追跡しても終わらず、二十五年転帰が生活臨床三代目の同人：宮真人、小川一夫、渡会昭夫君たちによって、二代目のリーダー中沢正夫君の指導の下にやっとまとまりました。図1には五年間の統合失調症入院患者無選択一四〇人のうち、死亡二十五人（うち自殺十六人）と生活資料不足の十五人を除く一〇〇人の社会適応経過がまとめられています。0の出発点は退院で、診断はすべて私がWHOの国際診断分類に準じて行ったものです。注目していただきたいのは病気の全経過が生活の中に現れていることで、それは図下の江熊の生活

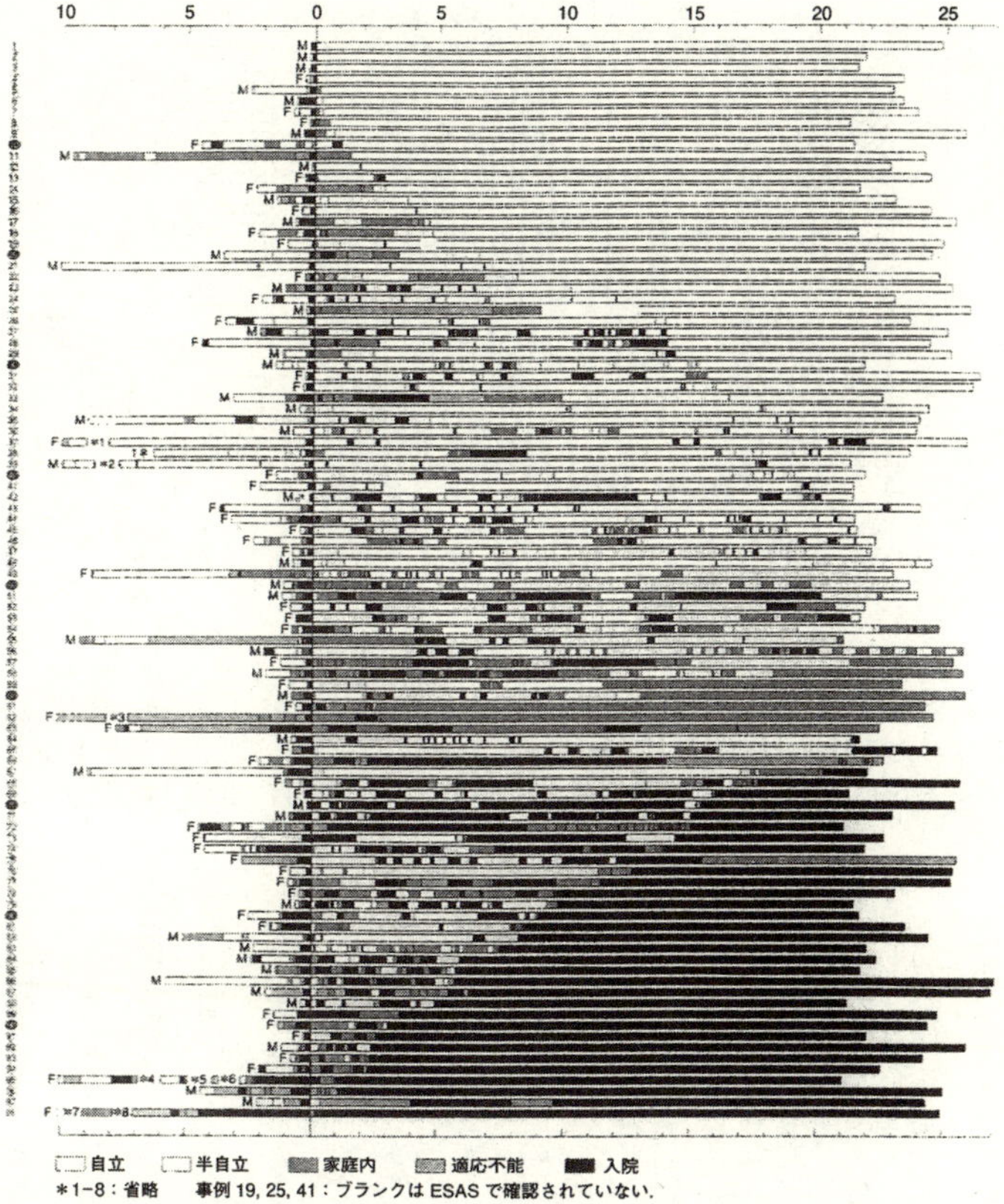

図 1　社会適応経過（Ogawa K, et al : Br J Psychiatry 151 : 758-765, 1987 より改変）

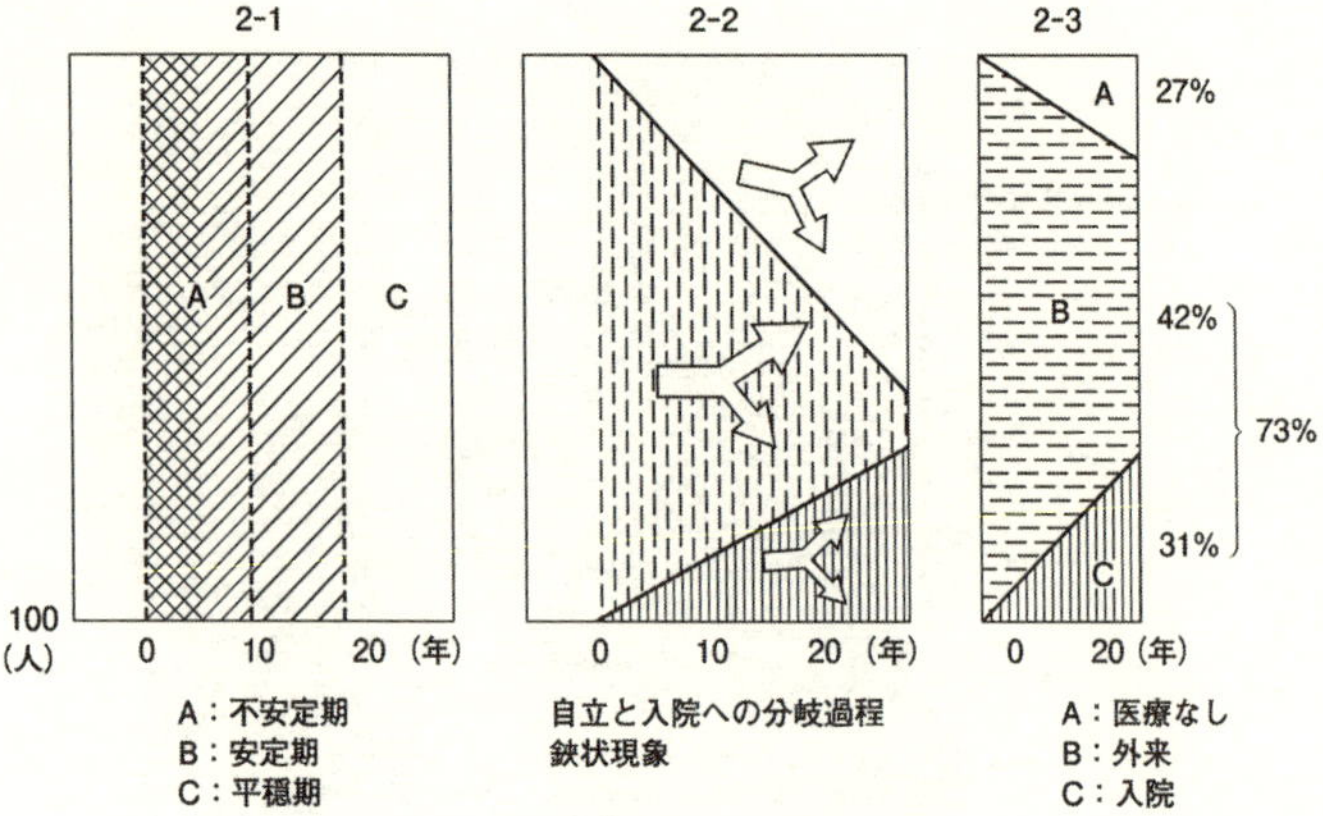

図2　生活経過と医療の模式図

群馬大学医学部附属病院精神科入院患者（無選択連続）100名の退院後25年にわたる経過。25年間の実績は2-1から3に示すごとくで、外来を主とする者(B) 4割のほか、医療を離れている者(A)と入院(C)の3割ずつを含んでいた。

五段階尺度（ＥＳＡＳ）で区分されています。この成績を生活経過と医療の模式図（図２）として示すと、不安定期、安定期、平穏期に分かれ、最初の五年間が特に不安定なことがわかります。

自立と入院への分岐過程は全経過を通じて進行し、どの期にも鋏状現象と呼ばれる過程があります。二十年間の「医療なし・外来・入院」の区分は図２に示す通りです。

人間と動物の生活行動の研究

当時の群馬大学精神科には生活臨床グループと並んで、行動研究グループがありました。厩橋病院にいた菱山珠夫君は後の東京都の中部精神保健センター長ですが、患

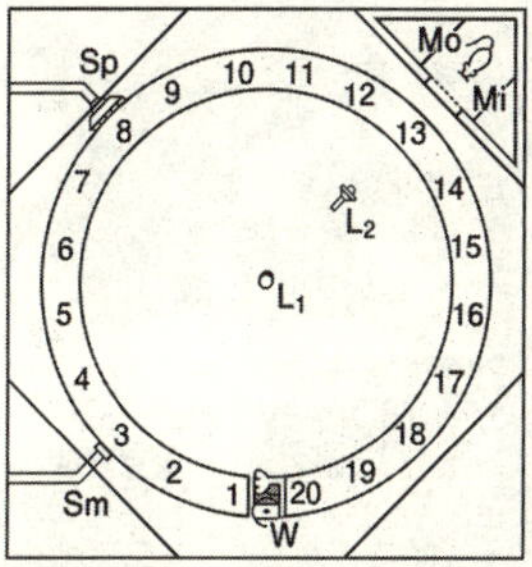

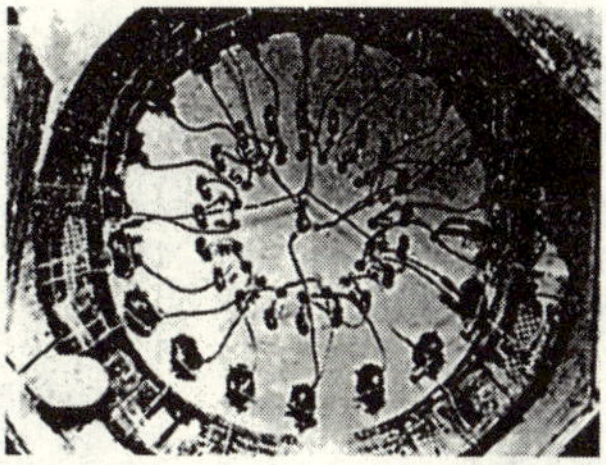

図3　マウスの回廊

者や正常人について種々の貴重な観察や実験を企てました。心理試験による目標実行実験、生理試験としての梅干しテストでは種々な刺激条件での唾液量による感情反応、行動面では連れ立ち歩きの際の縦並びと横並びの比較、集会での座席の選び方などが報告されました。

平尾武久君は、マウスの動と静、空間の中の位置・座という行動の基本的な指標を捉えるために、「回廊法」と称する円環型のケージを作り（図3）、マウスの体長を単位とする番号で自動計測する装置を作り、動静法（stop-and-go method）とも名づけました。これで慢性覚醒剤中毒による能動性減退や外側にいる仲間への関心の低下や、音や光に対する反応などを測ることができました。また、平尾君は学生の座席の選択を一学期間調べた成績から、ある学生の統合失調症が臨床で確認される半年も前に、座席の不自然な固執から発病を推測した例もあります。

抗精神病薬の臨床への導入は、精神病モデルやその治療薬開発のための動物の行動実験を促進しました。高野清一君はマウスの

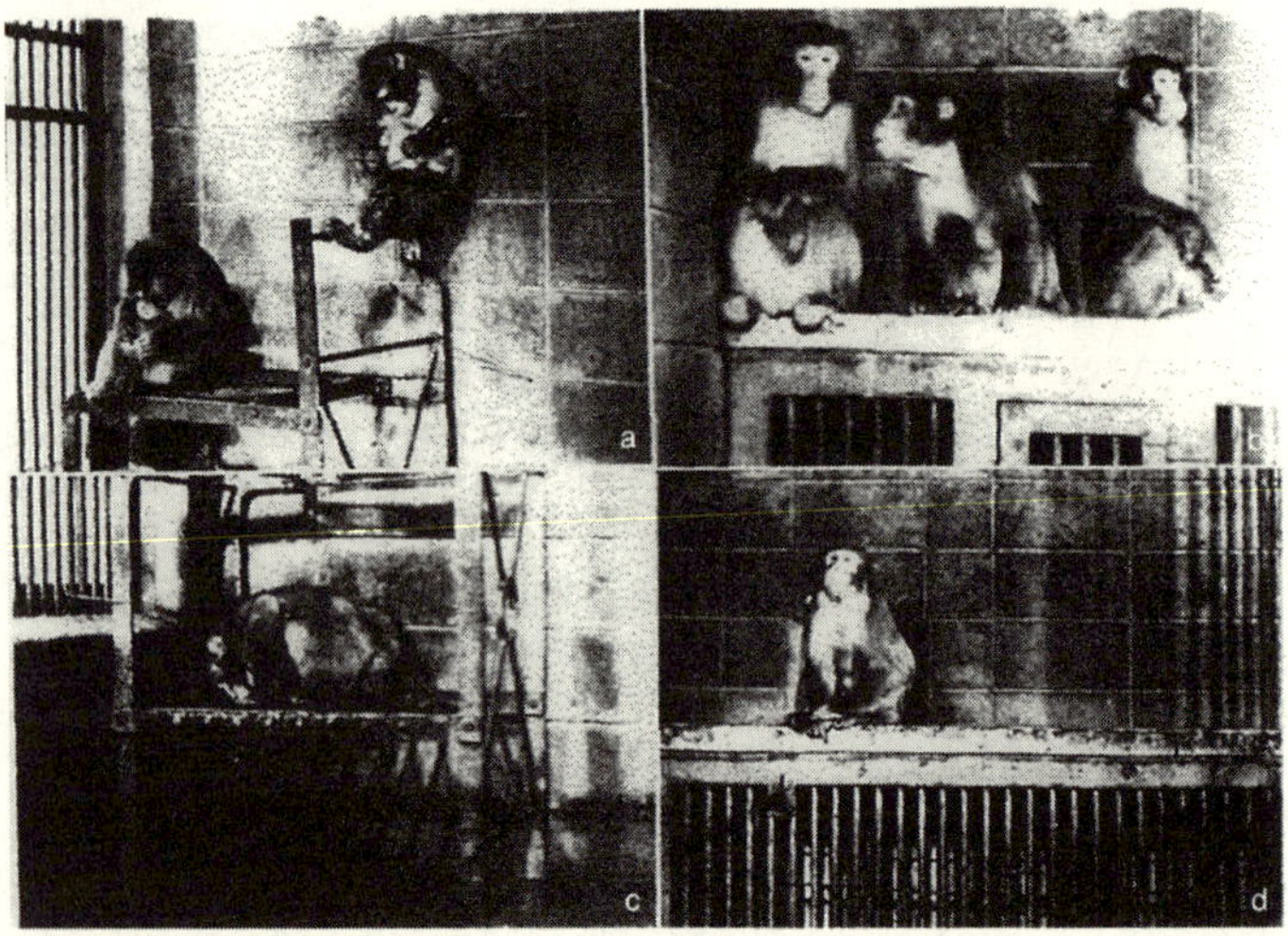

図 4　慢性覚醒剤中毒サルの固着的な行動

a：サルJ（左）の股さぐりとサルG（右）の腹さぐり、b：サルJの仲間への奇妙な凝視の持続、c：サルJの床のぞきの癖、d：サルJの「そらのぞき」の習慣

行動を車かごの回転数や速度の測定で日内変動、仲間との競合、薬物の急性、慢性効果などの課題について調べました。清水俊郎君は色々な条件下でマウスを液体窒素で瞬間凍結して、脳のATP・AChなど不安定物質の定量をしました。

私が東京大学に転勤したため後任教授になった横井晋君は化学から行動にわたる私の大風呂敷の後始末には苦労させられたとこぼしましたが、ここではさらに後任の町山幸輝君が東京大学で私と一緒に作ったニホンザルの慢性覚醒剤中毒[5]（図4）にも触れておく必要がありましょう。サルの自閉的行動や幻覚を思わせる動作は貴重な所見で、映画化されて犬山のモンキーセンターで発表され、外国でも数か所で展示されました。このサルは後に埼玉県の精神病院に移され、事情を知らない看護者に「分裂病のサル」と呼ばれていたそうです。

精神障害者の社会復帰や自立支援

私は東京大学医学部附属病院精神科で教職最後の八年を過ごしましたが、紛争で病室が占拠されたので、将来の予定病棟にデイケアと小児部を作りました。それは今も附属病院の「こころの発達」診療部とリハビリテーション部の精神科デイホスピタルとして活動しており、その家族会は社会福祉法人「銀杏企画」として作業所を運営しています。また小児部のリーダーだった石井葉さんは、退職後に同志とともに社団法人「発達協会」と訓練施設を作って活躍しました。私はそこの初代理事長として、後任の上出弘之君に助けられながら、障害児と初めて付き合ったのでした。

精神障害者のリハビリテーション、自立達成の支援は治療者にとっての重い課題です。私は大学退職後の人生を患者の社会復帰にかけようと考えて、友人の山田禎一君の精神病院で外来診療をするとともに、彼の開設した社会福祉法人「創造印刷」の運営に加わって現場も体験し始めました。この仕事の貴重な内容は、著書『分裂病の治療覚書』(10)の「創造印刷物語」の章を読んでいただけると状況がわかります。

その後、私は娘夫婦が新座市の拙宅の近くに坂本医院を開いたので、そこで週三日の外来診療を続ける一方で、地元の埼玉県で地域活動も始めました(9,13)。まずは保健所や福祉事務所との協力や家族会の設立や作業所作りでした。埼玉県は東京都に隣接しているのに、精神障害者の自立支援施設は大宮市の「やどかり」のほかには何一つない状態でしたので、当初は隣接する東京都の清瀬市や小金井市の施設など先輩グループとの連携に頼りました。また市民活動グループや民生委員や市会議員との連携も図られて、新座市が土地と建物を提供してくれて「さわらび」作業所が活動を始めました。

また東京都の職業安定所の西村晋二君が東京障害者職業センター（池袋サンシャイン八階）の応援を頼んできたので、月に二回ほど通って職員への講義や精神障害回復者の就労のための診察を数年間続けました。その後、就労の実地訓練のために小さな訓練工場がビルの中に作られましたが、就労への移行にも生活訓練が必要でした。私はまた国鉄労組の再就労では春原千秋君のチームに加わって多くを学ぶことができました。

私は清瀬市の社会福祉法人「椎の木会」の創立にも関わり、就労センター「ドングリ」の建設には、市民の理解を得るのに骨が折れましたが、清瀬市の支援で設立できました。この会は長年の家族会会長・熊谷スミエさんと練達の福祉士・村上斉二君の指導で、「リサイクルショップ」と市内

表1　簡易精神機能テスト：4指標の要約

指　標	機能領域 現象・行動	道　具	所要 時間	計　測	正常平均	異常域
心拍変動値 ：PRD	情 ストレス頻脈	血圧計	2分	心拍数／分 血圧測定時と安静時との差	+12/分	+20/分 以上
単純反応 時間：RCT	意 尺度補捉	物差し （40cm尺）	3分	落下距離：s 時間間隔：t $s = 1/2gt^2$　重力常数：g	21cm （207ms）	24cm 以上
乱数度： DOR	知 思考転換の 自由度	200字詰 原稿用紙 時計	5分	乱数量 N_r　数量：n_i 階差量：n_j $DOR=\sum_{i=9}^{9}\left\|\frac{n_i}{N_r}-0.1\right\|+\sum_{j=-9}^{+9}\left\|\frac{n_j}{N_r-1}-\frac{10-\|j\|}{100}\right\|$	0.95 以下	1.1 以上
描画法 （バウム・ テスト）	想 表象・表現	葉書大メモ 用紙 2B鉛筆	5分	普通画と異型画の判別 （陽性画、陰性画、合併画）	普通画	異型画

での配食事業を行い、「生活支援センター」も経営しています。このような活動には何よりも活動的な市民の存在が肝要です。国や地方自治体による政治・行政の支援と法律制度の重要性も言うまでもありませんが、役人仕事では実際の運営は不可能です。わが国では、その手本が二宮尊徳の先例に見出されます。

「簡易客観指標」の考案

私は八十歳になり自伝を書いてから、老人でも作れる「簡易客観指標」[13、14]（表1）を発想しました。これは日常の診療にまた保健用に、家族、患者、一般に通じる行動尺度で、精神病や障害の内容を具体的に話し合う資料となるものです。現在の診断はICDやDSMのように精神病は症状の記述によって規定されますが、症状言葉は一般にわかりにくく、また身体の検査項目のように数量化もされてもいないので、病状の改善と悪化の経過判定に利用されにくいのです。「症状」より「機能」に注目したら、正常・異常の判別がしやすいのではないでしょうか。

私は職安センターでやったように、まずは「知・情・意」の機能から始めました。これは一種の実験なのです。

表1が「感情」のテストから始まるのは、診療の流れに沿う形で、血圧測定時の脈拍の変化を「軽いストレス反応」として利用したからです。頻脈がテスト前の値から＋二〇／分以上を陽性としますと、当人は興奮しやすいといえます。過敏な方で心臓発作で死亡した人が一人出たので、以後過敏者には心電図もとることにしています。

次に「意欲」には職安で単純反応として長い棒落としを使っていましたが、診察室では「物差し落とし」にしました。市販の三〇cm尺は短すぎると患者が四〇cm尺を買ってくれて、以後それを用いています。相手の目の前に物差しをぶらさげて、下の0の位置に親指と人差指の間を少し開いて構え、あうんの呼吸（約三秒）を見計らって、落とした瞬間に指を閉じて止めてもらいます。「落下距離」を中指の先で読むと、それが単純反応時間を表します。正常値は約二〇cmで、これをガリレオの落下法則で時間に換算すると約二〇〇msです。反応時間は若者では短く、老人で長くなります。これはうつ病者でも延長します。

また「知能」のテストには認知症に使われているテストとは別に、融通、要領、変換、などの機

表2　1症例の「乱数と順序数」の実績

統合失調症患者　SN氏、36歳
PRD + 48, RCT27, DOR1.107, MRT0.583(平均乱数時間)

No.　+48　27　1.107　0.167 0.940　MRT=0.583　45 80　45

Nr 乱数	0	0	2	3	4	5	6	7	7	8
	8	9	6	5	3	2	1	2	4	5
	8	7	5	6	9	3	2	1	0	1
	9	8	7	6	5	3	2	0	1	9
	6	7	8	5	4					
										80
Ns 順序数	0	1	2	3	4	5	6	7	8	9
	0	1	2	3	4	5	6	7	8	9
	0	1	2	3	4	5	6	7	8	9
	0	1	2	3	4	5	6	7	8	9
	0	1	2	3	4	5	6	7	8	9
	0	1	2	3	4	5	6	7	8	9
	0	1	2	3	4	5	6	7	8	9
	0	1	2	3	4	5	6	7	8	9

能を示してくれ、しかも成績が記憶に残らず再試験の可能な方法が精神科には必要です。そこでボールの球回しの経験から、「頭の中の数回し」・「乱数生成テスト」を採用しました。

表2のように、二百字詰め原稿用紙に乱数と順序数を一分間ずつ書いてもらって、その成績を村上の式で数学乱数との差を計算して「乱数度」として、「知」の指標としますと、成績は正常が○・七〜○・九で、一・一以上が異常とされます。式だけを見て難しいと思う方が多いですが、慣れると目算で正常異常の区別がつきます。

ここからは統計専門の三宅由子君の協力を得ました。数値指標はその分散から五十人程度の集団が統計に必要となりますので、対象

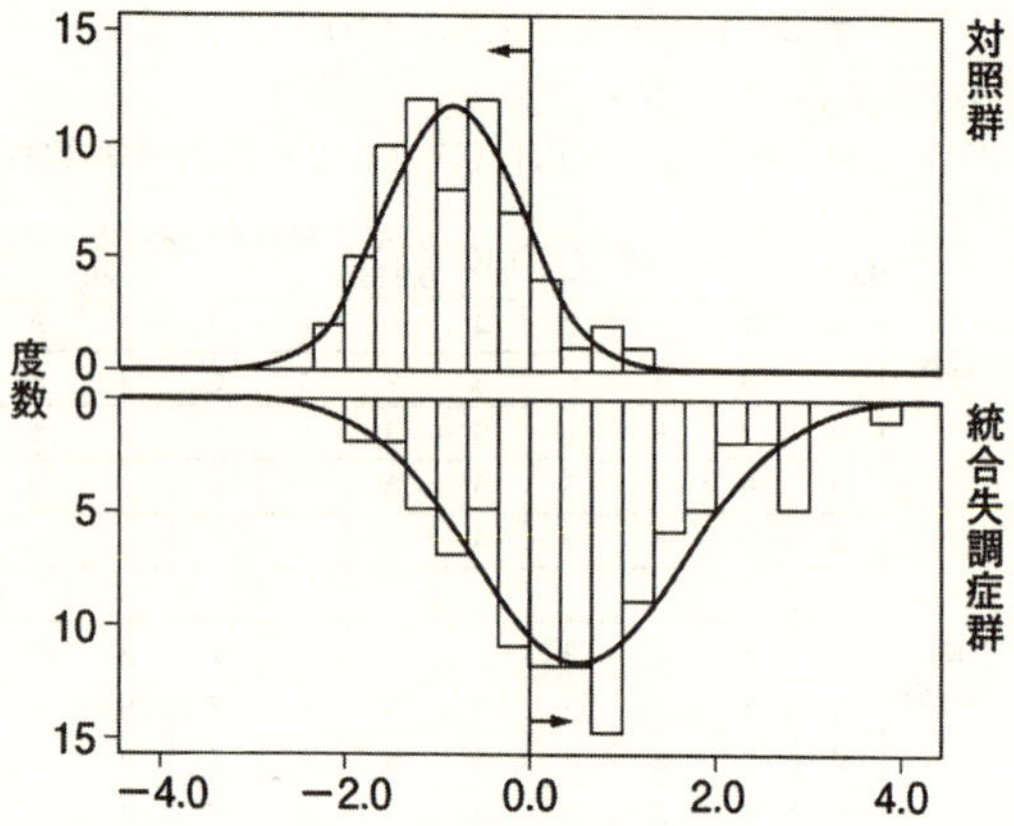

図5　Z 判別得点の分布

対照群（約 70 人）は負数域に置かれるように操作して統合失調症群（約 100 人）との対照を示した。

例とともに一指標の成績をまとめるのに二年を要しました。

「知・情・意」の三指標で示された機能異常は、統合失調症の症状形成にそれぞれ独立に加算的に関与しており、異常の増加に応じて症状が悪化することも、統計成績の検討で明らかにされました。ただしこの三指標だけでは陰性症状との関連は明らかでも、陽性症状との関連は不十分で、症状の全容を説明することはできません。

三指標をまとめてＺ判別関数で表す（図５）と、正常対照群は負数に、統合失調症群は正数に頂点を持つ分布を示します。図５の例の患者群にも負数域にある人が少なくないのは、三指標が揃うのを待つ間に寛解状態の人が増えたことを意味しています。

そこで作業療法士稲富宏之君の示唆によって

「バウム・テスト」（図6）を採用しました。「実のなる木を描いて下さい」とだけ言って、葉書大のメモ用紙と鉛筆を渡します。それはカルテに貼り付けます。こうして部分機能とともに全容 aspect の把握と表現も取り上げたのです。これからは斉藤治君が参加しました。斉藤／臺の両人は約三〇〇例の描画を別々に分類して一致度を比較検定した上で、症例に用いました。そこでは発症時や再発エピソードでは約三〇％の人が「つっ抜け画」を描き、慢性例では「萎縮画」が有意に多発することが認められました。こうして数量化と全容画像を合わせて「簡易客観指標」が出来上がりました。

描画テストの効果を、単身で来院した五十一歳の初発患者の印象的な症例一（図7）で説明します。何気なしに描いた自分の画に対して「この画は独特です」と言われた彼は、私の指摘に即座に反応して「天井つっ抜けだ」と答えました。私は異常とは言いませんで、「これには薬を飲む必要があります」と勧めたら、その意味がわかったかのようにすぐリスペリドン一〜三mg／日を飲みました。そして妄想から抜け出て三か月後には普通画を描きました。単身来院者に服薬を納得させるには一工夫が必要です。これは長井真理さんが「つっ抜け画」として注目した画で、山中康裕君が「Möbius（メビウス）の輪」現象として、統合失調症の幻覚や妄想と相同な体験形式を認めたものです。これは瞬時に出没する特徴も備えており、症状再発の指標ともなります。彼はよくなると勝手に断薬しては症状を再燃して、また服薬という経過を二回繰り返した後に、服薬と生活が安定し、

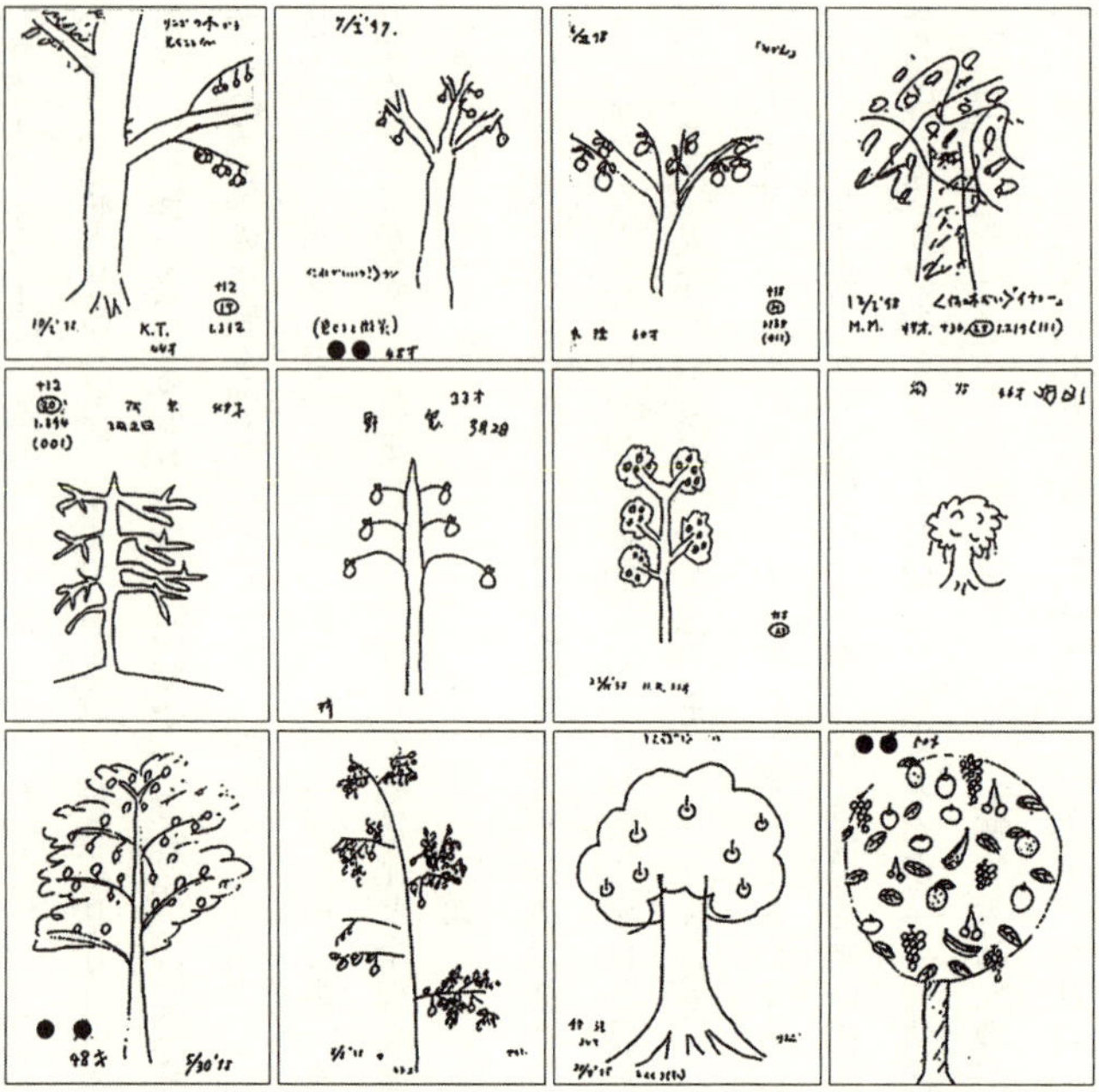

図6　バウム・テストの概観

陽性画の代表は「つつ抜け画」、陰性画の代表は「萎縮画」

他院に転じました。

　また次の症例二では、簡易客観指標を含めて確認された典型的な統合失調症状が、ただの一回だけで、それが一か月以内に収まって以後十余年間、全く正常に過ごした人の例を示します。このような例は急性一過性精神障害として統合失調症と区別すると決められていますが、実はそれはあまり意味がありません。今後の再発の有無はわからないのです。

症例1

症例2

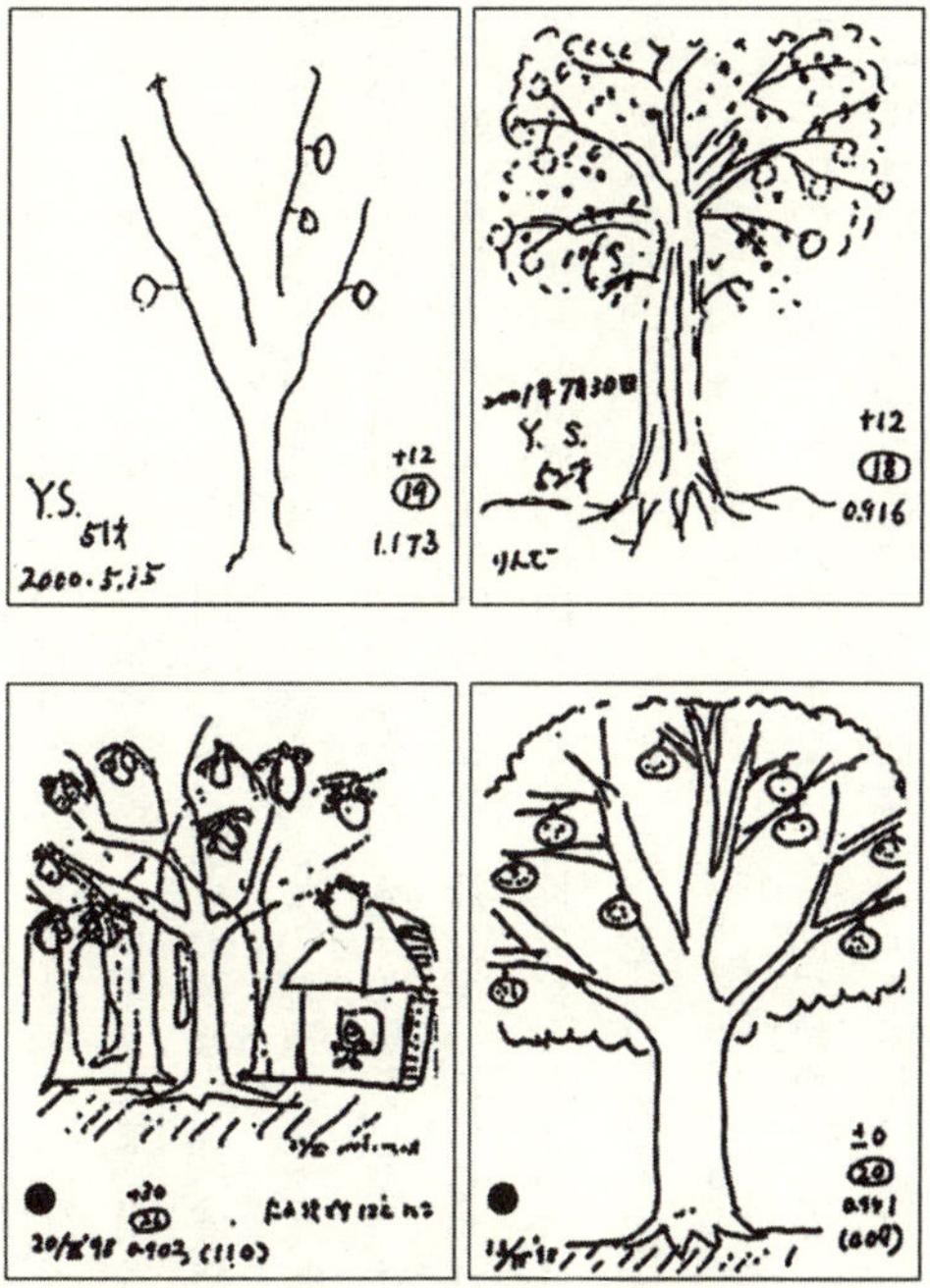

図7　2症例のバウム・テスト

再発傾向と近縁の諸障害

拙論文「履歴現象と機能分離[8]」（一九七九）で述べたように、時間を超えて出没する異常体験は、統合失調症の再発の契機ともなります。松沢病院時代の古い観察例に、早く寛解して復職した若い公務員がいました。以後彼は再発なしで無事に勤めましたが、定年近くになって妄想や幻覚を生じて、東京大学医学部附属病院に私を訪ねてきました。これが私の再発間隔三十年の最長記録です。今回は薬で回復したので、奥様に別の病気かもしれないと言ったら、「いいえ再発です、症状の出方が全く同じです」と言われたのには感心しました。

短期の「履歴現象」は慢性覚醒剤中毒にも現れますし、広汎性発達障害でもタイムスリップ・フラッシュバックなどと呼ばれて早くから注目されていました。[2,4] 近年その高機能の自閉症者やアスペルガー障害などと呼ばれる症例や経験が急に増えてまいりました。一方、解離性障害にもタイムスリップは現れます。その一例として、戦後の松沢病院で性格異常者とされて八年間入院していた若い女性がいました。彼女は七十歳を過ぎての健康を案じて坂本病院に私を訪ねてきました。彼女は松沢病院退院後は就職して三十年勤め、定年退職後は年金生活でした。松沢病院での受持医の石井毅、蜂矢英彦両君の入院当時の情報や、社会復帰に尽くされた蜂矢君の尽力がわかりました。今ではＩＣＤ—10「心的外傷に由来する解離性障害」と診断されます。今回の簡易客観指標も正常でした。私は精神的に正常の意見書を渡して、老人クラブへの参加を勧めました。世話好きの彼女はリーダー格になって、ＮＨＫ-ＴＶのローカル番組に出ることになりました、ところが録画の際に話が戦争中の大空襲に移った時、彼女は空一面の焼夷弾を花火のようにきれいだと言ったそうで、そこで係員がストップを掛けたら、彼女は五十年ぶりに意識障害を起こしました。

「メビウスの輪」の意味

最後に「自閉」の機能的な意味を吟味しましょう。DSMの統合失調症の診断にはCriteria A, B, Cがありますが、Aには幻覚、妄想が挙げられています。この区分は英米流の経験主義による症状の出現度によりますが、元来はドイツ流の現象学に発するJaspers Kの精神病理学[1,3]の「説明と了解」の判別に由来したものでした。統合失調症の診断は、幻聴、妄想、「こころ通じ」、「させられ体験」などの独特な「自閉的な自我障害」を根拠としています。この際、患者は自他の判別が不可能で、医者は「了解」できても「説明」できない体験でした。

この自他意識障害の「つつ抜け画」を山中康裕君が「メビウスの輪」（図8）と捉えたことは鋭い指摘でした。一本のテープを一八〇度ひねってねじれた輪を作ると、内外・自他・表裏の平面がつながって現れます。輪の外側の表面をなぞると自然に輪の内側に入り込み、それをなぞると輪の裏側に出て、裏側をたどると出発した元の外側に戻ります。ここでは内外、表裏の両面が連続した空間になっています。これは自他の判別を失った位相空間と相似の現象です。さらにこの現象は人生の「青年期」に出現して、「性」（sex）の判別と合一を含む自他意識の融合とも深い関連を持つ発達障害ともいえます。

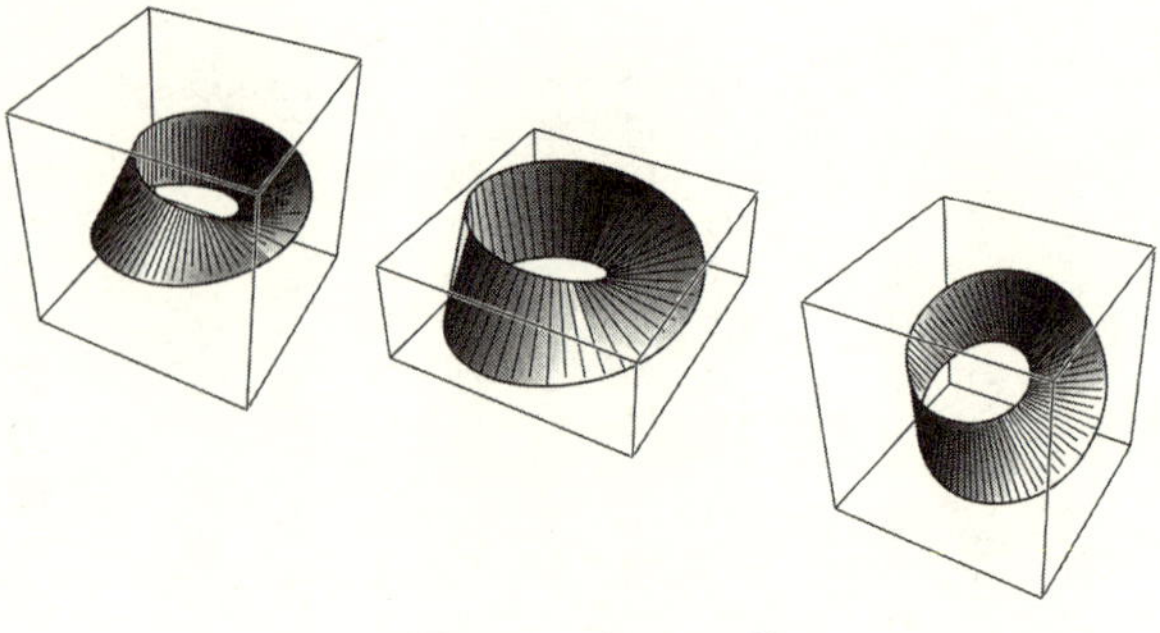

図 8　メビウスの輪

http://www.synapse.ne.jp/~dozono/math/anime/moebius/moebius.htm

「自閉症[2,4]」の子どもに手掌を向けて手を振ると、子どもは自分に向けた手掌を振って相手に反応するという微笑ましい現象を示します。これは自他意識の未完成表現でもあります。さらに高機能広汎性発達障害（ＰＤＤ）者の「自閉症」は、一応の自他意識を保つものの「自他融合」の体験は不十分なようです。換言すれば「次元的（dimensional）の域にとどまり範疇的（categorical）な域には届かない」ので、周囲との対応に苦労するのです。残念なことに私はＰＤＤ例の簡易客観指標の経験がまだ少ないので、統合失調症との対照を的確にお示しできません。印象的には不安定期の統合失調症患者では「つつ抜け画」の出現が、ＰＤＤ者では乱数度の異常値が多くみられるようです。今後のご検討に期待する次第です。

さらに注意すべきことは、統合失調症の機能障害は常に出現するものではなく、「ふと」現れては消える特性を持つことです。それは古く西丸四方さんから教えられたことで、周辺意識が中心に介入すると説明されました。この意見を治療に生かした例として、新海安彦君による「添え木療法」の「正気づけ」の提唱を挙げることができます。私はそれを「正気づけ」の小座談会を傍聴した際に見事に教えられました。患者は自分の幻覚や妄想に対しては全く自覚を欠きながら、仲間からの指摘には自分の非を認め、一方、仲間の幻覚や妄想へは即座にその異常を指摘できたのです。先に述べた私の幻聴・妄想患者が、ふと描いた自分の「つっ抜け画」が独特だと指摘されただけで、その異常性を悟ったかのように服薬を承認したのと同じでした。「つっ抜け画」は常時現れるものではなく、背景体験が「ふと」前景化すると描かれるもののようです。ですから、患者がバウムを描いている時、のぞき込んだりしてはなりません。私は同じ机の横でさりげなく乱数表の原稿用紙を作ったりなどしています。そして適当な時期に「できたかね」と画を見せてもらうのです。

福島県立医科大学の丹羽真一君はＮＰＯ法人・ＵＢＯＭ（Utena's Brief Objective Measures）研究会を組織して、「簡易客観指標」の活用を支援しておられますが、同教室の後藤大介君らはそれを利用してＰＤＤの「自閉症」と統合失調症の「自閉症」の比較をしています。

おわりに

この講演を引き受けた時に、多少とも皆さんのご参考になろうと、精神科医療の将来像を語ることを考えて、親しい友人たちに意見や資料を伺ったものでしたが、それは高望みとわかって、身の上話と臨床の経験を語ることになりました。それでもこの話が多少ともご参考になればありがたいことです。私は生来精神科医としての品性の乏しい者ですが、先生や朋友・同志に恵まれて、かなり多彩な人生を送ることができました。願わくば残り少ない人生を静かに終わりたいものです。

本総会での私の講演に、数々のご配慮と援助をいただいた三國雅彦会長と福田正人君に、また松沢病院長の岡崎祐士君に、そして長い間、話を聞いて下さった皆様に心からのお礼を申し上げます。

（二〇一一年十月二十六日）

文献

(1)ガミーSN、村井俊成訳：現代精神医学原論、みずす書房、二〇一〇。
(2)杉山登志郎：そだちの臨床―発達精神病理学の新地平、日本評論社、二〇〇九。

(3)前田貴記、鹿島晴雄：統合失調症の自我障害の形成機構―主観の神経心理学、Schizophrenia Frontier 8：一一―一八、二〇〇八。
(4)中安信夫：初期統合失調症 vs.アルペルガー症候群―「初期統合失調症症状」に焦点化して―、児童青年精神医学とその近縁領域 51：三二五―三三四、二〇一〇。
(5)台　弘、町山幸輝：精神分裂病のモデル、台　弘、井上英二編：分裂病の生物学的研究、東京大学出版会、一七―八四、一九七三。
(6)臺　弘編：分裂病の生活臨床、創造出版、一九七八。
(7)臺　弘、湯浅修一編：続・分裂病の生活臨床、創造出版、一九八七。
(8)臺　弘：履歴現象と機能的切断症状群、精神医学 21：四五三―四六三、一九七九。
分裂病の治療覚書　一章　再掲
(9)臺　弘：生活療法の復権、精神医学 26：八〇三―八一四、一九八一。
(10)臺　弘：分裂病の治療覚書、創造印刷物語、創造出版、二三三―二四一、一九九一。
(11)臺　弘：第二部・激動の社会の中で分裂病者にまなぶ、Ⅶ「人体実験」問題、誰が風を見たか―ある精神科医の生涯、星和書店、三〇一―三一〇、一九九三。
(12)臺　弘：精神医学の思想―医療の方法を求めて（第三版）、創造出版、二〇〇六。
(13)臺　弘：生活療法の基礎理念とその思想史、精神医学 48：一二三七―一二五二、二〇〇六。
(14)臺　弘、三宅由子、斉藤　治、丹羽真一：精神機能のための簡易客観指標、精神医学 51：一一七三―一一八四、二〇〇九。

〔精神医学　54：三六九―三八一、二〇一二〕

生活療法の基礎理念とその思想史

臺　弘

はじめに

筆者は精神科治療についての持論として「生活療法」が薬物療法を中心とする「生物学的治療」と「精神療法」とともに三本柱の一つに数えられることを幾度か提唱してきた。生活療法は外国由来の理念に発する治療ではなく、わが国の診療実践から生まれた貴重な術語である。それにもかかわらず、その意義は国内でさえ十分に理解されず、意図的に活用されてもいないのは残念である。これはわが国の精神保健とリハビリテーションが戦後の半世紀にたどった歴史にみられる発展と挫折の不幸な社会的な経歴によるところが多い。それには提唱者たちが、精神障害者の治療やリハビリの実践に当って「生活」の持つ意味について明確な吟味を怠ってきたことにも責任がある。精神科医療にとって生活概念が独特な内容と広がりを持つことは、国際的にみても認識されているとはいいがたいので、この論議は必要であろう。このような反省から、筆者は本文によってその基礎的な理念と思想史を論じようとする。

「生活」の基盤

「生活」とは「生」の在り方、「日々の働き」「暮らし」という意味を持つ言葉であり、生命・生存の意味も含む幅広い概念である。英語にも life、living、livelihood などいろいろな言葉がある。理念的には「生と死」は対になって現われ、安永浩[67]によれば死は生の否定パターンとして不可分である。しかし物質的生物学によれば、生命はウイルスからヒトに至る系列のなかで、無生から現れて無生に帰する連続的な過程の一局面である。ウイルスはＲＮＡまたはＤＮＡとして同定される物質で、他の生体組織に侵入した時初めて自己増殖できるようになる。ヒトは「自己」を死すべき存在と知りつつ生きる生物であるが、動物界にも「こころ」らしさを持って生きる働きがあるように、人間の「心」も「生」の連続の中に理解されるべきものとなる。医療は死に抗う個人の努力が個々には無効に終わることを承知したうえで、そのゆえにこそ、生存の間にその生き方 way of life

を工夫し、生活の価値 quality of life を高めることに人間的な働きの意味を見いだそうとする。

自分たちの生活の基盤を論ずるためには、まずこの国の地理と歴史を概観したい。ユーラシア大陸の東北端にある日本列島はモンスーン地域の北辺で、高温多湿の夏と豪雪の日本海岸と低温乾燥の太平洋岸の冬を持っている。東南アジアの照葉樹林帯から寒冷東北の針葉樹林帯にかけての山々の麓には川沿いの平地が広がり、縄文後期に南方から由来した水田農耕が北上して今日まで続けられてきた。そこには二つまたは四つの民族が混住して、独特な歴史を持つ生活文化が作り上げられた。日本語がこの列島に住む人々の共通語になり、風土は人情に独特な影響を与え、継承された風俗と習慣は物語として各地に残された。中国由来の漢字を転用する文字体系のうえには、歴史や和歌や日記文学の伝統が育まれて「暮らし」の日々をつづり、生活に則した随筆や物語は古典として伝えられてきた。天災と地震の多いこの不安定な土地で、人々は四千年にわたってその日々の人生を、時に淡泊にしかも強靱に送ってきた。和辻哲郎[68]の風土論は随想的にその雰囲気を伝え、加藤周一[18]は日本文学史を通史的に語り、丸山真男[32]は解釈学からその底辺に「古層」の流れを認めている。

生活の価値を高めるには、日常生活そのものの中に「生き方への気づき、意識」が潜在してきたことに触れる必要がある。それは長い歴史の中で育まれ、まずは郷土の中に現れ、国のために、転じて個人にとって、さらに民衆・人民として、わがものとなってきた。生活意識は人々の中の障害者を支えるためにも、欠くことのできない要件である。

生き方への気づき

一・生活意識の出現

歴史の推移の中にも一応の安定が保たれた徳川時代の二世紀半には、ようやく個人意識が芽生えて生活への関心が高まり、自分と家族、村や町、身分と職業、藩領や公儀（幕府）などの社会生活構造が世代間に定着するようになった。ここに筆者が注目するのは元禄時代の石田梅岩[15,47]（一六八五～一七九四）と幕末の二宮尊徳[35,38,40]（一七八七～一八五六）である。

この二人は、革命的な農村儒者の安藤昌益（一七六九～一八五〇）とは違って、商人と農民出身の通俗道徳家として後に修身教育のお手本となった人物である。本文の執筆のために二人の経歴を学んだ筆者は、士農工商の差別の厳しい封建体制の下にあっても、個人の自由を潜めた自主独立の人物がいたことを知って感銘を受けた。その学問的体裁は自然神崇拝と儒学と仏教混交の俗説以上のものではないが、生活思想の基盤は各自の実体験に基づくもので空虚な思弁に走らない堅実さを保っていた。商人の梅岩は京都で私塾を開業して生徒を集め、弟子たちに平易簡便な生活指導を授けた。「形に由るの心」ありべかり（あるがまま）の自然の心を持って倹約・正直に努力すれば正しい金儲けができ、世間の助けにもなることを説いた。これは後年の森田正馬のあるがままの教えを先取りしている。さらに現代の生活臨床の江熊要一と湯浅修一が生活破綻の契機として挙げたいろ・金・名誉は、梅岩の「名聞・金銭・色欲」そのままであったのだから、後人は恐縮する他はない。

一方、農民二宮尊徳は自家の破産の再建を果して村民の生活の立て直しと村興しをした人だが、柴を背負って読書する少年銅像や「夜話」の教訓談からは想像もできない合理性を備えた人物で、また経理や統計の先覚者であった。藩財政破綻を農民搾取で補塡しようとする企みを防ぐために、領主に借金返済の将来計画を、論より証拠の数値で明示して年貢の据え置きを約束させた反面で、百姓に経済観念を植えつけて働く意欲を促すために、借金を無利子で受け入れやすくし、それを用水工事の労賃と農産収入で年賦償還させ、さらに元金返済後に報徳金と称する融資を促して投資資本を増加するという手段を用いた。見事な自主性の開発と生活技能訓練ＳＳＴという他はない。この実施計画は仕法といわれて各地で追試されて支持を受けた。筆者の尊徳への関心は彼が自家の借金を返済した仕方を知りたかったことに発する。生活困難を克服した自己体験が仕法の考案の基礎であったことは間違いない。微笑ましい話だが、西丸四方が教授退官後に「生活困難相談所」を開いた時には一老婦人が娘の縁談を頼みに来た他には客がなかったそうである。

梅岩の実践理論は職分平等論で「身を治むるに何ぞ士農工商の変りあらん」という力強い信念に基づいていたから説得力があり、その反体制的底意を藩幕支配下に潜めるには細心の用心が必要だったろうが、体制は一応尊重する彼の講義は身の上相談の体裁を保っていたから弾圧を避けられたのであろう。この点では時代も変化したとはいえ、尊徳は自分の百姓身分を代官職や幕府官僚に近づける工作という一枚上のやり方を演じている。

二人の性格特徴は、若い頃には自分でも認めていたように理屈っぽい頑張り少年だったらしいが、長ずるに及んでは堅実な実際家としてふるまっている。気質的にも円熟して同調気質に近づいたようである。彼らには宗教性は薄くカリスマ性も少ないが、このような平民上がりの指導者に弟子たちが信頼を寄せたのは、対応の誠実さと時代の要求に応ずる合理性が備わっていたためであろう。梅岩の弟子が「石門心学会」を作り、尊徳の弟子が「報徳会」を作って、共に藩境を越えて全国的な規模に発展し近代にまで及んだことには、わが国の自助会活動の発端を見る思いがする。後述の森田療法と「生活の発見会」はその後裔であった。

二人の活動が災害対策にも及んでいたことは、大阪町家の大火事、相模の扇状地農村の水害、常総の凶作救援や飢饉の予防対策など今に語り継がれている。尊徳は儒教の「天道是か非か」にこだわらず、「うるさく世話を焼いて漸く人道は立つなり」と看破している。

二　明治人の生活意識

明治維新は福沢諭吉のいうように革命的な社会変動だったようである。武士階級の解消、廃藩置県と並んで交通、交易、通信の自由化が進み、兵役と租税の義務が人民の生活に重い負担となった。この国の経済基盤には貧弱な農業しかないのに、それが資本主義経済に組み入れられて商工業の開発が急務となった。多くの人々は日々の苦労や暮らしのやりくり算段にかまけて社会をかえりみる余裕さえなかった。明治期前半の若者たちが自由民権にあこがれて生活改善よりも政治論議に走ったこともうなづけるところである。足尾銅山の鉱害問題が国民的関心を引いたのは明治も後半になってからのことであった。一世紀後の我々が、敗戦後にまた同じ思いで無我夢中に働いたことが思い出される。こうしてみると、日本人には目先の要求への頑張りと実践的な仕事への関心が強くて、肌に合っているのであろうか。それが幸せかどうかはわからないが、興味深い国民ではある。

ただし日本の思想史には、加藤周一[18]や丸山真男[31]が嘆くほどに理論的な開発や発展が乏しい。それは儒教の修身・斉家・治国の教説に対する反動として、本居宣長流の国学的な「言上げせぬ」国柄があった反面に、論理的な外来思想に対しては抵抗が弱くて、すぐ飛びついてはまた打ち捨てる軽薄な欠点が結びついていたかのようである。

この明治人の生き方はあまりにも多様で述べるのは難しいから、ここでも恣意的な範例を選ぶのをお許しいただきたい。それは政治的教育者福沢諭吉（一八三五～一九〇一）、宗教人内村鑑三（一八六一～一九三〇）、家庭的作家野上弥生子（一八八五～一九八五）、思想的作家夏目漱石（一八六七～一九一六）の四人である。福沢は『学問のすすめ』や『文明論之概略』を通じて個人の民権と自由を世間の進歩のための必須な要件として、それには事物の「理」を知るための数理と実学を欠かせない学問であるとした。これは当然個人の生活に及ぶことであったが、国家存立の危機的事態に際しては、彼さえも政治優先の脱亜入欧の文明論を説かざるを得なかった。その後の歴史は日本国の政策が大正昭和に至るまで、天皇制下に無理を重ねて帝国主義的国家への道をたどったことを教えている。小作農業を基盤として商業・工業化へ進んだ日本の後発資本主義社会は、家族的な体裁を企業・国家にまで広げる擬制を作り上げ、教育勅語と軍人勅諭を個人に押しつけた。それが人々に貧困と労苦と次々の戦争の苦しみをもたらすことになったのはよく知られている事実である。

四つの自由という言葉がある。言論と信仰の自由、恐怖と欠乏からの自由・解放である。内村鑑三は無教会派の孤独なキリスト者で、勅語への礼拝を拒否して教職を追われ、日露戦争に反戦を唱えて新聞社から去った人であり、しかも「我は日本のために、日本は世界のために、世界はキリストのために、すべては神のために」の言葉を残した愛国者であった。彼に続く少数の知識人である幸徳秋水（一八七一～一九一一）や堺利彦（一八七〇～一九三三）は社会主義者として先駆的な政治活動を始め、天皇制下に藩閥政体を維持する官憲により過酷な迫害と弾圧を受け、幸徳死刑の大逆事件は大正に暗い「冬の時代」の影をもたらした。

野上弥生子[41,42]は自伝的遺作『森』の中で初めて明治の娘たちの生活を描いた。彼女は九州臼杵の酒造家の娘として上京して本郷台に寄寓し、キリスト系思想家木下尚江（一八六九～一九三七）の紹介で、巣鴨の森にある巌本善治校長（一八六三～一九四二）の自由教育的な明治女学校に学んだ。当時台地下に住んでいた樋口一葉はすでに亡く、学校の元英語教員の島崎藤村は小諸で小説を書き始めていた。『森』では著者の成長期と女学生の生活が語られている。全国から来た中産上層子女の生態は今の目にもさわやかである。女学生たちの勉強と交友、自己愛的な少女をめぐる恋愛、教師の偽善と醜聞、学校の崩壊など。失恋した巣鴨病院の医学生の復讐計画とそれを諫めた内村鑑三の告発演説の話は、終章で語られるはずであったが果たされずに終った。その執筆の長い年月に、著者は異例にもその構想や思い出の数々を息子やその仲間の筆者らに語って聞かせていたので、その未完はとりわけ惜しまれることであった。さて彼女自身は卒業して結婚した後に漱石の指導のもとに創作活動を始めることになった。

夏目漱石[39]が自分の講演「私の個人主義」を英文学者馬場孤蝶（一八六九～一九四〇）の衆院議員選挙〔一九一五（大正四）年〕立候補の応援演説集に掲載したのは、彼としては異例の政治的行為であった。その講演が学習院でなされたのも場違いな話ではあったが、彼は自己本位にわが道を進む生き方を主張し、同時にそれは自分と他人の自由を守る義務と責任に支えられた個人主義であると論じた。馬場は残念ながら落選した。ただ漱石の数多い作品が個人主義の裏付けを持つという表明は彼の理解にとって重要であり、それはまた当時の人民の生活に育ち始めていた民主主義の機運に呼応していて、時代的背景に通ずる挿話でもあった。

三．大正の民主主義（デモクラシー）、民衆の生活

大正デモクラシー（民主主義）という言葉は、わが国の現代思想史を語る人々によって時に取り上げられる話題である。近代思想史家松尾尊兊[29,30]によれば「大正の民主主義とは都市だけではなく、農村にそして社会の底辺にある被差別部落へも根を広げた広範な勤労民衆の自覚に支えられた運動であった。大正期は単なる過渡期ではなく一つの歴史的個性を持った時代であり、その生み出した最良の思想的達成は日本国憲法の基本精神に直結しており、戦後民主主義の日本社会への定着は大正デモクラシーを前提としてはじめて可能であったといえよう」といわれている。過大評価と受け取る向きもあろうが、一九一三（大正二）年生まれで小学校卒業までを大正期に送った筆者の経験によっても、東京山の手の中産階級児童の小学校がこの時期に変わったという実感は鮮やかに残っている。それはクレヨン描き自由画、童謡と童話、男女組、児童会などに表れていて、その会で六年生の筆者は修身は何の役にもたたない科目だから廃めたらどうですかと途方もない提案をして先生に叱られている。明治の時代精神を「お国のため」と総括して『坂の上の雲』（司馬遼太郎）を目指したものとするならば、大正のそれは「自分たちの生き方」に目覚めた時代であった。それは日露戦争後の軍拡財政反対運動に次ぐ護憲運動として現われ、都市や地方の政治的活動に発展した。

第一次世界大戦下の政治学者吉野作造（一八七八～一九三三）の「民本主義」提唱の影響が大きかったといわれている。彼が民主主義とせずに民本主義と呼んだのは、「冬の時代」の天皇制に対する配慮や人間主義（ヒューマニズム）への傾斜によるものであろう。社会面でも大戦後に農民・労働者・市民の運動が活発になり、一九一九（大正八）年、富山の女沖仲士に始まる米騒動、普通選挙の提唱、女性の青踏社、労働組合の友愛会、農民組合などの運動となって現れた。文化面では柳田國男[66]（一八七五～一九六二）が民話の収集を始めており、それは後に「日本民俗学」の提唱になった。続く宮本常一[34]（一九〇七～一九八一）らの常民研究者は実地調査を地域社会、全国に広げて、実証的に日本人の「生活学」を作り上げていく。それは明治の知識人の自然主義的な生活小説とは異なり、大正期の民衆の生活の実態を明らかにしただけでなく、農民、漁民、大工、芸人の職業、女の世間にも関心を広げ、東北日本と西南日本の差異と共通点にも注目していた。一方、鈴木三重吉（一八八二～一九三六）は児童雑誌の「赤い鳥」や「綴り方」教室の提唱によって子どもへの認識を高めた。社会底辺からの生活記録として細井和喜蔵[13]の『女工哀史』が、経済学入門としての河上肇『貧乏物語』[48]が現われたのもこの時期であった。時を同じくして、医療側からの石原修の「衛生学上より見たる女工の現況―紡績・結核女工と農村結核」（一九一三）や呉秀三の『精神病者私宅監置の実況』[28]（一九一七）の発表がなされたことも忘れられない。民俗学者柳田國男[65]でさえ大正期に訪れた村々に「三戸に一人ぐらい蒼ざめた娘が工場から帰ってきてぶらぶらしていた」と記していた。後の川上武『戦後日本病人史』[19]や浜田晋『私の精神分裂病論』[9]などは、患者の生活史への関心が、現在に続く我々の伝統であることを示している。

一九一七年のロシア革命とマルクス主義がわが国の知識人特に若者に与えた影響は大きかった。それは明治以来の輸入哲学や情緒的自然主義の文芸に馴染んできた知識人（インテリゲンチャ）に、階級意識による世界観・イデオロギーを要求して、政治的にまた実践的に行動することを迫るものだった。このような思想的要求[31]はこの国の思想史にとって全く新しい衝撃であったから、人々の人生に深刻な影響を与えた。昭和初期の思想的イデオロギー問題は観念論の域に止まらず、現実の社会問題となったのである。さらに関東大震災〔一九二三（大正十二）年〕による東京の壊滅と世情の変化や東北農村の大凶作などの自然・社会現象は、その後の政治や社会の混乱を暗示するかのようであった。

昭和の幕開けは厳しい社会情勢の中に始まった。世界経済の大恐慌（一九二九）とそれに続く不況、失業、家庭崩壊は人民の生活を暗くし、労働運動は激化する一方、それに対する反動としての治安維持法による過酷な弾圧がその後の二十年を特徴づけている。国体明徴を看板とする国粋的原理主義は軍人とむすんで政治舞台を占領し、国際ファシズムの一翼を担うようになった。共産主義・社会主義はもちろん、自由主義までもが国体に反するものとして排斥された。そしてその結末は十五年戦争と敗戦となって終わった。敗戦受諾の際に最高会議で最大の関心になったといわれる国体の論議に当たって、福沢諭吉による国体と政統と血統の区別が思い返されたことは聞かない。

生活療法の構想

一・精神科作業療法と森田療法

本論の叙述はようやく精神科治療の本筋に入る。森田正馬[36,37]（一八七四〜一九三八）は森田療法と呼ばれる精神療法の創始者であるが、彼が大正デモクラシーについて語ったことはなかったにせよ、彼はまぎれもなく大正の人であった。わが国の精神医学の先達呉秀三は東京府立巣鴨病院長として作業療法に関心が強く、森田はその主任（一九〇三（明治三十六）年）として、病院の空地の農地化やオルガンでの遊戯を奨励する傍ら、看護人講習録、作業療法手引き作りにかかわっている。「いろいろ作業療法をやったけれども、それは当人のやりたいこと、長所を伸ばすより他はない」というような意見は、実践者にしかいえない言葉である。後の森田療法に作業療法が要件となったのは、この経験が生かされたものに違いない。

呉秀三[27]（一八六五〜一九三二）は「作業は精神を慰め気持ちを晴らす（慰楽及遺散）と共に稽古習練を求める精神誘導法である」と評論的に解しており、ドイツの精神病院モデルをわが国に作ろうというのが彼の「坂の上の雲」であった。それは後の都立松澤病院（一九一九（大正八）年）建設と作業療法の中でかなり実現された。担当医員加藤普佐次郎は看護長前田則三とともに、その経験をわが国で初の詳細な作業療法の報告[1]として残した。その伝統を継ぐ人たち、関根真一が国立武蔵療養所で、前田忠重が群馬の厩橋病院で、菅修が神奈川県立芹香院で、それぞれに病院構造と看護者の役割を重んじる方針を守り、患者の生活改善と身辺自立と作業療法のために努力した。ただし当時の精神科医たちは、精神医学の主流の方々でさえ作業療法への関心は薄かったようである。研究の目標が性急な病因志向であって患者生活に配慮する余裕に乏しく、また当時の社会と精神病院が貧しかったせいであろう。

森田正馬は臨床経験を重ねて一九二二（大正十一）年、に『神経質の本態及び治療』[37]を発表して評価された。一九二八年版の序文には次の言葉がある。「病を治するのは某人の人生を完ふせんがためである。生活を離れて、病は何の意味をもなさない。…医者も病者も共に人生といふ事を忘却して、徒らに病といふことにのみ執着しているのは悲しむべき事である」。一九二五（大正十五）年には「神経衰弱及強迫観念の根治法」が発表された。森田の説く生の欲望と精神交互作用の心的機制は元来人の心に備わる働きだから、それを排除する無理を重ねれば症状はかえって高まる。この悪循環を脱却するためには素直に自分の心構えを是認することが必要である。そこには生活に対するあるがままの自覚が求められる。それを受け入れて日々の生活活動に専念する間に打開の契機が見いだされる。段階的に高められる活動と状況に応じた作業療法から、治療者との家庭生活的な治療環境の中で独特の形式を持つ森田療法ができ上がった。治療者は病者の日誌記録に即して臨機応変に即物的な指導を与える。これは保守的で受動的な生活規制と誤解されやすいが、治療の真意は治療目標を患者の自発的能力に置き、その自由な展開を本当の自己発現であるとするものである。本療法の特徴は神経症を病気扱いする誤解を排して、神経質の根治法は性格改造にあるとするところにある。

大正人の内村祐之[53]が著書『精神医学の基本問題』の中で、森田を日本で唯一の精神科医として挙げ、精神分析の Freud S から別れた「個人心理学」の提唱者 Adler A[12]の見解との近縁を述べているのは洞察の深い見解である。それは Adler の劣等感という基本概念と目標づけと生の喜びとを与える治療概念が森田療法に相通ずるからである。西欧のオーストリアの同時代人にこの発想が見いだされるのは、時代思想にも通ずることと思われる。

初期の森田療法は、治療者の診療所に入院する形で、家庭的生活を経験させ、作業療法も家庭的な身辺雑事や花壇・菜園などの仕事に従事することであったが、昭和以降の生活形態や社会変化は入院形式の原法をたどるのを次第に困難にした。特に戦後期には患者側の変化が著しく生活状況が軽便容易となったばかりでなく、性格・気質にも森田神経質に特徴的な、生真面目で「とらわれ」の強い内向的の努力型が少数派になり、無気力で依存的な抑制不足の高望み患者が多くなった。そこで森田療法の患者も入院療法より在宅からの通院形式による生活指導に重点が移った。

森田療法はその適応を森田神経質に限定する姿勢を保ったので、それが適切であったとはいえ、当時の精神病の主体であった統合失調症（分裂病）や進行麻痺（梅毒性脳炎）患者の治療には影響を及ぼすことは少なく、これらの患者は精神病院入院や私宅監置に委ねられていて、森田の学風が同時代の精神医学・医療の本流に参加することはなかった。

ただし森田療法の影響として、回復者の自助会である「生活の発見会」が発足したことは貴重である。それは森田を顧問とする回復者の懇談会（形外会）から生まれ、その没後に元患者で中心的先達の水谷啓二[24,33]（一九一二〜一九七〇）を指導者とする「啓心会」が作られ、森田療法診療所医師の協力のもとに、寄宿寮生活と集談会と会報「生活の発見」が発展したことである。森田や水谷の業績は両氏の夫人の献身的な協力なしには到底達成できることではなかった。治療者の「家庭ぐるみ療法」は後年の家庭療法とは全く別で、世界の文献にも例のない独特なものと思われる。ただし「男のロマンは女の迷惑、女のロマンは家庭の破壊」といった人もある。啓心会は水谷の死後も「生活の発見会」として全国的に広がり今日に至っている。ここには石田梅岩の「石門心学会」や二宮尊徳の「報徳会」の伝統とその現代版を見ることができる。自助会（セルフ・ヘルプ）運動はわが国に土着の伝統を持つもので、外国からの輸入だけではない。「発見会」方式は比嘉千賀[11]のいうように、「断酒会」やＡＡ運動だけでなくさまざまな生活困難にも広がって当事者活動の重要な一角となっている。

わが国の精神病院の歴史は、岡田靖雄[43]『日本精神科医療史』にみられるように、長く暗い道を歩んできた。院内の作業療法も松澤病院の加藤普佐次郎、菅修の他には重要な資料はなかった。菅の報告によれば戦前には入院患者の三割、四百人が農耕、園芸、裁縫、炊事などの作業に従事していたが、戦争中にはそれも激減した。戦後になって菅が芹香院の病棟食堂の改造に際して、喫茶室式の四人椅子掛けテーブルのモデルを見せてくれた時には、未熟な筆者は患者の生活改善が作業療法の基本であるという菅の真意を悟ることができなかった。敗戦後の作業療法の全国的な回復にはアメリカ精神医学の影響も大きい。その経過は冨岡詔子[52]の年表によってたどることができる。

当時の筆者の個人的な感想を述べれば、改革の本質は精神病院運営の民主化にあった。戦前の院内の縦の指令系統の他に労働組合による横の連帯が生まれたことから、患者の生活現場に即して職員同士の協力が生まれた。身の周りの処理さえ困難な患者の生活指導や無為自閉といわれる慢性患者を作業療法に誘導することには、医師は無力であり看護者や作業指導員などの協力がなければ実現できることではなかった。チーム医療という言葉もなかった時代に、自然の形でそれが実現して協力が行われたのは心の温まる経験であった。医師の関与が有効になったのは、一九五〇年以降の抗精神病薬の導入で作業療法への参加が容易になってからのことである。後に筆者が「作業療法は民主主義の子供である」[56]というようになったのは、このような実感に支えられた言葉であった。また作業療法は、次節で述べる生活療法の中で生かされる時に本当の治療法となるのである。

その後の話として、神田橋條治[17]が「自閉の利用」という逆説的な提唱をしたのは、作業療法の教条的押しつけを排して患者の自発性に期待する必要を説いたもので、いわば神経質治療の「初期臥床相」の精神病薬物治療期の改訂版に当たる。統合失調症者においては、治療者が薬物療法の併用によって待ちの構えを保つ間に、患者の自閉性が自主的に解消されるのを期待できるからである。

二．「生活療法」の提唱と「生活臨床」

戦時の爆撃で激減し患者の栄養失調死から立ち直った日本の精神病院では、院内の民主化運動が全国的な風潮になった。精神科医の間に、まず関東に次いで関西、九州も加わって、病院精神医学懇話会が成立し、次に医学会に発展して会報も出されるようになった。それは従来の大学精神科教室中心の精神医学から独立して、患者の生活改善と医療を確立しようとする意欲の現れであった。関根、前田、菅などの諸先輩は会の熱心な応援者であった。続いて看護者の間からも精神科看護協会が結成された。そのような雰囲気の中で「生活療法」（くらし療法）という言葉が、国立武蔵療養所の小林八郎[25]によって提唱された〔日本医事新報№一六六二、一九五六（昭和三十一）、三、三〕。それは①生活指導（しつけ療法）、②レクリエーション療法（あそび療法）、③作業療法（はたらき療法）を総合する意味を持っていて、精神病者の治療がその生活の中で行われることを期待するものであった。

生活療法の提唱は時宜にかなった呼びかけであったから、病院精神医学懇話会の活動を通じて全国の精神科医たちに広まった。しかしそれが在来の精神科医療を革新するほどの深い意味を持っていたことは、当の小林八郎さえも自覚していた様子はなかった。筆者は生活とは「人並な暮らし」「働いて休む」「集って楽しむ」くらいに理解していたが、各人も常識的にその意味を受け入れていて、自分勝手にそれぞれの「生活療法」を始めたので、内容に多くの相違が現われたのも避け難いことであった。その後、生活療法の名のもとになされた数々の過誤のために誤解と批判が高まって、その発展を妨げたのは残念なことであった。筆者自身は伝統ある作業療法に愛着を感じていたので、「生活」は広すぎて無内容だから必要がないと反対したほどであったが、それは後の経験で次第に改められた。

「生活療法」は、関根真一が戦後いち早く強調した患者の身辺自立から、筆者が報告した作業参加の困難な慢性患者の「あそび療法」や、その後に目標となった退院後の社会復帰までを含む広い治療活動を意味していた。そのためには症状・疾患論に基づく病名診断とは別に、障害論[61]の上に立つ広い視野が開かれる必要があった。それを現在の知見から振り返ると、基礎的な神経・心理の機能障害から、個体レベルの行動・活動の生活障害をへて、社会活動にかかる際の社会障害に至るまでの三段階（機能、活動、参加）の障害の形で現われるので、患者の苦労の中心となる「生き辛さ」・「暮らし下手」こそが治療や支援の目標と考えられた。ただしこの理解は、国際的観点に立つ疾病分類ＩＣＤ（一九七五）や障害分類ＩＣＩＤＨ（一九八〇）・現在のＩＣＦ（二〇〇一）がかなり後に発表されたことを見ても、一九五〇年代の我々の認識が未熟だったのは無理もない次第ではあった。

しかしその頃の治療改革の意欲はめざましかった。国立肥前療養所の伊藤正雄による全院開放看護の試みは注目の的となり、松澤の江副勉と筆者は早速見学に出かけて所内に一泊した。国立武蔵療養所の小林八郎の生活療法体制は整っていて見事だったが、生活規制が形式化して旧軍隊の内務班化する懸念が案じられ、医師の作業処方箋にはその上意下達的な官僚方式に筆者は閉口した。当時作業処方箋を書ける医者がいただろうか。東京の烏山病院の西尾友三郎と竹村堅次の生活療法は民間病院での試行として期待を集めた。松澤病院では、作業療法参加率がようやく戦前の菅の達成を超えて入院患者の半数に達し、社会復帰委員会は退院目標を立て始めた。過日、筆者が半世紀前に松澤退院の婦人の訪問を受けた際には、早速それを当時の担当医であった蜂矢英彦に連絡した。退院後、彼女は全く再発なしに就職し、定年後に平穏な年金生活を送っている。彼女の在院当時は、吉岡真二や藤原豪たちが「働きかけ」を唱え、岡田靖雄らが「新しい精神病院」シリーズを刊行した時期であった。

一方、小坂英世は保健所保健婦と協力して積極的な患者訪問活動を始め、その後の精神衛生法改正〔一九六五（昭和四十）年〕に当って、保健所を精神保健の最前線とする法制化に貢献した。この法改正には、地方精神保健センターの設置と通院医療公費負担による治療の継続と入院の抑制が意図されており、元吉功など審議会委員の一部は精神病院入院患者数を当時の二十万床に押えたいと期待していた。法改正に協力した各地の家族会は、同年に全国精神障害者家族会連合会（ぜんかれん）を発足させた。群馬大学精神科で筆者たちが始めた「再発予防五カ年計画」（一九五八～一九六二（昭和三十三～三十七）年）は、完全開放看護と予後改善を目的とする臨床的努力であった。それは外来診療の拡大、在宅生活指導、家族や保健婦との協力に広がり、江熊要一たち同人によって「生活臨床」[59,60]（一九六二（昭和三十七）年）と呼ばれる活動に発展した。その実践的な指導方針は生活療法の社会版と見なせるものだったので、各地の保健婦が精神保健活動を実行する際に依拠する役割を果たすことができた。再発予防と予後改善には、持続的な薬物療法とともに当人の生活の破綻を回避するための危機介入の指導を同時に効果的に行う必要があった。それは精神療法との協力でもある。臺弘、江熊要一『外来治療の手引き』が発表されたのもその頃である。精神科の外来治療はようやく陽の目を見た。

　フェノチアジン系薬剤に次いでハロペリドール系薬剤などの抗精神病薬の導入は一九五〇年以降の精神科臨床を大きく変革した。当初の治療目標には幻覚・妄想・無為などの症状が目指されたが、それが闇に鉄砲を撃つ類の企てであったことから、神経機能障害に基づく要素還元的思考に研究の重点が移ってからは、薬物の抗ドパミン作用やそれに導かれての病因仮説に沿っての探索が進められた。この際に覚せい剤中毒[51]の臨床とその動物実験は貴重な資料を提供した。心理的機能としての認知・行動障害や社会的障害に対しても伝統的な状態記述よりも要素的分析のほうが実証科学であるとする理念が強調された。これらの薬物療法や心理・社会的療法に比べると、生活療法は方法論的に脆弱で時代遅れの感を与えるかもしれない。しかしその特色には、要素・還元的な諸療法に比べて全体・統合的視点を常に併せ持つことが強調されなければならない。

生活療法の高揚期十年の後に、若者の反乱、大学紛争、精神医学会紛争の二十年が続く。告発の感情の嵐が理性の静かな声を吹き消し、造反有理、毛沢東主義、反精神医学が全世界に広がった時期でもある。わが国での告発・追及の波涛は旧弊な精神医学・医療の権威を揺るがして、新しい精神保健福祉の建設を助けた側面が認められるものの、悪徳精神病院の人権侵害批判に、生活療法や生活臨床までがいっしょに粉砕の的となった事態は、歴史にありがちの逆説的な過誤とはいえ、深刻な後遺症を残した。生活療法を入院患者の生活管理の手段であるとし、生活臨床を在宅患者の生活管理をたくらむ主張とするような非難が横行した。病院経営者の一部が入院減少を恐れて生活臨床反対の革新派と癒着する奇現象も現われた。わが国の精神衛生・保健が入院治療中心に作られてきた歴史に由来する重い欠陥は、現場の紛争にすり替えられることによっては解決しない。筆者が本文で基本理念を論じた意図もこの混乱の是正を願うからであった。作業療法批判のためのある講演で、アウシュヴィッツ収容所の門標の掲示“Arbeit macht frei”「働けば自由になれる」が引用されて、作業療法が攻撃された。この言葉は哲学者 Fichte JG によるものだそうで、ナチスの転用はまさに犯罪的である。それに悪乗りして作業療法をけなした態度は情けないという他はない。ただし『夜と霧』[7] の Frankl V は自分の体験として、親衛隊ＳＳ将校が収容者をガス室行きか労務棟行きかを指先の動きで選別するのを見て、自分の番が来た時に労務棟行きの方向に体の動きを合わせて指先を誘導して、死を免れたことを書いている。これは門標の文句を巧みに活用した行為ともなった。

さて作業療法の旗は武蔵療養所、烏山病院などの活動的な主力病院でさえも降ろされ、各地の精神病院は攻撃をかわすためにこの名称を避けたので、それが危うく廃語になりかけた始末であった。こうして正しい継承が断絶したのは、わが国の精神障害者リハビリテーションが遅れた理由の一つであったと思われる。拙論「生活療法の復権[55]」の発表（一九八四）が二年以上も遅らされたのもこのような事情による。

三.「生活療法」の目標と方法

前節のように生活療法の目標が障害論の上に立つ個体の行動・活動の生活障害の改善にあるとすると、その場面は在宅、家族、学校、職場、診療所・病院、デイケアや作業所など、どこでも可能であり、主要な舞台は院外の地域社会にある。他者との交渉、対人関係の修得は本人の環境世界を広げる。その方法は目標に向けた段階的な訓練、社会的役割の技能操作、問題解決、観察による他者からの学習、成果の達成による自信の向上などから成り立っている。受容と共感を強調してそれで十分とする精神療法の甘えや、すべてを薬物療法で解決しようとして多剤大量服薬に陥る弊害を排して、生活の在り方に基盤を持つ生活療法は、精神療法や薬物療法との統合に寄与して納得づくの治療を可能にする。

実施の段階は、当事者が治療者とともに日常生活の困難を正しくわきまえて、状況や世間の立場から、問題処理の仕方の見当（見通し）をつけることに始まる。その中で本人はやれそうなこと、やりたいことの具体的な方針を実行する。うまく行かなかったら治療者の助けを借りて別のやり方に切り替えて再試行を続ける。試行と錯誤の反復の中で自主的選択によって得られた体験と学習こそが本人の自己実現の方法とするのがこの療法の基本である。

「体験と学習」はとかく受動的な姿勢と受け取られやすいが、能動的な目標と見通しの設定は生活療法に欠くことのできない要件である。「自分でやって見ればわかる」というのはあまりに頼りないというなら、臨床の価値はすべて post hoc に発見されるものだと答える他はない。生き辛さや暮らし下手は本人の経験に即して納得される必要がある。それには障害のあり方を病気のせいとするのではなく、機能の偏りとしてとらえると理解される。たとえば思考変換の拙さ・融通の乏しさ・こだわりを、面接時の簡易テストで認識させることや、対人関係の対応の仕方を生活技能訓練

SST（訳語の生活は社会より含意が広い）や昼間病室（デイ・ホスピタル）などの経験を通じて体得させるなどの工夫が役に立つ。将来方針の選択には、生活に即した具体的な目標を短期（三月～半年）に置いて、成果に応じて融通をつける。とくに学生患者に対する将来目標の設定には、それが人生を左右する事柄であるだけに、高望みにならないような配慮を保ちながら、なるべく当人の希望を尊重したい。こうして治療の一こまずつに人生の踏み石を積んで、二十～三十年の経過を支えていく。

生活療法が薬物療法や精神療法（または心理・社会的治療）と重なり合う部分あるのは当然で、だからと言って独自性を失うことはない。生活療法に空間的・時間的全体性への関心、家族・世間・習慣や年齢・時代・長期転帰への配慮があることが、精神科治療の人間性を支えるのに必要な要件となっている。

患者は単身者や家族持ち、家庭内庇護者もいる。その職業はさまざまで作業所利用者もおり、生活を退職年金や生活保護に頼る人も多い。現在の筆者は診療所の家庭医的な生活相談医として、主に統合失調症や双極性感情病の慢性患者を診ており、精神病院への入院紹介は少ない。その治療には薬物の持続併用が多くの場合に必要で、その終結は治療の状況にもよるが慎重であり、非定型抗精神病薬の採用は副作用が少ないので単剤・少量使用を可能にした。服薬の中絶は時に本人次第となるが、他医に転院して気まぐれにまた来所する人もある。ついでながら患者や家族との情報交換は大切で、彼らからの筆者への年賀状は本年度は三十通くらいであった。

四．生活の科学論、証明性

生活療法の科学性についての疑問がなされることがある。「科学」の歴史には自然科学と人文科学（精神の科学）の区別があるが、難問は生物にかかわる諸領域にあって、発生学、進化論、動物行動学、特に医学と医療には、昔の生気論の時代から精神論の主張が絶えなかった。生活事象に尊重される目的や意図は科学的解析によっては迫りにくく、理由や動機なら行動学的接近が可能となる。群馬大学で「生活臨床か行動臨床か」の論議があったのもこれにからんでいた。また科学はPopper Kの反証可能性 falsifiability のある仮説だけを扱うべきだとする意見からは、医学や医療は科学の枠をはみ出す課題を抱えている。ところで近年、実証に基づく医学ＥＢＭの主張が精神科医療の世界にも強調される時代となった。この「実証性」論議は十分に検討される必要がある。

精神医学・医療、特にわが国の精神病理学では、実証の可否は早くから身近な問題になっていた。ドイツ哲学の影響から法則定立対範例記述、説明対了解の判別は常識であったし、Jaspers K『精神病理学総論』[16]は昔の新人医局員には教科書並に扱われた。一方、生活療法は実学で理論に疎く、二宮尊徳の仕法から森田療法や生活臨床まで、範例に即して経験則を立てる方針を提唱して実蹟を上げてきた。理論や法則は汎化、組織化、差異化には必要だが、研ぎ澄まされて主義になると現実から遊離しやすい。

筆者の意見では証明性には三つの区別が必要である。実証性 evidence (E)、自明性 self-evidence (E)、Selbst-verständlichkeit (G)、明証性 Evidenz (G)（Jaspers K）の判別である。実証性と自明性とは、客観的証明の事実の有無で区別されるが、共に主観的な真実の確信の上に基づき、自明性は現象学的哲学[14]から、また self-evidence はイギリス経験論に連なる数学者 Penrose R[44]による。Jaspers の明証性とは、患者（他者）の陳述（主観）が真実の確信を持つことを認める精神科医の臨床的な判断である。Schneider K による真性幻覚や一次妄想などの統合失調症の第一級症状も明証性に基づく判断であり、それは臨床的価値の上から理論的吟味なしに国際疾患分類ＩＣＤや米国のＤＳＭに取り入れられている。そして自明性と明証性は反証可能性の領域の外にある判断に属する。

真実の確信の判別は自分で経験すると直接に理解される。たとえば黄色の認識は主観的に自明であって色盲でない人々には共通の真実であり、それは言語的情報に頼らずとも、マンセル色相環との対比によって明らかになる。しかし客観的事実としては、赤と緑のスペクトル光源があるだけで黄のスペクトル光源がない場合がある。黄のスペクトル光源に対しては、赤と緑に反応する網膜の受容体が黄にも部分的に反応するので、それを脳で再合成して黄と認識していることが生理学的にわかっている。色覚の理解には、赤と緑の閃光を接続して照射した場合に、閾値以下の瞬間域六〇〜三〇 msec に、色覚融合の遷移過程が起こって黄が現れることが真実の体験として納得される。

筆者は斎藤治との「瞬間色覚テスト」[45,62]を被験者として受けた時に、黄が出現したのには感動した。この経験は、実証性、自明性、明証性の三種類の判別が、現在の知見に基づく限りでの暫定的な判断であることを気づかせたからであった。

さらに幻覚や妄想の体験者には上記の遷移過程に遅れが認められるという臨床経験から推論すると、患者が自明とする幻覚や妄想を医師が明証的に症状として扱う場合に、遷移過程障害の有無を検査することによって症状との相関を明らかにし、実証に近づけることができそうである。従来からの精神病者の司法鑑定に当って、裁判官に明証性の意味をわからせる難しさがここにあった。また認知や思考における瞬間意識の体験がゲシュタルトの「図と地」の転換にかかわるとする筆者らの仮説[20,62]も重要な課題となった。

筆者には、生活療法による生活障害の改善を通じて要素的な機能障害まで改善させたいとする期待があるのだが、それはまだ確実に検証されていない。ただし抗幻覚作用を持つ薬物という非「科学的」期待が今も通用する薬物療法や、理論優先で論議倒れに終わった数々の精神療法と比べて、生活療法が特に非科学的だとされる理由は全くない。認知行動療法の価値も生活体験で裏づけられる時に初めて生きてくるはずである。

国際疾病分類ＩＣＤやＤＳＭでは、脱理論的な症状記述項目の群別化に基づいて疾患体系を構築しているから、それらも客観的実証性に基づいているわけではない。その実例は「精神病的」という言葉が今も定義されずに使われているところにも現われている。そして統合失調症は、一般人でもやれる筆者の「簡易精神機能テスト[58]」によって、その異常性が明らかにされる疾患である。

「生活者の人びと」と「生活学」の提唱

戦後期以来、わが国では「生活者」という日常語や「生活学」という学名が通用している。この興味深い言葉は日本独特で現在も翻訳語がないらしい。それは前述のように大正末期から昭和にかけての生活意識の高揚に関連して、まず政治面で普通選挙や婦人参政権として現れ、社会面では労働組合運動となり、特に家庭生活の消費面では生活協同組合が発足して、生活記録、家計簿の奨励、また家政学の普及となってきた。戦後には政治的発言や企業広告の中にも「生活者」が出始めた。天野正子[2]は『生活者とはだれか』の中でその由来をたどっている。それは戦時の国民総動員の強制への反動として、明治後期の個人主義と大正期の民衆意識が統合されて、経済成長期の民衆の中の「生活者」個人や、自主性を保ちつつ社会的連帯をわきまえて「生活する市民」が蘇ったものである。この人々はいわゆる功利主義や自己耽溺の傾向とは別で、人民のための「思想の科学」に同調したり「生活者による政治や経済」への参加傾向を持っている。私見では、これは地域医療の中での生活療法の系譜と重なっている。全国各地の精神科診療所の少なからぬ医師たちが自分の地域の保健、福祉、教育やNPOへの参加によってそれを現わしている。これは日本の開業医の伝統ともいえようか。

柳田國男の民俗学が民話、方言などの言語生活とココロを重視したのに対して、続く宮本常一(3、34)、今和次郎らは生活のあり方の調査に基づいて実証的に現実生活の実態を明らかにしようとし、それは今和次郎(26)の「日本生活学」(一九五一)の構想へと発展した。後続の人々(3)は建築の川添登や工芸デザインの栄久庵憲司や家政の一番ヶ瀬康子などの技術者・実践家とその同人たちである。民家の構造や農工具、民具が日本人の体格や生活に沿って作られて伝播した経緯や、食事の内容と服装や看板の時代的変遷が調査された。工芸や技術の実用性への関心は正に日本的である。凡例として挙げられた風呂敷や幕の内弁当などがわが国独特の発想と考案に基づくという指摘に接して、それが生活療法の発想にも通ずる包容性を持つことに気づいて、筆者には興味深く思われた。

日本生活学会編の大冊『生活学事典』(21)は、「生活学とは何か」の問いに答えようとして、生活と生存、家庭の成立、国民生活、日常性の論理、人口問題や資源論、社会の重層性から高齢・少子化社会、環境問題にわたる莫大な各論を含んでいる。ただ「日本生活学」は、これまでのところ各論の集合にとどまっていて、理論的な方法論や総論的な論述に乏しい。比較生活学(文化人類学)や生活病理学へも関心を広げて、日本生活学の特殊性を相対化することによって、さらに強固な基盤を築くことができるのではないだろうか。日本の「たて社会」(中根千枝)の生活版がほしいのである。集団志向と官僚依存傾向の強い日本社会が個人志向と階級依存傾向の強い英米社会（近年それは国際的とさえいわれている）に対応して、理に弱く形に強い日本文化が理にも形にも強い生活学を作り上げてほしいと筆者は願っている。

しかも日常生活の時代経過による変化は著しく、また絶えず進行しており、その動向を見通すことは難しい。衣食住の内容は変わり、都市の界隈や田舎の隅々にまで車の交通が行きわたり、情報社会の変革が人間関係までに変化を及ぼしている。畳や風呂敷は減り幕の内弁当は駅弁やコンビニの商品となって残されている。日本的な生活特徴の多くは消失しながら姿を変えてまた現われている。また精神科治療の対象患者の変化や心的・物的な環境の変貌[63]も、臨床現場に携わる者の実感しているところである。

その間にあって、土居健郎[6]が「日常語と専門語そして精神医学」の中で、生活療法の日常語による筆者の説明に同調してくれたので引用しておきたい。「精神療法、薬物療法、生活療法の三つは、不自由病としての精神病に対する治療法としては同じであるがその働き方は異なり、精神療法は感じ方・考え方・行い方の可能性を拡げることをめざし、薬物療法は脳内のチャンネル・セレクターの切り替えを容易にし、生活療法は生活の不自由を受容した上で新たな可能性を探るものである」というものである。

「現象学的生活世界」の自明性とその病理的変貌

筆者は八十歳を超えた頃から哲学書をのぞき込むことが多くなった。それは臨床に即して生活療法の基本的な理念を考えようとする意図にかかわっていた。障害論の基礎としての要素機能を測るために「簡易テスト」[58]の一つとして単純反応時間の測定に物差し落しを用いた際に、Aristoteles の「時間とは運動の始めと終わりのことである」という定義を知って感嘆した。Augustinus や Kant や Bergson の時間論をたどった末に、「奥の細道」の冒頭の「天地は万物の逆旅にして光陰は百代の過客なり」という李白の文句を思い出した。これは簡易テスト第一報[57]の前口上に掲げてある。それが Heidegger M の『存在と時間』[10,22]を読むことにつながった。その見事なドイツ語の論理には敬服したが、背後に潜むドイツ・ロマン派の印象が強かった。この思想は十九世紀後半に科学的精神医学が興る前にドイツの精神科医を風靡したといわれている。米国の文芸評論家 Steiner J[50]が『マルティン・ハイデガー』でワイマール共和期のロマン思想を指摘したのにも共鳴した。次に Husserl E[14]がナチス体制の抑圧のもとに著した『ヨーロッパ諸学の危機と超越論的現象学』に取り組んだが、ここに客観性に代わって間主観性の「生活世界」が現われた。読者諸氏の哲学勉強には、神田橋條治が推薦している講談社『事典・哲学の木』が便利な手引きとなるようである。Husserl

は難解な著者であるので、現象学的社会学者 Gurvitch A[8]の解説を一部拝借してその主旨を述べたい。

Husserl が初めに「自然的態度の世界」(Welt der natürlichen Einstellung) と呼び、後期の諸著作でそれを「生活世界」(Lebenswelt) と言い表したこと、それは我々の直接経験に与えられているこの世界を、科学によって構築され精密化・数学化された宇宙と明確に対照するためであった。社会科学でもその出発点は社会関係と社会的行為が生起する「常識の世界」である。Husserl とその社会学の後継 Schutz A が強調するように、生活世界に関する我々の経験と態度を根本的に特徴づけるのは、その世界が自明視されているという公理的といえるほどの事態である。だがそれは公理ではない。明白な背理の実例は色盲で、化学の建設者 Dalton F は自分と兄の赤緑色覚の異常を成人後に発見して報告した。これは伴性遺伝障害であった。このような自明性への懐疑は時に経験によって解消されるが、世界そのもの、全体としての世界がその対象とされることはない。生活世界の端的な受容というものがあらゆる人々の活動の基本的な前提条件であり、この生活世界は我々のすべてに共通な公的世界、すなわち相互主観性世界として経験されている。

哲学は自明性の変貌する事態について深く追及したことはない。ただしこの課題こそは精神医学にとって重要な出来事であった。それは精神科医が統合失調症と診断する疾患に際して、また世間の常識が精神病と呼ぶ状態に現れることであり、しかも決して稀な出来事ではない。さらにこの事態が生活世界の中に解離的（dissociative）な障害として出没し、また共存することもある点が特異である。これは精神病理学の重要問題の一つであり、わが国の精神科医にとっては、安永浩[67]の統合失調症者の体験・思考の「パターン逆転」と呼ばれる特徴や、木村敏[23]の「自我意識の成立」にかかわる著作によって、さらにBlankenburg W[4,5]『自明性の喪失』（Der Verlust der natürlichen Selbstverständlichkeit）の邦訳によって親しいものとなった。その症例は自明性の失われた苦悩によって自殺し、彼女は症状によりSchizophrenieと診断された。また世人が誰かを「きちがい」と呼び、子ども言葉にさえ「クルクルパー」と「ノウタリン」の区別があるのは、他人の言動の特異な異常を、医学的診断とは無関係にも、人々が差異的に察知する場合があることを示している。社会学の文献[49]には、他人が精神病者とみなされる経緯や手続きのタイプが、社会概念のモデルとしてそれが事実とされるまでの事態が報告されている。とはいえ、反精神医学が流行した当時に喧伝されたように、精神病がすべて社会的事象であることにはならない。その際の生活世界異変の条件は、要素還元的な科学的解析によってはまだ解明されてはおらず、現在はなお全体総合的な把握に頼る他はない。精神科治療には「生活」への関心を欠くことはできず、生活療法の登場する理由がここにもある。

条件の吟味は複雑で、前々章「四、生活の科学論、証明性」に述べたように主観的真実の自明性が見かけ上は客観的事実と反する場合にも現れる例は正常者にも認められる。黄の認識が黄のスペクトルなしに現れるのは緑と赤の受容体の部分反応の融合によることが生理学的事実であった。また認知や思考や行動の領域で、瞬間的意識体験が精神異常や障害にかかわるとする仮説は筆者と斎藤治の主張するところである。

Husserlが「生活世界」を強調した頃に、時期を同じくして比較行動学の研究者たちは、生物にとって環境に備わる意味は受容界（Merkwelt）と能動界（Wirkwelt）の機能的円環（Funktionskreis）の中に現れると説いていた。Uexküll Ｊ[54]『生物から見た世界』は作業療法に参加した当時の筆者の愛読書であった。患者たちの円環でバレーボールの球廻しの「あそび療法」をやっていた頃である。これは後年の簡易テストの乱数生成[58]テスト（頭の中の数廻し）にもつながって、哲学から行動学への回帰を味わう思いがした。その間、現在に至る半世紀間に心理学は周辺に拡散して、社会心理、臨床心理、認知行動、神経心理と広がったが、本論に関係が深いのは生態心理学[46]である。その系統はGibson Ｊが一九六〇年代に「アフォーダンス」という造語で、人間を含めた生体が環境の提供する情報の意味を受け取り、行動に転換する経緯を表してから、改めて関心が高まった。生体の求めに即応して環境に現れる意味は、両者の間に相互的・相補的で心理学に非要素的で全体的な思考を要請するものである。社会心理から生態心理に及ぶ拡散は生物学的基盤までも含んで、ここでも生活が最もふさわしい包括的な枠組となる。「生活世界」は哲学的な意味に止まらず、人生にとって欠くことのできない要件となった。その病理的変貌を克服するには、またそれができないなら相対化して生活世界の中に取り込むことができるようにするには、薬物療法や精神療法の協力のもとに、総合的な目標を明確に保つことが必要である。ここに生活療法の意義が現れる。この考え方はGestaltの「図と地」の関連に相応している。

この章が思弁に傾きすぎると感じられる方は、日常の臨床現場を顧られるとよい。患者の家族環境や生活歴、病歴、性格特徴や身体条件、発症状況を幅広く考慮しながら、治療を行い、将来を見通すのは本来の意味の多軸診断で、多軸を標榜しても各軸ばらばらなＤＳＭの適用ではない。筆者は保健婦とともに家庭訪問をした年月の経験を思い出す。引っ越し荷物の山の底にうずくまる「うつ病」の主婦から聞いた苦労話、「被害妄想」を訴える老女の団地住宅の玄関に悪童どもが投げた石弾の騒音、四畳半に「引きこもり」の印刷工を就労援助工場に導くまでの支援、「出産後昏迷状態」の母の治療と嬰児の世話を見事にやってのけた保健婦の努力など、どれもが生活に密着しないでは処理できることではなかった。これらの凡例にみられるように、その治療は個別の薬物療法や精神療法の枠を超えて、まさに生活の事態そのものに取り組む生活療法に頼らざるを得なかったのである。

おわりに

序章「はじめに」で述べたように、精神障害者の治療とリハビリテーションに当って生活療法がわが国独自の治療概念であり、本文によってそれが日本の社会史と思想史を通じてでき上がったことが、かなり明らかになったのではなかろうか。生活療法の中心的目標を生活障害に据えた考え方は、その源流を二宮尊徳の仕法などに求めて、それを生活困難の対処方法とみなしたり、森田療法を生活療法の一範例として、それを精神療法とする通念とはいくらか異なる見解に導いた。生活障害の基礎理念が現象学の生活世界の自明性にかかわるという理解は精神科治療の本質に触れることであった。生活療法は精神医療の中で、疾病を中心に置く生物学的や心理社会学的な要素環元的治療とともにあい携えて、生き方（WOL）や生活の価値（QOL）を目指す総合的な治療という意味で中軸的な役割を担うものであった。

　生活療法は日本における特殊性を持つばかりでなく、世界的、国際共通な理論的基盤を持つ治療法であると言うことができる。すると世界共通語として生活療法にあたる術語がないことがむしろ不思議である。味の素の「うま味」や土居健郎の「甘え」に引き続いて「生活療法」が名乗り出てもおかしくないとするのは、筆者だけの思い込みであろうか。

　では英訳は何が適当かは筆者にはわからない。英文報告[64]で life-oriented approach という言葉を用いたのは暫定的な処置であった。Life-centered therapy か way-of-life therapy か living learning はどうだろうか。Living learning は Jones M が治療共同体のグループ活動での「今、ここで」

の体験を重視する意義で用いた言葉であったが、それを広義に解すれば生活療法にふさわしい術語になりそうにも思われる。ただし生活療法の包含する広く深い内容に、狭い意味しか持たない治療用英語の邦訳が介入してくるのは避けたいものである。また文献に参照された翻訳論文が、原著に当たった限りでは邦訳よりもわかりやすかったのも、逆の話ながら教訓的なことではあった。

謝辞：執筆に際して牛島定信、中村敬、比嘉千賀、沢見茂春と図書館職員の諸氏からいただいたご教示や、新福尚武、斎藤治、川村光毅、臺利夫、坂本史子の諸氏とのご討論に深く感謝したい。

文献

(1)秋元波留夫編著：作業療法の源流、金剛出版、二〇七―二四一、一九七五。
(2)天野正子：「生活者」とはだれか―自律的市民像の系譜、中公新書、一九九六。
(3)朝日ゼミナール：日本の知恵と伝統―生活の中のデザイン、講談社、一九八一（川添　登：日本人の生活とデザイン、九―七五、宮本常一：日本の暮らしの形と美。二三一―二八六）
(4)Blankenburg W：妄想の人間学的諸問題、Schulte W 編、飯田　真訳：妄想、医学書院、五七―七三、一九七八。

(5)Blankerburg W著、木村　敏ほか訳：自明性の喪失、みすず書房、一九七八。

(6)土居健郎：日常語の精神医学、医学書院、三六七―三七九、一九九四。

(7)Frankl VE著、霜山徳爾訳：夜と霧、みすず書房、八七―八八、一九六一。

(8)Gurvitch A：序、Schutz I編、渡部　光ほか訳：アルフレッド・シュッツ著作集第五巻　現象学的哲学の研究、マルジュ社、九―三五、一九九八。

(9)浜田　晋：私の精神分裂病論、医学書院、二〇〇一。

(10)Heidegger M著、桑木　務訳：存在と時間（上中下）、岩波文庫、二〇〇〇。

(11)比嘉千賀：森田療法と「生活の発見会」のセルフヘルプ・グループ機能、精神療法 28：六七四―六八一、二〇〇二。

(12)Hoffman E著、岸見一郎訳：アドラーの生涯、金子書房、二〇〇五。

(13)細井和喜蔵：岩波クラシックス 6　女工哀史、岩波書店、一九八二。

(14)Husserl E著、細谷恒夫、木田　元訳：ヨーロッパ諸学の危機と超越論的現象学、中央公論、一九七四。

(15)石田梅岩：日本の名著 18　都鄙問答、中央公論社、一九七二。

(16)Jasper K著、内村祐之、西丸四方、島崎敏樹ほか訳：精神病理学総論（上巻）、岩波書店、四〇、一九六五。

(17)神田橋條治：「自閉」の利用（精神誌 78、一九七六再録）、発想の航路、一九四―二二八、岩崎学術出版、一九八八。

(18)加藤周一：日本文学史序説（上下）、筑摩書房、一九九九。
(19)川上　武編著：戦後日本病人史、農文社、二〇〇二。
(20)川村　光毅著：脳と精神―生命の響き、慶応大出版、二〇〇六。
(21)川添　登、一番ヶ瀬康子監修：日本生活学会編、生活学事典、TBSブリタニカ、一九九九。
(22)木田　元編著：岩波現代文庫　ハイデガー「存在と時間」の構築、岩波書店、二〇〇〇。
(23)木村　敏：関係としての自己、みすず書房、二〇〇五。
(24)岸見勇美：ノイローゼをねじふせた男、ビジネス社、一九九八。
(25)小林八郎：生活療法（日本医事新報一六六二号、昭三一、三、三、再録）、小林八郎著：病院精神医学研究、医学書院、一二七―一四三、一九七一。
(26)今和次郎：生活病理学、今和次郎集　5　生活学、ドメス出版、三九九―四七八、一九七一。
(27)呉　秀三：精神病学集要（後編）（精神療法、吐鳳堂、大正四年、再版）、創造出版、九一一―九二二、一九七四。
(28)呉　秀三、樫田五郎：精神病者私宅監置ノ実況及ビ其統計的観察（大正七年、再版）、創造出版、二〇〇〇。
(29)松尾尊兊：同時代ライブラリー大正デモクラシーの群像、岩波書店、一九九〇。
(30)松尾尊兊：大正デモクラシー、岩波現代文庫、二〇〇一。
(31)丸山真男：日本の思想、岩波新書、一九六一。
(32)丸山真男：歴史意識の「古層」、日本の思想　6　歴史思想集、筑摩書房、一九七二。
(33)水谷啓二：あるがままに生きる、白揚社、一九九三。

(34)宮本常一：忘れられた日本人、岩波文庫、一九八四。
(35)守田志郎：二宮尊徳、朝日選書、一九八九。
(36)森田正馬：森田療法が確立されるまで—我が家の記録、生活の発見 13：四六—六七、一九六九。
(37)森田正馬：神経質の本態及び療法（再版　創造印刷）、古典刊行会、一九七四。
(38)中井久夫：分裂病と人類、東大出版、四六—六〇、一九八二。
(39)夏目漱石：私の個人主義、現代日本文学全集・夏目漱石集、筑摩、三九六—四〇三、一九五四。
(40)奈良本辰也：二宮尊徳、岩波新書、一九九三。
(41)野上弥生子：野上弥生子全集 28（森、補遺二）岩波書店、八三—六二八、一九九一。
(42)野上弥生子：野上弥生子全集 28（後記、日記抄）、岩波書店、六四一、六五七—六五八、一九九一。
(43)岡田靖雄：日本精神科医療史、医学書院、二〇〇二。
(44)Penrose R 著、林　一訳：心の影 1、みすず書房、一五—七四、六〇—六一、二〇〇一。
(45)Saitoh O, Yumoto M, Utena H, et al : Moment consciouness hypothesis of schizophrenia, a study of momentary color vision test. Psychiat Clin Neurosci 57 : S52-53, 2003.
(46)佐々木正人、三島博之編訳：生態心理学の構想—アフォーダンスのルーツと先端、東大出版、二〇〇五。
(47)柴田　実：倹約斉家論のすすめ、石田梅岩が求めた商人道の原点、河出書房、一九九一。
(48)塩田庄兵衛編：河上　肇『貧乏物語』の世界、法律文化社、一九八三。
(49)Smith DE：Kは精神病だ—事実報告のアナトミー、Garfinkel H 著：エスノメソドロジー—社会学的思考の解体、せりか書房、八二—一五三、一九八七。

(50)Steiner G著、生松敬三訳：マルティン・ハイデガー、岩波現代文庫、二〇〇〇。
(51)立津政順、後藤彰夫、藤原　豪：覚醒剤中毒（医学書院、一九五六、復刻）、木村書店、一九七八。
(52)冨岡詔子：精神医療と作業療法の流れ、作業療法学全書 5 作業治療学 2 精神障害、協同医書出版、二三三―二四一、一九九九。
(53)内村祐之：精神医学の基本問題、医学書院、一九七二。
(54)Uexküll J著、日高敏隆訳：生物から見た世界（新版）、岩波書店、二〇〇五。
(55)臺　弘：生活療法の復権、精神医学 25：八〇三―八四一、一九八四。
(56)臺　弘：誰が風を見たか、星和書店、一三四―一三五、一九三三。
(57)臺　弘、三宅由子：慢性分裂病の機能的亜型分類―反応時間とストレス応答による、精神医学 38：一二二七―一二三三、一九九六。
(58)臺　弘：精神機能簡易テストの実際、精神科治療学 18：九六五―九七三、二〇〇三。
(59)臺　弘編：分裂病の生活臨床（新装第一版）、創造出版、二〇〇四。
(60)臺　弘、湯浅修一編：続・分裂病の生活臨床、創造出版、一九八七。
(61)臺　弘：精神医学における障害概念の成立とメカニズム、精神科臨床サービス 4：二九二―二九四、二〇〇四。
(62)臺　弘、斎藤　治：統合失調症患者診療の目標―自由と病気と生活、新世紀の精神科治療第一巻統合失調症の診療学、中山書店、三―一四、二〇〇二。
(63)臺　弘：近未来の精神科と精神科医、精神科 6：五九四―五九八、二〇〇五。
(64)Utena H : Life-oriented approach to trea and simple functional tests for clinical pi Kashima H, Falloon IRH,

Mizuno M, Complehensive Treatments of Schizophrenia-Linking Neurobehavioral Findings to Psychosocial Approaches. Springer-Verlag, p.3-12, 2002.

(65) 柳田國男：木綿以前の事、岩波文庫、一九七九。

(66) 柳田國男：遠野物語・山の人生、岩波文庫、一九七六。

(67) 安永　浩：分裂病の論理学的精神病理—「ファントム空間」論、医学書院、一九七七。

(68) 和辻哲郎：風土—人間学的考察、岩波文庫、一九七九。

［精神医学　48：一二三七—一二五二、二〇〇六］

大正の子供の物語

臺　弘

大正の子供たちの物語が話されることは少ない。生き残りの老人も少なくなったこの頃、当時の子供の生活を語ることに、多少とも意味があるだろうか。自分の曾孫の育つ様子を眺めながら、老人は自分の幼な物語も残そうと、パソコンの原稿を叩き出した。

(1)　人生の始まり――「むろらん」(室蘭)の思い出

私の人生は北海道の室蘭で始まる。日付の判っている最初の記憶は、弟の辰夫の生まれた日(一九一六・六・一九)であったから、三歳未満である。幼稚園からうちに帰ったら、お母さんの布団の横に赤ん坊が寝ていた。弟の誕生のために、私は特別に早く幼稚園のご厄介になったらしい。この幼稚園は父の会社の「日本製鋼所」の援助で作られたもので、工場の正門の向いに「ちゃつ」（茶津）附属小学校と一緒に並んで置かれていた。会社が保育・教育施設までを用意したのは、技術者を内地から招くためであったろうが、大正初期の日本重工業建設のためには必要なことであったらしい。

九十年以上前の室蘭の記憶を呼び起すために、当時の地名を頭の中に探ったら、「ぼこい」(母恋)という言葉が浮び上がってきた。それはアイヌ語に由来するらしく、室蘭もその仲間らしい。母恋はどこかとたどると、自分の家・社宅の並びを含む場所が現れてきた、この社宅は普通の集合住宅ではなく、それぞれが四、五部屋を備えた独立家屋で、それが数軒並んでいたようである。そこには友達となるような子供はいなかった。門前の道の向うは小さな流れと生け垣を隔てて、百花園(?)とかいう名の広い庭園があり、中の池が冬に凍ると子供たちが下駄スケートで駆け回った。兄の勉は滑っていたようだが、私はまだ仲間には入れなかった。社宅から幼稚園に行くには、「わにし」(輪西)、「のぼりべつ」(登別)方面への道路と鉄道を横切って少し行くと、会社の正門とその向いの幼稚園と学校に届く。それは子供の足でもあまり遠くない。母恋の次に「トッカリショ」という変な名前が出てきた。そこは父親に連れられて何度か行った丘で、断崖から見下すと、深い海岸には海藻の黒い昆布が波にうたれて不気味な渦を巻いていた。子供は恐しくてそこまで降りられなかった。ただ崖に行く迄の草原には会社のクラブがあって、食堂で食べるトーストが楽しみだった。近頃グーグル・マップで検索したら、母恋の東二キロメートルの太平洋岸にトッカリショ海水浴場の地名があって嬉しかった。それは断崖から少し離れた浜辺であるようである。

幼稚園では、おばさん先生の蒔田先生と若い真田先生の保育で、二十人ほどの子供たちが遊戯の他は勝手に遊び廻っていたようである。幼稚園の裏の簡単な垣根を潜ると、室蘭線の鉄道線路が通っており、汽車が室蘭に近づいて来るのが見えた。線路に耳を当てていると遠くからよく判るよと母に話したら、そんな怖いことをしてはいけないと強く怒られたので、それが危険だと判ったのも可笑しい。私は昔から好奇心の強い子供だったらしい。

一方で二、三度連れて行かれた地球岬の印象は深かった。室蘭の町に行く途中の「ほとけ坂」から左手の山道に入ってかなり歩くと、広い草原が海に突き出た果てに白い燈台が建っていた。子供の足では半日がかりの弁当持参で、初めの時一番小さかった私には、どこかのお姉さんが特別に付きそって下さった。くるくると廻る光線を見たような記憶もあるが、それは家族と行った時であったろうか。淋しい霧笛の泣き声は涙が出るほどに悲しかった。この霧笛信号は電波技術の発達によって現在では廃止となったようである。

地球岬という名前は、室蘭湾を囲む半島が大洋に突き出た尖端にあって、随分気張った命名だが面白いと思っていたが、グーグル・マップによるとその位置は尖端ではなく、自宅の裏の丘越しの南東一キロメートルの太平洋岸に面していて、トッカリショからも近く一キロメートル位しか離れていなかったのは意外だった。自宅で夜分に霧笛がよく聞えたのも無理なかった。地球岬という大袈裟な名も、私の買い被りとは違って、「チキュ」などのアイヌ語の訛りであったらしい。

両親に連れられて登別温泉などに行ったこともあるが、余り印象は残っていない。ただ春先にリリー（スズラン）摘みに苫小牧の方の草原に行った時には、霧に巻かれて周りが全く見えなくなり動けないでいたところ、霧の中から急に牛の顔が現われて大泣きしたことがあった。他愛もないことを覚えているものである。

幼児記憶の最初の罪悪感は、張り板を滑り台代わりに使って二歳の辰夫を遊ばせていたところ、転落させて鼻と左目頭の間を何かにぶつけて怪我させたことである。泣き出した弟の出血を押さえて大声で母親を呼んだが、眼が潰れたかとふるえあがった。母は何も怒らなかったが、創は中々に治らずひどく心配だった。幸い眼の故障はなく、本人は怪我の記憶さえなかったようだが、創痕は一生残されていた。他人にも判らない程度ではあったにせよ、それは彼の八十二歳の遺体にも認められた。

室蘭湾の奥の輪西海岸には「みさき（御崎）の原」という広い草原があって、そこでは時々巡回曲芸団（サーカス）が興行された。楽隊が町を巡って宣伝して歩いたから、娯楽の少ない当時には皆が楽しみにしていた。私も誰かに連れられて二、三度見に行ったことがある。しかし人攫いに盗られた子供が芸を仕込まれて踊るという話をどこかで聞かされて、本当か嘘か判らないが、可哀相になって見物気分がなくなった。

飛行機が飛ぶのもこの草原で見たのが最初である。大正七年の頃だったろうか。当時は第一次世界大戦の頃で、飛行機の写真や絵をいくつも見ていたので、実物がひどくお粗末な代物だったのには落胆した。それはむき出しの骨組の機体の座席に操縦士が座り、後のエンジンでプロペラが廻っていても、なかなか飛べなかった。やっと飛び上がって、一回りして降りてきた。モ式(モーリス・ファルマン式)と呼ばれていた。

映画の最初は、母恋の郵便局の近くの小会場で、宣伝映画を二、三回見たことが忘れられない。母親がなぜそんな所へ子供を連れて行ったのか判らない。映画では、郵便貯金をしていれば病気になっても安心して休めるという。生命保険に加入していると、鉱山で働いている父親が事故で死んでも、家族はちゃんと暮らせるが、保険がないと惨めになることを対照的に見せていた。子供は母親が貯金や保険をしているかと少し心配した。

郵便や電灯がひろがり庶民金融が大衆化したのは、日本の社会が明治から大正にかけて変ってきたことの表れでもあったろうか。「いいのよ、いいのよ、放っといて! みんな私の所為なのよ。電信柱が高いのも、郵便ポストが赤いのも、みんな私の所為なのよ!」という戯れ歌は、昭和になってからのものであろうが、社会の大衆化と自己意識の現代化が大正時代から始まったことを物語っている。

(2) 大正民主主義（デモクラシー）

ここで少し堅苦しい歴史の話が必要となる。「大正民主主義」という言葉は日本の近代史で語られることがあるが、一般には聞き慣れないことであろう。それは日露戦争の終った一九一〇年頃から、憲法に沿った派閥連合の内閣がようやく作られた一九二五年くらいまでの間に、政治、社会、文化の各方面に現れた民主的な活動を呼ぶのである。この時期には人々が自分たちの生活改善のためにさまざまな活動を始めるようになった。大正七年には富山の女沖仲仕が米騒動を起した。普通選挙の運動が全国に広がった。知識階級女性の青踏社、労働組合の走りの友愛会、小作農民の組合結成、差別部落改善なども、広く国民の生活にかかわる活動であった。また時代は世界的にも第一次世界大戦、ロシアの社会主義革命などの激動期に当っていた。ただし子供の私には世間の動向など判るはずもなく、流行性感冒（スペイン風邪）で家族全員が枕を並べて寝ていたことくらいしか覚えていない。

大正も目前の、明治四十三年（一九一〇）はことのほか暗い年月であったことは忘れられない。今年（二〇一〇）は、社会主義者の幸徳秋水ら十二人が天皇暗殺を企てたという嫌疑！で死刑となった大逆事件と、韓国併合（植民地化）の百周年に当る。大正初期に吉野作造がデモクラシーを民主主義と翻訳するのを避けて民本主義と称したのも、天皇制に対する配慮によるものと思われる。

大正の民主主義はこうした困難な中を進む。大正八年に国で初めての政党選挙や原敬の首相就任などがあって、明治の藩閥的政治体制からの離脱が企図されていたことは、辺地の室蘭の小学一年生の子供たちの中の小さな挿話にも現れていた。組の中に選挙がらみの楢崎平太郎派と岡本勘助派の対抗ができて、お前はどっちの味方かと聞かれても、私には何のことか全く判らなかった。この勝負は楢崎さんの勝であったらしい。松尾尊充著の「大正デモクラシー」によると、この当時には鳥取のような地方でも政治活動の大騒ぎがあったらしいから、日本全国で時代は動きつつあったようである。

(3) 大正の小学生の生活

大正の子供には、学校の中に自由画や子供雑誌の「赤い鳥」や童謡、「綴り方教室」などが入ってきて授業や遊びにもさまざまな変化が起り、その後の人生に深い影響を与えている。それは大正期を単なる過渡期ではなく、歴史的な個性をもった時代とする。しかもその生み出した思想的達成は、現在の日本社会の基本精神にも直結しているものと言える。私たちにはその実態を語り伝える責任があるであろう。

大正八年五月、父が転勤で室蘭の工場から東京の本社へ移ったために、私たち家族一同は室蘭から一晩の船便と青森からの東北線を経由して東京に戻った。途中、福島の叔父の塚越家に一泊した時、従兄の和男君と街路樹の桜の樹に登って、サクランボを沢山食べて着物を汚して母親に叱られた。東京に着いたら道路に電車が走っているのには驚いた。線路は危険だと強く教えられていたからである。芝の虎ノ門の母の実家・為貝家に落着いてから、一家は青山の借家に移って、私は青南小の一年に転校した。はじめは田舎っぺえと馬鹿にされたが、授業は室蘭と変ったこともなく、先生の注意でいじめもおさまった。

自宅から学校までは十五分ほどで、はじめは電車道を横切るのに左右を見通して、大丈夫と確認してから走って渡ったが、じきにそんな苦労は必要ないと判った。そのうちサイダー瓶の金蓋を電車に轢かせてメンコにして遊ぶ悪戯を始めて、運転手に怒鳴られる始末だったから、東京に馴れるのも早かったようである。

授業が変り出したのは二年になってからである。担任の若い石井正義先生は勉強の改革に熱心だった。まず色鉛筆がクレヨンになり、お手本を写す代わりに自由画となり、写生が薦められた。三年担任の宮崎賢先生も図画の指導に熱心で、先生に連れられて下町の展覧会を見に行ったら、数寄屋橋畔にある泰明小学校の子供たちの画はどれもしゃれていて、流石に東京の子供は違うものだと感心した。宮崎先生が授業時間に校外での自由写生を許すなど自主性を認めてくれたのは嬉しかった。子供たちはそれを勝手に解釈して、弁当持参で代々木の原にまで出かけたが、二時迄に帰れれば大丈夫だった。この原は一年生の時にできた明治神宮の隣りの練兵場であり、古い青山練兵場は後に神宮外苑となった。また唱歌の時間には女先生が小学唱歌のほかに童謡も歌わせてくれた。もっとも私が童謡は学校には相応しくないと感じたのは、母親の音楽学校ゆずりの教育の所為であったろう。

勉兄の受持の折田先生は背が高く男性的な方で、実地教育に熱心だったから子供たちにも人気があった。先生は小笠原の出身者で、夏休みに島から大きな正覚坊（アオウミガメ）を生きたまま連れてきたのには驚いた。船旅や輸送の世話は一仕事だったろうし、学校でそれを飼うにもいろいろな苦労があったろう。それを授業の一環として生徒に見せるのも先生間では問題になったであろう。当時には理科の科目はなかったが、授業の時間割の中で、折田先生から正覚坊の話を聞いた記憶がある。青山小の子供まで見に来たようである。大亀はかなり長く生きていたらしいが、最後は判らない。現在の窮屈な教育課程からは考えられないほどの長閑な話であった。

ここに述べたような授業方針の変動は、学校全体の教育指針によるのか、先生個人の自主性に任せられたものかは判らない。家族にも説明はなかったらしい。というのは二、三年の両先生の自由方針と四年の秋山松太郎先生の子供いじめの訓練？が余りにも違うので皆が面くらった。女生徒の中には夏休み中に私立のお嬢さん学校に転校した子が何人もいた。

後年に届いた青南小の創立七十周年記念誌（一九七六）によると、東京の教育当局では大正十年（一九二一）に通俗教育の方針が社会教育と変更され、児童保護者会ができている。ただし教育方針の変換は、東京の中でも場所によってかなりの相違があったようで、先生個人の自由裁量も許されたらしい。そして青南小は自由主義的な教育が早くから行われた比較的珍しい学校であったようである。それは次のような記録からうかがわれる。

戸坂潤（一九〇〇―一九四五・八・九）は「唯物論研究」誌の最後の編集者で、敗戦終結の直前に獄死した悲劇的な哲学者であるが、その伝記によれば、彼は明治四十年（一九〇七）に教育熱心な母の配慮で青山南町に転住して青南小に入り、中学に入るまで石井佐吉先生の自由主義的教育を受けたという。また虚子門下の俳人中村草田男（一九〇一―一九八八）も、戸坂と同じ頃の青南小の生徒であって、後年校庭を訪れて「降る雪や明治は遠くなりにけり」の句を残している。その句碑は校門の横にあるが、句碑のある小学校は珍しい。

(4) 青山の市民たちの生活

両親は大正十二年五月頃、青山高樹町から隣りの下渋谷・羽沢に自宅を買って移転した。国学院大学と旧御料牛乳牧場裏の住宅地で、通学に少し遠くなったが子供にも不便はない。この附近に住んだ作家には、明治の後半に国木田獨歩、大正からは大岡昇平と加藤周一がいる。二人の自伝にある当時の町並みは、大岡と加藤の間に当る私の地図そのままである。

地図といえば、三年の頃の私は学校から帰るとかばんを放り出して、青山の町並みを探索する「自前の冒険」に凝っていた。青山の一—七丁目、赤坂、麻布、代々木や渋谷の転居先附近まで、知らない道はないといえるほどに上達した。横丁に出会うと犬のように横に曲がりたくなる。後年、私の自伝を見た友人で自閉症専門の片倉信夫君は、私の「詮索癖」を子供時代からの「多動症」と診断しているが、私も苦笑混じりにそれを自認する他はなかった。

青山・下渋谷は山の手線の内側に含まれるが、元来は都心から西北に向けた台地に拡大した新開地で、兵営や演習場や墓地なども含む通勤者・小商人・軍人などの多い地区だった。区立小学校は、赤坂・青山・氷川・仲之町と青南の五つで、青南は渋谷に接する外れの位置にあった。とは云っても青南小の向いには黒木大将邸、その隣りに大隈重信邸があり、学校の西隣には三井重役の福井菊三郎邸、麻布に近い奥には東武電車社長の根津嘉一郎の大邸園などの大きな邸宅を抱えており、その子供たちも青南の生徒だった。それらの同級生が誘ってくれる時には、私は喜んで出かけた。弟の辰夫は私に付いて廻るのが好きだった。福井のお嬢さんのうちには広い芝生があって、一緒に転げ廻って遊べて楽しかった。鈴木健夫君は青山会館の隣りの大きな家の子だが、彼のお姉さんも辰夫を可愛がってくれた。毎度いただく美味しい洋菓子も楽しみの一つだったのだろう。後年の年賀状にも弟さんに宜しくという添え書きがついていて、微笑しかった。お邸ばかりでなく、青山通りの商店の同級生に呼ばれることもあった。仕事の邪魔になるから外で遊んだが結構面白く、暖かく迎えて下さるお店の雰囲気は楽しかった。一方、大きなお邸で広い子供部屋に通されて本や写真などを見ていても、お菓子が出ない家があった。それを期待するわけではないが、淋しく寒々とした家庭の雰囲気は招かれた私にも感じられて、子供心に友人が気の毒に思われたものである。世の中にはいろいろなうちがあることを学べたことにもなった。

(5) 関東大地震と旧牧場の探検

四年生・二学期の初日、朝礼だけで学校から帰宅して風呂場で水遊びをしていたら大地震がきた。大正十二年（一九二三）九月一日午前十一時五十八分の関東大地震である。台所から飛び出した母は弟と私を両脇に抱えて裏庭の廊下で身構えた。大揺れでどっと壁が崩れる前に庭に飛び降りて、桜の樹の蔭に隠れた。屋根瓦も多く落ちたが家は潰れなかった。揺れの収った合間に台所の食物を見に行ったら、お釜がひっくり返って炊き立てご飯の上に壁が落ちていた。ああ、もったいない、食べられない。表の庭に避難した兄も出てきて一緒に裏の庭の隅に立て篭もった。余震は頻発したが隣近所でも倒れた家はなかった。夕方には父も帰宅して、一同は庭で夜を明かす支度をした。東京方面では火事が大きくなっていた。

　翌朝、母の実家から、叔父の大学生が来て、芝・桜川町一帯は全焼、祖父母一家は芝公園に避難していると報せたので、父は用意を調えて迎えに同道した。東京の大火事は一向に収まらない。母からお米が足りなくなるから買っておいでと、お金を渡されたので買いに行ったが、米屋では全く相手にされなかった。祖父母一家も合流して、家の内外で暮らし始めた。すると不気味な噂がどこからともなく聞こえてきて、流言飛語という変な言葉が現れた。不逞鮮人が井戸に毒を入れて歩くから警戒しろとか、（社会）主義者が集まって騒動をたくらんでいるとか云う。何のことか判らないが、少し変った人々を悪者に仕立てて警戒する気配が子供にも感じられた。警察の取り締りが不充分だとして、自警団が刀などを持ち出して通行人をしらべたりしているらしい。三日の夕方に海軍少尉の叔父が横須賀から駆逐艦で芝浦に上陸して、渋谷に来てくれた時は本当に心強かった。その晩には由男叔父さんの隣りに寝て、強い余震にも目を覚まさず、明朝、皆に笑われた。警察も頼りにならない大災害の可能性があるわが国では軍隊が必要だと、私は今も考えているが、軍部が政治を支配するようになったら危ないことは、私の子供心にも既に感じられた。当時の奇怪な事件として、「主義者」と呼ばれていた大杉栄という人が甘粕憲兵大尉らによって殺された一件があった。同伴の婦人と子供までも殺されたらしい。何ということだろう。しかもこの事件は警察や裁判で吟味されることはなく、闇から闇に葬られて、新聞で告発されることもなかった。甘粕は後に満州国で活躍した蔭の人物であったという。

私の一身上の変化としては、「町並み歩き」の「多動症」は大地震できっぱりと収まり、塀の壊れた旧御料牛乳牧場の「探検」に切り変ったことである。天皇の牧場は千葉の三里塚の方に引っ越したそうである。自宅から百メートルも離れない所にこんな別世界があったとは正に大発見で、私はその後二カ月間、丁度学校が休みになったのを幸いに、秘密の隠れ家作りに熱中するようになった。

壊れた垣根を潜ってもぐり込むと、そこは広々とした深い草原が青山学院、実践女学校の裏手までに広がる牧場であった。それは高い枳殻（カラタチ）の生け垣で幾つかの区画に仕切られていて、その奥に牧舎と搾乳場があり、空の乳缶を牧草地と工場につなげるトロッコや線路がその侭に残っていた。しかも牧場を管理する人々が全くいない。こんなうまい話が子供たちに残されていたとは全くお伽話であった。牧草地の深々とした草むらの中に寝転がって青天井の空を眺めていると、ここが東京とは思えない別世界となった。丁度、青南同級生で下渋谷の子の菊池君がやってきたので、彼も牧場の探検に引き入れて、秘密の隠れ家を作った。彼は通学時に誘いに来る仲間であった。少し先の話になるが、翌年の春に行って見たら、枳殻の白い花が咲き、青すじ揚羽蝶がいっぱいに飛んでいた。

学校は十一月になってから再開されたが、震災前の七月下旬から数えて、実に三カ月半の長期休暇であった。被災地から青山に避難した子供が沢山に増えて新しい仲間も出来た。彼等には教科書や学用品が支給されたので、僕にも下さいと頼んだら、お前は駄目だと断られた。九大精神科（後の肥前療養所長）の伊藤正雄君が青南小の「罹災児童」だったことは後に知った。彼は私より一年上で、青南校では島崎敏樹と同級であったらしい。島崎は上級生なのに何時の間にか知り合いになり、後に大学の同級生として共に精神科医になるとは思いも掛けなかった。彼は五丁目の子で青山脳病院の近くに住んでいた。病院の子の斎藤茂太と弟の北杜夫は、どちらも年下だから知らなかった。大地震はいろいろな所を開いて見せてくれた。脳病院の高い煉瓦塀が壊れて登れるようになったので、よじ登って中を詳しく眺めることができた。また青山七丁目の電車終点の車庫の裏に古い池があることも判った。それを取り巻く線路は電車運転の練習用に使われているらしかった。塀の壊れた隙間から潜り込んで、池に浮かぶ筏を組んでいたところ、見張りに見つかって散々にしぼられた。学校はどこかと聞かれて正直に答えたものの内心びくびくだったが、学校から怒られることはなかった。この池は今では埋められて、近くには都立の病院や何かが建っているらしい。

授業再開の子供たちにとっての問題は秋山先生の行方だった。でもそれはどうなったか全く判らない。多分、彼は自分の何かの受験のために学校から消えたようである。そして後任の受持は、面倒見のよい受験指導に熱心な山口尭夫先生となった。

(6) 日本歴史の謎と受験競争

私の五年生は、兄の病気で母が付き添い看護のため、実家の為貝家に半年間預けられ、芝から青山までの電車通学をすることになった。その間に、叔父・叔母の書架の本を自由に読むことを許されたので、手当たり次第の本読みに取り付いて、日本歴史の謎に満ちたからくりに引き込まれた。子供にとっては、歴史は全く難解な不思議な物語であった。

宮城前に楠木正成の乗馬姿の銅像が建っているが、彼は後醍醐天皇の南朝を守れずに討死にした敗軍の将である。南北朝の後継は北朝で、現在の天皇家はその後継であるらしい。幕末にしても、尊王攘夷と佐幕開港の争いはいつの間にか尊王開国に化けてしまい、自由民権が国民の信条になるのかと思えば、それは時に国体に背く天皇への反逆だとされてしまう。これでは小学五年生の単純な頭は混乱して、正義の味方はどこにいるかと面喰うばかりである。

ただ歴史とは関係なく、現実の小学校生活では校内の民主活動の風潮が広がって、学級自治会は全校的な活動になり、子供が勝手なことを云えるようになった。もっとも私が修身は何の役にも立たない科目だから、止めたらどうでしょうと提案した時には、先生に叱られてしまった。修身で覚えているのは司馬温公という子供の二つの話だけである。彼が大きな甕の中に落ちた友を救う為に石をぶつけて甕を割って水を出した話と、インドから来た象の目方を量る為に、舟に乗せてその沈みの深さの印を付け、それと同じになるまで沈めるのに必要な石の総重量を計算した話は見事だった。彼は北宋時代（十一世紀）の人だという。また老人になってからのクラス会で、波津久千代子さんが「自治会で臺さんが女の子には『さん』付けで呼びましょうと云ったのは嬉しかったわ」と云ったが、自分には記憶がなかった。多分それは母親の言い草の受け売りであったのであろう。

このような自由な風潮の一方に受験競争の煽りも現れてきた。五年生でも中学の入試に合格すれば、飛び級で中学生になれるという。青南小の第一例は島崎敏樹君で、彼は麻布中学に合格して有名になった。山口先生は私にも五年受験をさせたいと母に薦めたらしいが、私は急ぐのは嫌だと断った。ただし五年の終り頃から神田の予備校の研数学館の講座を覗くようになった。研数では模擬試験をすることもあって、そこに方々の小学校の子が受験にきた。有名校は本郷の誠之小で、それは東大の向いの町にあり、大学の先生の子が多いと言われていた。番町小、泰明小などの都心部の小学校と青山・豊島・竹早などの師範附属小の他、青南小や杉並小など新興の小学校名も番付に貼り出されるようになった。島崎の受持の浜中章先生の受験指導は有名で、この年の卒業生は一流中学に沢山合格して、青南小も番付の上位に並ぶようになった。続く山口先生が張り切ったのも無理はない。

私はこのような雰囲気の中で入学試験の要領を会得することができて、わりに良い成績を稼げるようになった。当時新しく出来た七年制（中学・高校一貫校）の武蔵高校、官立東京高校と府立一中（後の日比谷高校）の三校の入学試験も無事に合格して、その中で勉兄が二年前に入学しており、校舎の一番新しかった東京高校・尋常科（中学部）に入ることにした。山口先生は鈴木健夫君と私を連れて写真館にゆき記念写真をとってくれた。この年、大正十五年十二月（一九二六）に、大正天皇が亡くなって昭和の時代となった。

(7) 青南という小学校の特徴

赤坂区立の小学校は五つもあるのに、自由教育や受験競争に熱心だったのは青南だけのようで、その理由はよく判らない。赤坂や青山には離宮や御苑があるから、摂政宮（後の昭和天皇）の結婚などの祝祭には、区内の小学生は赤坂小学校に集合した後に、赤坂離宮前で旗行列をする習慣があった。一方、青南小は町の行事にも参加した。町民は青山一—七丁目の合同の鎮守様で七丁目にある金王八幡宮の秋祭りには、各丁目別に御輿を担ぎ出して飾りと業を競うのだが、青南小が学校として参詣をするのには少し驚いた。私は六年の級長だったために、校長先生のお供をして八幡様に参上したことがある。殿内に上がって長い祝詞を聞いたのも珍しい経験であった。私はその後でお饅頭を頂いて帰った。

青南小の教育の一特徴として、学校と家族の児童保護者会との関係が深かったことがあげられる。親御さん達は家族会に沢山集まったし、単独での来訪も少なくなかった。わが家では三人兄弟が皆青南で、母親は教育ママだったから学校へよく相談に来た。先生が家庭訪問に来られたこともあった。保護者会が受持先生の活動を支持するのは双方の励みになったことであろう。

先生方の個性的な教育が公立小学校としての纏まりを逸脱しないためには、学校の側に社会への自由な共感と世俗の習慣への配慮が必要であろう。ここには上意下達の明治の教育方針ではなく、大正民主主義の広がりを見る思いがする。このような状況での校長であるには、学校の内外にその洞察と配慮を持つことが必要であるようである。町内のお祭りに、校長先生が子供代表を連れて氏神様の参詣に行くというのは、ちょっと微笑ましい話として思い出された。残念ながら先生のお名前を覚えていない。ただ校長は紛れもなく私の意味での大正の「心の習慣」（デモクラシー）の持主であったと言えよう。

大正は十五年（一九二六）で終り、昭和になって私も中学生となった。それからの二十年間を辛い年月として過ごして、兵役の四年半後に危うく戦死を免れて帰国することができた。戦争では、優れた勇敢な仲間は最初に戦死すると云われるが、小学校同級生で軍人の子の今井忠彦と張り切り軍国少年の山本貞一は早々に中国戦線で戦死し、腕白者の石塚一貫は戦艦大和の軍医長として敗戦の象徴のように艦と運命を共にした。一方で、憧れのお嬢さんの西塚富士子は学生の頃に共産党活動に入って、後に自殺したと聞く。

大正期の十五年は昭和期六十四年、平成期二十二年の波瀾万丈の蔭に隠れて、人々の心に留まることは少ない。しかし大正の子であった筆者には、大正期に蒔かれた珠玉のような種子なしでは、私にとっての昭和も平成の年月もありえなかったように思われる。

（二〇一〇年六月）

「大正の子供の物語」余話——松沢幼ものがたり

坂本史子

私の最初の記憶は一九四九（昭和二十四）年二月六日の深夜、あるいは七日の早朝、暗闇の中で始まります。私は二歳二か月でした。カオスの如き幼児記憶の中で日時を同定できるのは珍しいことですが、それは弟が生まれた日のことだったのです。父の物語を読んで、彼も同じように弟の生まれた日を最初の記憶として記しているのを面白く思いましたが、さして珍しいことでもないのかもしれません。その記憶の中で私は徹底的に父を拒否し、号泣していました。ふと目覚めると隣にいる筈の母がいない！　母でない男がいる！　圧倒的な恐怖に駆られ幼児は泣き叫びました。まざまざと蘇る記憶ですから後付に作られたものではないでしょう。多分日中は「男」を父として認識していたに違いないのですが寝ぼけた幼児には父の存在などいかほどの安心でもなく、脅威の対象でしかなかったようです。

私の拒絶はすさまじく、諦めた父は隣の部屋で生まれたばかりの弟と枕を並べていた母のもとに私を連れて行き、母を挟んで私の布団を弟の反対側に敷きました。母に触れ、やっと安心した私の記憶は眠りと共に途切れました。

西八病棟の子供

父との記憶がこのような絶対拒絶！から始まったことを何ともおかしく思います。この時父は三十六歳、場所は松沢病院の西八病棟でした。家族持ちの職員の住まいに二部屋ずつ畳の元病室が割り当てられていたようで、我が家は確か玄関を入ってすぐ左の二室でした。弟は奥の方の部屋でお産婆さんに取り上げてもらったそうです。京王線、八幡山駅に近い松沢病院の北西の一角、今は都立中部総合精神保健福祉センターが建つ辺りに古い官舎群があったものの戦後の住宅難で官舎にあぶれた医者達の収容？に病院は空き病棟を充てることにしたのでしょう。私は一歳の誕生日前に松沢の子になったそうで、松沢への転居は父によれば母の強い希望で決まったとのことです。結婚後間もなく戦争で四年半近くも離ればなれにされた母にしてみれば、田園調布の婚家の縛り？からの解放も含め、核家族願望は無理からぬことと思われます。母は胃潰瘍になった父の通勤の負担軽減を図ったそうでどちらも真実でありましょう。

最近、滝沢悦子さん（猪瀬正先生の長女で私と同い年の幼馴染）と電話で話したら彼女の家！は玄関の右隣だったとか。「寒かった～！」そして部屋にオシメがいっぱい干してあったそうです。弟の誠より二か月後に生まれた猪瀬家の次女和子さんも松沢生まれだったのかもしれません。西八病棟は平屋で中庭を囲むようにぐるりと巡る回廊がありました。私はここで父と新宿まで買いに行った三輪車の初乗りをしたのを覚えています。陽当たりの良い中庭は雑草が茂っていて、畑にしたら良さそうにと思いますが悦子さんによれば、すぐ傍にあったテニスコートの隣に畑があってそこで作物をちゃんと作っていたそうです。私は全く覚えていません。中庭を隔てた反対側の部屋に住んでおられた石橋のおばあちゃん（総婦長さんでナイチンゲール賞を受けた石橋ハヤさん）に私達子供はお風呂に入れて頂いたおぼろげな記憶があるのですが悦子さんは覚えていないらしい。同じ時期、同じ場所にいても記憶は人それぞれに違うから面白いものです。

西八病棟の玄関は広い三和土《たたき》で学校の玄関みたいでしたが扉はいつも広く開いていた気がします。親に黙って勝手に外に出ては駄目！と幼児は言われていましたが……外への誘惑は強いもの。ある日私はそろそろと脱出を試み、両手でしっかり目を押さえながら消えるように出て行ったのでしたが……「馬鹿ね～この子は！　自分が見えないとひとにも見えないと思ってるのね」とカラカラとおかしそうに笑う母に外に出るまでもなく、すぐ捕まってしまいました。「何故わかるの？」幼児には不可解で残念な体験でした。しかし私はその後も学習せず、似たような失敗を繰り返してきたようで苦笑してしまいます。

多分一九五〇年末までに私達一家は西八病棟の生活に別れを告げ、他の家族共々戸建の官舎に引っ越し、いよいよ姉弟は松沢村の子供達の一員としての本格的？な生活を始めたのでしたが……この時代、父達も又相当ハードながら心躍る時間を過ごしていたことが自伝からもうかがえます。

私のつたない幼児記録が展開されて読者は変に思われるかもしれませんが、これは父の「大正の子供の物語」を真似てみたらこんな風になってしまったという訳で私の気まぐれをどうぞお許し下さい。

『誰が風を見たか』は父が八十歳で上梓した自伝ですがその後父にはおよそ二十年という時間が本人の予想を遥かに超えて恵まれました。「簡易客観的精神機能テスト」の仕事を坂本医院の小さな診察室でコツコツ、わくわく仕上げていけたのも――私が最初の取次の電話で（超難聴になった父にとって電話は厄介な代物でした）「無理、無理ですよ！」と群馬大学の三國雅彦教授のご依頼に強く難色を示したのに結局、父は引き受けて、九十八歳での日本精神神経学会学術総会の特別講演が実現したのも――多くの先生方のご厚意と共にこの二十年の「時間」の賜物だったと思わざるを得ません。数人の患者さんが最後まで父を労わるが如く来院され、臨床医としての生涯を全うさせて下さったことも有難いことでした。

父の一周忌の記念に、この二十年の仕事の軌跡を追加した増補版『誰が風を見たか』を企画し、編集して下さった先生方や引き受けて下さった星和書店の皆様には感謝するばかりです。「簡易客観指標」のパートナーでもあった齋藤治先生が丁寧な解説を書いて下さいました。娘は父の一生が繋がったような気がして喜びました。


そして増補版に「大正の子供の物語」も載せて頂くことになりました。

これは私が偶々貸した石井桃子さんの『幼ものがたり』を父が大層面白がっていたので、「お父さんも書いてみたら?」と勧めたところ直ぐに筆を取り、せっかちね〜と呆れられつつ、あっという間に出来上がった作品です。二〇一〇年のこの時期は「客観指標」の仕事も一段落し、患者さんも減った父はちょっと退屈そうな顔をしていたのかもしれません。

石井桃子さんは一九〇七(明治四十)年の生まれ、『ノンちゃん雲に乗る』や『クマのプーさん』を始めとする幾多の優れた児童書の翻訳や出版に生涯を捧げられた方です。彼女が七十代で発表された自伝的随筆『幼ものがたり』は浦和の生家での暮らしを生き生きとしかも陰翳細やかに綴った傑作です。父が触発されたのも無理もありません。彼女の話に比べると「大正の子供の物語」はなんと荒削りで男の子っぽい話かしらと思ったことでした。桃子さんは二〇〇八年百一歳で亡くなられ、昨年、読売新聞の岡崎真理子さんが書かれた評伝の力作、『ひみつの王国』が出版されました。正月休みにそれを読んだ私は松沢の小学生時代の恩人、「上北沢土屋児童文庫」の土屋滋子さんの名前を見つけ、懐かしさがこみ上げました。彼女は私を本の世界に誘《いざな》って下さった優しいおばさまでした。

父の幼ものがたりの中身はかなり自伝に書かれていた事と重複するもので「焼き直し」感も否めませんが、これはこれで父らしい活発な「大正の子供」の幼・少年時代が鮮やかに浮かんで結構面白い読み物になっていると思います。大正二年（一九一三）生まれの父は子供の目と鼻で「大正」という時代の風を見たり嗅いだりしていたのでしょう。それを私達、昭和の子供の想像の中に残してくれたようです。それにしても幼稚園の先生の名前までよく覚えているものだと驚いてしまいました。昭和の子は大正の子に記憶も気力も全然敵いません。

私はコピーを数人の友人やいとこ達に送りましたが、何人かは面白がってくれたようです。札幌の友人は家族で室蘭に出かけ、日本製鋼所の正門の守衛さんに父が住んでいた昔の社宅のありかを訊いたとか……、広い駐車場の辺りではないかと言われたそうです。断崖から見下ろす海中に黒々うねるコンブの景色は百年近い昔と変わりないそうでした。

昨年（二〇一四年）十二月初め、北大時代の恩師、山下格先生の訃報に驚いて私は三年ぶりに札幌の地を踏みました。卒業四十周年の同窓会に亡夫と最後の旅行をして以来です。

八月に山下先生は山内俊雄先生が学会誌にお書き下さった追悼文をお読みになり、父の死を知って驚かれたと先生らしい優しいお悔み状を下さいました。私はご無沙汰をお詫びしつつ礼状を認め、偶々本棚に挟まっていた「大正……」のコピーが目に入ったので、思いついて同封して返送したのでした。それから九月二十二日の日付で又先生からお手紙を頂きました。

先生は父の記憶力をお褒めになった後、自分は室蘭に親近感があり、月に三千円の手当に引かれインターンを室蘭の富士鉄病院でなさったこと、だから母恋も地球岬もトッカリショも皆懐かしい、又、東京大震災や大正ロマンの話も父上からいろいろ聞かされていたので思い出深い、と続き、そして最後は……年を取ると身近な人達に先立たれることも多くなって本当に寂しいけれどそれでも家族がいて、仕事を持ち続けることは何よりの支えだということを、自分なりに実感してきた。私にもまず気持ちから立ち直って元気でいるようにという励ましのお言葉で締めくくられていました。先生はお元気なんだな！と私は何となく安心していたのでした。

ご葬儀の最後に小山司先生から山下先生の病状経過のご報告があり、昨年一月に膵臓癌の尿管転移が見つかったこと。十月早々に緩和ケア病棟に移られ、ほぼ二か月でのご逝去となったことを知りました。九月のお手紙はもう相当にお加減が悪い時期に書かれたに違いないのに、自分のご病気のことは一言も触れておられません。

一年近いご闘病で先生のお顔はすっかりやつれて小さくなっておられましたが、先生のメッセージは強さと優しさの証と思われ、深く感謝してお別れしてきました。

「大正の子供の物語」が山下先生の最後のお手紙を運んでくれたようで嬉しかったです。

松沢村の子供たち

さて西八病棟から官舎に移った幼年時代のことをもう少し書いておくことにします。

我々が引っ越す前に古い官舎は少し手直しされたようで、一番北側の家は二軒長屋になっていて、気が付いた時には広くて古い方に猪瀬一家が、付け足した方に私達一家が住んでいました。後に私達が三年以上住んだ猪瀬家の庭側は雑巾がけをすれば必ずトゲが刺さるささくれた板の廊下でガラス戸はなく雨戸でした。日中は冬でも障子一枚で外と隔てられていた訳で碌に暖房もない時代、随分寒かったのでしょうが子供はあまり気にならなかったようです。台所もお風呂場もそれぞれあって、病棟暮らしに比べれば格段の進歩です。南に江副先生、立津先生一家の官舎が並び、道を隔てて丸いコンクリートの水槽の南側に詫間先生と営繕の廉沢さん一家の二軒長屋がありました。歯科の陳先生や事務の高橋さん一家の官舎を加え、あの一角に全部で六棟、八家族が住んでいたことになります。この後、住人は少しずつ入れ替わり、変わっていきました。横井晋先生が新婚の奥様を伴って水槽の前の小さな空家に移ってこられた時、女の子達は興味津津で大騒ぎでした。歓迎？の為か何とも凄い水色のペンキで塗られた家を代わる代わる覗きに行っては母親達に叱られました。後にご夫妻は我が家の隣に移られて私達姉弟は大層お世話になりました。和子夫人は美しい小児科の先生で終生私の憧れの人です。

先夜、母上のお悔みにお電話した熊本の立津美恵子さん（立津政順先生の長女で精神科医、妹さん二人）とは「楽しかったわね～、面白かったね～」と昔話が長くなりました。一九四六（昭和二十一）年早生まれの彼女、遅生まれの私や悦子さん、廉沢誠一郎君が集団では年上の方。団塊世代の弟妹達が加わり総勢一ダース近い子供達が群れ遊んでいたのでした。その頃の松沢病院は子供達にとっては天国とも言える場所だったのではないかしら？。六万坪と言われていた敷地には広いグラウンドや池も築山もあり、牛も豚もいました。池では散々ザリガニ捕りをしたものです。病院の運動会や患者さん達と一緒に講堂で観た演芸会も楽しいものでした。子供は文句を言われることなく病棟以外はどこにでももぐり込んでいました。

作業療法が盛んになった頃でしょうか？　弟の誠は「園芸科」に入り浸って親方？のカンチャンや男前の指導員、堀切さんに可愛がられていたようです。私達子供には窓から大声で叫んでいる異様な大人を除けば患者さんと白衣を脱いだ職員の区別はあまりつきませんでした。

「楽しかった」思い出の一部は明らかに患者さん達によってもたらされたものです。「ヨタさん覚えてる？」と美恵子さん。「勿論！」豚の飼育用にリヤカーを引いて残飯を集めに来る患者さん。縄をベルト替りに巻いているような相当酷い格好のおじいさん？でしたが子供達には妙に人気がありヨタさんが来るとリヤカーの後をゾロゾロ付いて歩いた覚えがあります。

いつの頃からか、我々医者の家には一人ずつ、家事・育児の手伝いをする女性患者さんが週に何回か日に三時間位通って来るようになりました。我が家はKさん。江副家はHさん。立津家にも来ていたらしい。実にいい人達で、小さい子のいる母親達は随分助かったことでしょう。弟はKさんによく負われて懐いていました。Hさんは子供心にも献身的な家政婦さんだと分かりました。どうも彼女らの病気は躁鬱病のようで、Hさんはうつ期には休むようです。いつも上品で静かなHさんが演芸会の講堂で会ったら真っ赤な口紅をつけてケラケラ笑っているのでぎょっとしたのを覚えています。子供は「病気」に触れた気がしました。

彼女達の労働は作業療法の一環だったのでしょうか？　人選や賃金はどうなっていたのか聴きそびれて気になっていました。最近、江副のおばちゃん（江副國子さん、江副勉先生の奥様）にお聞きしたら、毎月事務にお金を支払いに行かれていたそうです。Kさんはその後退院されて、母が亡くなるまで長い間、時々訪ねて下さっていました。

子供の私達の周りにいる「患者さん」とは当然、精神科の患者さんばかりでした。悲惨な状況にある患者さんに寄り添い、何とかそこで自分の生きる道も見つけたいと精神科医を選んだ父のエピソードとはまるで次元が違っていておかしいですが、温《ぬる》く、緩く、自然に私は精神科を選んだのだと思います。多分、立津美恵子さんもそうだったのではないかしら……。

石井桃子さんの言葉が心に浮かびます、

「大人になってからのあなたを支えるのは、子ども時代のあなたです」。

安寿と厨子王

その頃の松沢病院で父親達は燃えるが如くの熱意で各々の研究に打ち込んでいたようです。夕食を取りに一度、帰宅してから又出かけ、深夜まで仕事をするのが普通だったようです。どの夫もそうなので妻達も文句を言えなかったに違いありません。家電も殆どない時代、母達の家事労働も時間がかかったことでしょう。立津家ではお弁当をよく届けに行ったそうで、家に帰る時間も惜しかったのかも……。

それでも幼稚園～一年生位まで父は私達子供によく寝物語をしてくれていました。本の読み聞かせより暗い中で適当に話をすることが多かったようです。父の役目だったのかもしれません。レパートリーはいくつかあったのでしょうが今覚えているのは繰り返し聞いた「安寿と厨子王」と「親不幸なアホウドリ」の二本のみです。

アホウドリの方は悉く親の言うことに逆らい反対のことをする息子に父は最期には山に葬ってもらおうと「海」に葬れ！と頼みます。最後の頼みだけは聴こう！と息子は海に葬ったのですが……後に父の本心を知らされて息子は激しく嘆き、アホウドリになって「アホウ、アホウ！」と泣きながら海の上を彷徨い飛ぶ、という話。父の話の意図は何だったのかしら。

安寿と厨子王は周知の「安寿恋しやホ〜ヤレホ〜、厨子王恋しやホーヤレホ〜」の山椒太夫の話ですが……私はいつも父はなんと理不尽な話をするのだろうと不可解でした。姉の安寿は弟を逃がして自ら崖から海に身を投げ、弟は逃げ伸びて偉いお役人になり、佐渡にわたって母を見つけ、姉の託した仏像で盲た母の目も開きメデタシ、メデタシ。姉にとってあんまりな話じゃないか！　父の話が何度も繰り返されたところをみると、父に強く抗議したりはしなかったのでしょう。話を聴くのは嫌でもなかったのかも……。

今回、この原稿を書くために又父の自伝を開きました。そして……私の謎が氷解？しました。何回か読んでいる筈なのに気づかなかったのが不思議です。

昭和二十年のパラオ島での戦争末期、食糧減らしのために参謀が立案した欺瞞的「鍛錬隊」付きの軍医を命じられた父が毎朝、兵士達が数人ずつ潮汲み、薪とりの班に分かれて出発するのを見送る切ない場面で「姉は三荷の潮を汲め、弟は三荷の柴を刈れ」が出てきたのでした。「安寿と厨子王」の話はきっと父の中で消えることなく刻みつけられたに違いありません。子どもの私達はパラオの潮汲みの話を聞いたことはありませんでした。

父の思い出話がなんともまとまらない私の幼ものがたりになってしまって残念です。しかし『誰が風を見たか』を再読できたのは幸いでした。二十年以上前に原稿を読ませてもらった時、戦争体験の分量が多すぎるのではないかと最初思ったのは間違いでした。戦争の記録が結局一番貴重なのかもしれません。学会が無視した南雲与志郎先生のお手紙を収録できたこともこの本の価値だと思いました。

父が多くの皆様のご厚情により百歳の生をかなり「面白く」生きることができたことを不肖の娘は心から感謝しております。そしてこの新しい増補版を読んで下さいましたなら嬉しい限りでございます。

（二〇一五年一月）

参考文献

・石井桃子：幼ものがたり、福音館書店、一九八一。
・尾崎真理子：ひみつの王国—評伝 石井桃子、新潮社、二〇一四。

著者略歴

臺　弘（うてな　ひろし）

1913年11月28日、栃木県足尾に生れる。

1937年東京大学医学部卒業、東大病院精神科、松沢病院、群馬大学医学部神経精神医学教室教授、東京大学医学部精神医学教室教授を経て、山田病院（東京都調布市）、社会福祉法人・創造印刷、社団法人・精神発達障害協会に関与、埼玉県新座市・坂本医院に勤務、2014年4月16日歿。

著書に「精神医学の思想」（初版、筑摩書房、1972、改訂第三版、創造出版、2006）、「分裂病の治療覚書」（創造出版、1991）、共編著に「分裂病の生物学的研究」（東大出版、1973）、「精神医学と疾病概念」（初版、東大出版、1975、復刊、精神医学重要文献シリーズ Heritage、みすず書房、2010）、「分裂病の生活臨床」（創造出版、1978）、「続・分裂病の生活臨床」（創造出版、1987）

誰が風を見たか・増補版

2015年5月15日　初版第1刷発行

著　者　臺　弘
発行者　石澤雄司
発行所　株式会社星和書店
〒168-0074　東京都杉並区上高井戸1-2-5
電話　03（3329）0031（営業部）／03（3329）0033（編集部）
FAX　03（5374）7186（営業部）／03（5374）7185（編集部）
http://www.seiwa-pb.co.jp

ISBN978-4-7911-0900-5